방송문화진흥총서 222

영상과 TV 저널리즘

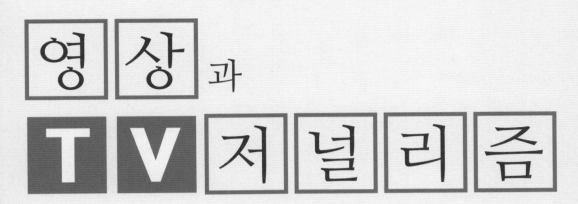

김 성 환 지음

PUBLIUS PUBLISHING
VERITAS VINCIT

추천사

　방송뉴스를 그저 텍스트에 영상을 입힌 것이라고 생각하는 순간 좋은 리포트는 물 건너간다. 좀 격하게 말하자면, 방송뉴스는 그 자체가 영상뉴스다. 세상이 바뀌었는데도 텍스트가 우선이라고 생각하는 방송기자들이 아직도 많다. 그동안 뉴스를 분석하고 길을 제시한 책들은 많았지만, 대부분 텍스트에 집중해왔다. 김성환의 책은 반갑게도 텍스트와 영상을 함께 관찰했다. 첫 시도라 보기 어려울 정도로 본격적이다. 그 방대함과 참신함에 놀라지 않을 수 없다. 뼛속 깊이 방송장이인 기자 김성환의 성취이기도 하다. 아쉽게도 앵커석을 떠난 뒤에 이 책을 만난다.

손석희
JTBC 〈뉴스룸〉 전 앵커

'펜 기자' 가 분석한 TV 뉴스 영상의 이해

내가 아는 김성환 대표는 항상 새로운 가치와 방식을 추구하려 한다. 그가 현업에서 활동한 기간 대부분은 방송사 권력이 상대적으로 센 시절이었다. 권력이 있거나 권력 주변에 머무를수록 기존 것이 편하다. 하지만 김 대표는 항상 다른 모습이었다. 그래서 가끔 그를 만나 서로가 생각하는 방송과 저널리즘에 관한 이야기를 나누는 일은 항상 신선하다.

몇 달 전 만남에서 그는 뉴스 영상에 관한 책을 쓰고 있다며 내게 초고를 한번 읽어보라고 했다. 이른바 '펜 기자' 가 영상을 논하는 것 자체가 이례적이다. 경제부 기자가 경제 이야기를, 문화부 기자가 문화 이야기를, 그리고 거의 모든 기자가 방송기사 이야기를 쓰는 일은 흔하다. 그러나 영상취재기자가 아닌 방송 기자가 영상을 말하는 경우는 거의 없다. 그런데 바로 여기에 바로 한국 TV 저널리즘의 문제 중 하나가 숨겨져 있다! TV 뉴스는 영상과 언어가 어우러진 장르다. 그런데도 한국 방송에서는 영상은 카메라 기자가, 문어적 기사는 방송 기자가 담당하는 분절된 것들로 구별돼 왔다. 그러다 보니 한끝에선 사회적 의미가 생략된 이른바 '그림' 쫓기와 다른 끝에서는 영상은 고려하지 않은 문어적 기사에 관련 화면만 "덮을" 수밖에 없는 뉴스가 넘쳐난다. 그 긴 세월 동안 발전 없이 따로 떨어져 설명하고 실행해온 양단, 즉 TV 저널리즘 그 자체를 방송 기자 김성환이 비로소 묶어낸 것이다. 이 책의 부제는 "영상과 기사의 충돌과 화해" 이다.

경험이 많다고 해서 모두가 언론 전문가는 아니다. 미국에서 50년을 지낸 미국인이 미국 전문가일 수 없는 것과 같다. 사전적으로 전문가란 "어떤 분야를 연구하거나 그 일에 종사하여 그 분야에 상당한 지식과 경험을 가진 사람" 이다. 이 책 내용이 그대로 보여주듯 김 대표는 방송 저널리즘 분야 경험뿐만 아니라 지식을 겸비한 전문가다. 격화하는 경쟁사들과의 '전투와 전쟁'에서 이기기 위해, 아니 살아남기 위해 성찰 없는 노하우를 반복하다 보면 그저 수십 년을 지냈을 뿐 전문가가 될 수 없다. 그러나 자신이 경험한 바를 바탕으로 관련 이론들을 연결하고 탐구해낸 결과물은 전공 학자들도 쉽게 발견할 수 없는 귀한 지혜를 준다. 이 책은 영상 이론과 TV 저널리즘이 만나는 지점을 설명해내는 한편, 한국 TV 저널리즘에서 영상이 의미했던 역사를 추적하고 그것의 미래 또한 조망하고자 한다. 특히, 성실하게 찾아낸 관련 뉴스 사례들은 경험이 지식으로 도약하는 이 책의 가장 큰 장점이다.

방송 뉴스를 배우려는 예비 방송 기자와 영상 취재 기자는 물론 기성 방송 저널리스트들도 이 책을 읽어보면 참 좋을 것이다. 현실과 동떨어진 규범론도 아니고 관행을 설파하는 무용담도 아닌 이 책에서 발전적인 방송 저널리즘을 저절로 깨닫고 실천할 수 있기를 기대한다. 이론과 경험이 함께할 때 지식의 힘은 가장 커진다. 물론, 전문 연구자들도 TV 뉴스를 이해하는데 이 책을 활용하게 될 것이다.

강형철

숙명여대 미디어학부 교수

머리말

    TV 저널리즘은 영상의 힘에 의지해 발전해왔다. 영상은 말이나 글로는 파악하기도, 전달하기도 어려운 사실적 메시지를 가지고 있다. 세계 최고층 건물이 붕괴된 9.11 테러, 일본 후쿠시마를 초토화시킨 쯔나미, 대형 리조트를 덮친 강원도 산불 등이 발생했을 때 어떤 말로 설명을 들어도 TV 뉴스 영상으로 보고 느낀 충격과 현장감을 대신할 수 없다. 백번 들어도 한번 보는 것만 못한 것이다. TV 뉴스만의 강력한 무기다. 특히 TV 뉴스 속 영상은 카메라라는 기계장치를 통해 사실 그대로를 인간의 개입 없이 자동적으로 생산됐기 때문에 사실 자체와 조금도 다르지 않다는 생각이 지배적이었다. 따라서 보는 것은 믿을 수 있다는 신뢰가 생겼고 TV 뉴스의 힘이 됐다. 이를 토대로 TV 뉴스는 신문과 라디오 등 경쟁 매체를 압도했다.

    이런 이유로 TV 뉴스 제작 현장에서는 오랫동안 영상을 중시하는 태도가 당연하게 유지, 확대됐다. 후발 주자인 TV 뉴스가 지배적 영향력을 가진 신문과 라디오 뉴스를 이기기 위해 TV 뉴스만의 강점인 영상의 위력을 최대한 활용해야한다는 생각도 강했다. 특히 온라인을 포함한 다매체, 다채널 시대에 들어서 TV 뉴스는 경쟁력을 유지하기위해 영상 중심의 컨텐츠를 강화했다. 충격적이고 강렬한 영상이 더 많은 시청자를 끌어들일 것이라고 판단했다. 하지만 볼거리 저널리즘에 빠져 현안을 외면하며 선정적인 이슈에 매달린다는 비판을 받고 오히려 신뢰를 잃는 결과를 자초하기도 했다. 더욱이 TV 뉴스 속 영상이 객관적인지에 대한 믿음은 불안하다. 기계적으로 생산된 영상이 반드시 사실성과 객관성을 갖는 것도 아니다. 오히려 조작 또는 왜곡된 사실을 영상화할 경우 더 치명적이고 위험하다는 경험과 인식이 늘고 있다. 이렇듯 영상은 칼일 수도, 독 일수도 있는 양면성을 가지고 있다. 진실의 시각적 증거일 때도 있지만 왜곡의 환상일 수도 있는 것이다.

다행히 무한 영상의 시대를 맞았다. 소수의 특권이던 영상의 생산이 누구나, 언제든지, 어디서나 가능한 시대가 됐다. 스마트 폰 카메라, CC - TV, 자동차 블랙박스 등을 통해 무한대의 영상이 생산되고 있다. 이렇게 TV 방송사 외부에서 생산돼 제공된 영상이 점차 TV 뉴스의 주류이자 핵심 컨텐츠로 자리 잡고 있다. 특히 이런 외부 제공 영상은 발생 현장을 우연히 그리고 객관적으로 목격한 영상이 많다. 또 사건 속에서 직접 겪으면서 생산한 1인칭 영상은 즉각적이고 동시적이다. 영상의 양도 크게 늘어 동일한 사건에 대한 다양한 시점과 입체적 관점을 제공하기도 한다. 무엇보다 영상의 생산 이유가 방송을 위해 찍은 것이 아니기 때문에 인위적이거나 의도가 없는 중립적 영상이다. 따라서 객관성이 높고 신뢰할 수 있다. 더욱이 온라인과 결합되면서 디지털 크라우드 소싱(Digital Crowd Sourcing)을 통한 집단적인 시각적 감시 기능까지 제공하고 있다. TV 저널리즘이 한 단계 진화할 수 있게 된 것이다.

이처럼 TV 뉴스에서 영상은 절대적 역할을 맡는다. 하지만 TV 뉴스는 보기만하는 것이 아니다. 우리가 TV를 본다고 말하지만 TV 뉴스는 보고 듣고 또 읽는 것이다. TV가 영상매체지만 영상만 중요한 것이 아니다. 보면서 듣는 것이고 들으면서 보는 것이다. 똑같은 영상도 들으면서 보면 달리 보인다. 반대로 똑같은 소리도 보면서 들으면 달리 들린다. TV화면에서 소리가 없으면 아무런 현실성도 느낄 수 없다. 의미를 파악할 수 없기 때문이다. 소리가 들릴 때만이 영상이 생생하게 살아난다. TV화면에는 수많은 자막 즉 글자가 있다. 자막은 의미가 불분명한 영상이 스토리를 분명하게 갖도록 도와준다. 자막은 읽는 것이다. 하지만 글자만 읽는 것도 아니다. 영상도 사실은 읽는 것이다. 영상이 통째로 의미가 전달된다고 생각하지만 영상의 부분, 부분들의 의미를 종합적으로 읽어내 영상 스토리를 이해하는 것이다.

또 시각 즉 눈으로 외양을 보지만 사실은 뇌로 보고 의미를 보는 것이다. 보이는 것 모두를 인간이 인지하는 것은 아니다. 의미가 있어 뇌에 자극이 전달돼야 비로소 본 것으로 인지되고 기억되는 것이다. 소리도 마찬가지다. 많은 소리가 들려도 결국은 의미가 있는 소리가 뇌에 전달되어야 인지된다. 의미가 강한 곳을 우선 보고 듣는 것이다. 따라서 기자는 의미가 강한 뉴스를 찾아야 한다. 볼거리 가치가 있는 영상이 뉴스가치가 없다거나 의미가 없다는 것이 아니다. 다만 볼거리 가치만 있는 영상은 일단 본 순간 이후엔 볼거리로서의 가치는 급속히 사라진다. 중요한 것은 TV 뉴스에서 시청자의 눈과 귀를 사로잡는 요소는 의미가 강한 고급 정보, 가치가 높은 뉴스라는 점이다. 시청자는 상황의 심각성에 반응한다. 상황의 심각성은 엄청난 후속 파장이 예견되는 것이고 뉴스가치가 높다는 뜻이다. TV에 방영되는 뉴스의 기사 가치가 높을수록 시청자들은 집중하고 몰입한다. 단순히 자극을 쫓는 것이 아니라 의미가 강한 곳에 집중하는 것이다. TV 뉴스도 신문 등 다른 뉴스 매체와 하나도 다르지 않다는 것을 강조하고 싶다. 결국 TV 뉴스는 뉴스가치가 높은 고급정보를 영상과 자막 등 시각적 요소 그리고 음성과 배경음 등 사운드 요소를 적절히 구성해 시청자에게 효과적으로 전달하는 것이 임무인 것이다.

TV 뉴스는 보고 읽고 듣는 다중 텍스트다. 그러나 지금까지 정리된 TV 뉴스 제작론은 주로 기사 쓰는 법, 즉 문장론이 대부분이다. 뉴스는 정보 전달이 주목적으로 언어의 역할이 절대적인 게 사실이다. 때문에 오랫동안 TV 뉴스는 기사를 먼저 작성해 육성으로 읽고 거기에 어울리는 배경 영상을 덧붙였다. TV 뉴스 기사는 형태만 음성이지 문자언어로 꽉 짜인 틀이 먼저 만들어졌다. 또 후발주자인 TV 뉴스는 신문과 라디오 뉴스를 모방하는 것으로부터 시작됐다. 따라서 언어와 음성 중심의 뉴스제작이 먼저였다. 그 결과 TV 뉴스의 영상은 정보전달에 있어 부차적, 보완적 기능이나 시각적 증거 자료 정도로 치부해왔다. 그러나 TV 뉴스의 영향력이 커질수록 영상은 스스로 막강한 능력을 드러냈다. 영상의 힘은 예상보다 강력했다. 영상은 정서적 차원에서 정보 전달의 중요한 기능을 맡고 있다. 나아가 언어가 절대 전달할 수 없는 사실적인 설명력과 적확한 메시지 전달력을 가지고 있다. 텍스트를 구성하는 중요 요소로서 영상도 특유의 문법을 가졌을 뿐 언어인 것이다. 더욱이 뉴미디어 시대, 영상의 역할은 확대되고 있다. 온라인 매체와 개인미디어의 확산으로 엄청난 양의 영상이 생산, 유통되고 있다. 오히려 사실을 사실대로 전달함에 있어 영상의 영향력이 언어를 뛰어넘고 있다. 영상이 TV 저널리즘의 핵심이라는 생각엔 이견이 없다. 다만 최근엔 음성은 물론 배경음 등 사운드의 역할과 기능도 강조되고 있다.

이런 생각에 따라 TV 뉴스 제작의 이론과 실제를 정리해 보고자 한다. 먼저 1부, 영상과 사운드의 이해는 일반적으로 영상과 언어(사운드)가 텍스트의 구성요소로서 어떤 역할을 맡아 서로 어떻게 결합해 기능하는지를 살펴본다. 2부인 TV 뉴스 속 영상과 언어는 TV 뉴스의 역사적인 전개과정에 따른 영상과 언어 기사의 역할을 정리한다. 특히 TV 뉴스에서 영상의 영향력과 역할이 강화되면서 의미 전달의 중심축이 언어에서 영상으로 상당부분 옮겨감을 알 수 있다. 영상은 뉴스의 시각적 증거이자 사실적 설명력과 정서적 메시지의 전달력이 뛰어나 뉴스 소구력을 크게 향상시켰다. 또 영상의 기의와 언어의 의미를 동시에 중복 제시하는 동시화 기법의 활용이 크게 증가한다. 이는 영상의 객관성에 의지해 기사의 내용을 사실의 지위로 격상시키려는 의도로 분석된다. 3부는 TV 뉴스 속 사운드의 역할과 기능을 분석한다. 음성과 배경음 등 사운드는 TV 뉴스의 정보 전달력을 강화한다. 특히 사운드가 없으면 보지 못했을 영상의 의미를 추가로 제공한다. 더욱이 TV 사운드는 시청자가 TV를 보도록 유인하고 떠나지 못하도록 잡아두는 역할도 맡는다. 마지막으로 4부는 TV 뉴스 속 영상의 새로운 가능성을 찾아본다. 무엇보다 외부제공 영상은 영상의 생산과정에 인위적 개입이 없어 보다 사실적이고 객관적이다. 따라서 신뢰성이 높다. 특히 온라인 디지털과 결합되면서 집단적 시각 감시 기능까지 제공하고 있다. 이와 함께 다중이 영상을 공유하고 원본을 추구함으로써 가짜 뉴스를 차단하는 역할도 수행하고 있다.

뉴스 리포트를 포함해 인용된 동영상은 QR 코드를 표시했다. QR 코드를 스마트폰으로 촬영하면 해당 리포트를 볼 수 있다. 리포트를 보면서 책을 읽으면 내용을 보다 생생하게 이해할 수 있을 것으로 생각한다. 인용된 뉴스 동영상의 출처는 대부분 MBC 뉴스 데스크와 KBS 뉴스 9 등 주요 TV 방송사의 종합뉴스이다. 그 밖에 사진과 영화를 포함한 동영상은 구글과 네이버의 동영상 사이트에서 어렵지 않게 찾아볼 수 있는 것으로 최대한 출처를 표시했음을 밝혀둔다. 책이 발간되도록 지원해준 방송문화진흥회와 출판사 푸블리우스 가족들에게 감사드린다.

끝으로 사랑하는 아내와 가족들에게 이 책을 바친다.

2022년 3월 5일

저자 **김성환**

CONTENTS

I 부.
영상과 사운드의 이해

1장. TV 뉴스 - 보고 듣고 읽는다

1절 보고 듣고 읽는다

우리는 TV를 본다고 말한다. 그래서 볼만한 영상 즉 볼거리를 중요시한다. 그러나 보기만 할까? 아니다. 수많은 소리가 들린다. TV화면에서 소리가 들리지 않으면 아무런 현실성도 느낄 수 없다. 의미를 파악할 수 없기 때문이다. 소리가 들릴 때만이 영상의 의미가 생생하게 살아난다. 특히 음성 즉 사람의 말은 저마다 달리 해석할 수 있는 영상의 다의성을 제한해 의미를 분명하게 만든다. 따라서 영상은 음성이나 배경음 없이 홀로 기능하기가 어렵다. 결국 들으면서 보는 것이고 듣고 보면 달리 보이기도 한다.

반대로 병원 구급차가 경광등을 돌리고 달려가는 영상을 볼 때면 당연히 사이렌 소리가 들린다고 상상한다. 사운드가 없어도 우리는 습관적으로 "삐뽀 삐뽀" 소리가 들리는 듯하다. 정말로 중요한 순간에는 음이 소거돼 긴장감을 배가 시키는 제작기법이 동원된다. 묵음도 사실은 가장 강력한 사운드의 하나다. 요컨대 보면서 들으면 달리 들리기도 하는 것이다.

또 TV화면에는 수많은 자막 즉 글자가 있다. 읽는 것이다. 하지만 글자만 읽는 것이 아니다. 영상도 사실은 읽는 것이다. 대부분 영상은 통째로 의미가 전달된다고 생각한다. 하지만 영상의 부분, 부분들의 의미를 순차적으로 읽어내 스토리를 이해하는 것이다.

손 흥민 선수가 축구공을 차는 모습을 예로 들어보면, 사진의 의미는 (1)"발"로 찬다 → (2)"공"이 날아간다 → (3)"수비수의 발"에 공이 걸린다. 이렇게 읽힌다. 순간순간의 의미가 연결돼 하나의 스토리로 읽히는 것이다. 눈의 초점이 순식간에 "발"→"공"→"수비수"를 읽어내고 뇌에 의미를 전달한 것이다. 이처럼 TV는 보고 읽고 듣는 매체다. 즉 시각과 청각 등 감각기관으로 통해 수집된 정보가 뇌로 전달되고 이를 종합해 의미를 인식하는 것이다.

1. 보는 TV

2008년 2월 10일 밤 국보 1호 숭례문이 불탔다. 모든 TV방송사들은 특보를 긴급 편성했다. 6백년을 지켜오던 서울의 상징이 하룻밤 만에 잿더미로 변했다. 시민들은 안타까움에 탄식했고 발을 동동 굴렸다.

숭례문 화재 … 어이없이 무너졌다
〈2008년 2월 11일 MBC 뉴스데스크〉

TV를 통해 뉴스 특보를 보는 시청자들도 마찬가지였다. "믿을 수가 없어요. 거짓말인 줄 알았어요. 어떻게 이런 일이…" 시청자들도 마치 현장에 있는 느낌이었다. 새까만 숯덩이로 변해가는 숭례문! TV 화면에서 눈을 뗄 수가 없다. 특히 숭례문 현판이 불에 타다 떨어져 나뒹굴자 큰 어른을 잃은 느낌이 들었다. 한국인에게는 마치 자존심이 무너져 내린 것과 같았다. "국보 1호는 대한민국의 자존심이잖아요. 대한민국의 자존심이 불타 없어진 거죠."

이처럼 생생한 TV 영상은 시청자가 지금 현장에 있다고 착각하게하고 TV를 보고 있다는 생각을 잊게 만든다. 충격적인 영상일수록 시청자들은 화면 속으로 빠져든다. 노틀담 성당이 화재로 붕괴되는 TV 화면을 보며 파리 시민들도 같은 경험을 했다. 박근혜 대통령의 탄핵을 이끈 수백만의 촛불 시위 인파가 광화문을 꽉 메운 장면, 2002년 월드컵 4강 신화를 서울 시청 앞에 설치된 대형화면을 보며 거리응원을 하는 장면 등이 TV 화면에서 방영될 때 시청자들은 마치 그 자리에 자신도 있는 듯 현장감을 경험한다. 이 같은 현상을 비 매개(transparent immediacy)라고 한다. 수용자가 미디어를 잊고, 자신이 대상물 속에 존재한다고 믿게 할 목적으로 만들어진 시각적 표상 양식이다. 미디어 이론가인 볼터(Bolter, J.)와 그루신(Grusin, R.)이 1999년에 사용한 개념이다. 마치 안경을 통해 세상을 보지만 안경 쓴 것을 의식하지 못하는 것처럼 매체가 사라지는 현상을 말한다. 시청자는 TV를 통해 보지만 현장에 있는 것처럼 실재를 경험한다. TV 매체를 통해 본다는 사실마저 잊게 만드는 현상이다. 생생하고 충격적인 영상은 그 정도로 강력한 몰입감을 시청자들에게 느끼게 한다. TV 뉴스가 가진 최고의 힘이다.

이런 강점은 신문 등 인쇄매체는 물론 라디오도 가지지 못한 강력한 것이다. 또 보이는 것은 사실로 믿을 수 있고 객관적이라는 신화가 존재했었다. 시각적 우월성에서 비롯된 것이다. 따라서 텔레비전 뉴스에서 오랫동안 그림에 대한 강조가 지속돼 왔다. 뉴스의 가치를 판단할 때도 관련 영상이 얼마나 생생한 지, 얼마나 눈길을 사로잡는 지를 따진다. 다른 매체보다 영상을 활용할 수 있는 강점을 최대한 활용해야한다는 생각 때문이다. 특히 인쇄 매체에 대한 열등감이 한몫했다. TV 뉴스는 신문과 라디오 뉴스에 이어 생긴 저널리즘의 후발주자다. 더욱이 1970~80년대까지는 TV 뉴스는 고급 정보가 적고 분석 능력이 떨어진다는 평가를 받았던 것도 사실이다. 따라서 다른 매체가 흉내 낼 수 없는 TV만의 강점! 생생한 그림 확보가 가장 큰 경쟁력이라고 생각했다.

2. 듣는 TV

TV 뉴스를 보면서 느끼는 비 매개 경험은 영상만이 아니다. 때로는 생생한 영상이 없더라도 충격적인 대화나 사운드를 들을 때도 똑같은 몰입감에 빠져 든다. 박근혜 대통령 재임 시 국정 농단의 핵심 증거로 채택됐던 정호성 비서관의 녹음 파일 뉴스다. 이 뉴스는 특별한 영상은 없고 박 대통령과 최순실, 정호성 비서관의 대화 육성이 대부분이다.

최순실 '지시' 비서관은 '받아쓰기' … 朴 웃음만
〈2019년 5월 17일 MBC 뉴스데스크〉

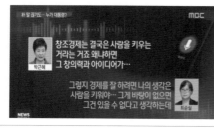 

이 육성 녹음에서 최순실씨의 태도는 당당하다. 박 전 대통령의 말을 끊고 끼어드는가 하면, 박 전 대통령에게 지시도 한다. 과연 누가 대통령인지 헷갈릴 정도다. 최씨는 또 취임사에 넣을 용어의 의미가 모호하다며 다른 단어를 생각해 볼 것을 주문하자 박 전 대통령은 "예, 예, 예"라고 공손히 대답한다. 박 전 대통령의 핵심측근이던 정 비서관에게는 부하를 대하듯이 강압적인 어조로 지시하고 참모들이 작성한 연설문이 한심한 수준이라는 듯 무시하며 심하게 질책한다.

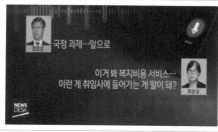 

대화 내용 내내, 박 전 대통령은 최 씨의 의견에 특별한 토를 달지 않았고 정 전 비서관은 마치 어려운 상관을 대하는 하급자처럼 쩔쩔매는 모습이었다. 이 육성 녹음은 시청자의 귀를 사로잡는 사운드였다. 이를 소재로 한 뉴스 아이템이 방송되자 시청자들은 어처구니없는 상황이 연상된다는 듯 TV에서 눈길을 떼지 못했다. 이는 최순실의 국정농단을 드러내는 결정적인 증거의 하나로 작용했다. 비 매개 현상은 볼거리로만 가능한 것이 아니라 듣는 것만으로도 엄청난 몰입감을 느끼게 할 수 있다는 증거이기도 하다.

1938년 미국의 CBS 라디오 프로그램인 '화성침공' 이 방송되자 수백만 명의 뉴욕 시청자들이 대공황에 빠진 일화가 있다. 라디오를 듣던 시민들이 너무나 진짜 같은 방송 때문에 외계인의 침공으로 착각하고 대피하는 소동이 일어났던 것이다. 방송 전에 라디오 제작자들은 실제 상황이 아니라 드라마라는 사실을 여러 차례 강조하고 암시했다고 한다. 하지만 드라마는 뉴스처럼 제작됐고 사람들의 공포 반응을 삽입해 마치 화성인의 습격으로 전쟁 상황이 벌어진 것처럼 위장했다. 또한 아나운서의 말투, 사이렌과 경보 소리, 군중들의 웅성거림 같은 배경음은 사건의 현장감을 만들어내며 실재 전쟁과 유사한 상황을 연출했다. 가짜 현실이 진짜 현실을 대체하게 된 것이다 (김정선, 2009, p48). 국내에서도 과거 라디오 전성시대 때는 고교야구나 4전 5기, 홍수환의 복싱 경기 그리고 김일 선수의 프로레슬링 같은 스포츠 경기도, 보지만 못했을 뿐 라디오 중계 캐스터의 긴박한 목소리로 현장감을 느끼며 손에 땀을 쥐며 빠져들었다. 이런 영향으로 최근 TV 등 영상매체는 음성과 배경음, 효과음과 음악 등 사운드효과와 역할을 강조하고 있다.

3. 읽는 TV
2013년 2월 12일 북한이 4차 핵실험을 실시했다. MBC TV는 정규편성 프로그램인 '우리는 한국인' 이란 방송을 방영 중이었다. TV는 본격 특보 방송을 시작하기 전에 먼저 북한지역에서 인공지진이 감지됐다는 소식을 자막으로 전했다.

북한 4차 핵실험 실시 〈2013년 2월 12일 MBC 자막속보〉

곧이어 대북 감시태세인 워치콘이 발령됐다는 긴급 속보에 이어 핵실험으로 판단된다는 자막이 화면 하단에 표시됐다. 편안히 TV를 보던 시청자는 물론 길 가던 행인, 부엌에 있던 주부 등이 TV 화면을 응시하기 시작했다. 특별히 생생한 볼거리도 긴박한 앵커의 목소리도 없었지만 자막이 전하는 긴급 속보만으로도 시청자들의 눈길은 화면에 집중하기 시작했다.

세월호 사건이 발생한 2014년 4월 16일 오전, TV는 세월호가 침몰하고 있다는 특보를 시작했다. 특보 초기의 TV 화면상으로는 어떤 긴박감도 느낄 수 없다. 망망대해에서 해경들이 순찰활동을 펼치는 자료 그림이 전부다. 여객선이 침몰중인 장소를 지도 CG로 표시한 화면이 방송될 뿐이다.

세월호 참사 〈2014년 4월 16일 MBC 뉴스 특보〉

뉴스를 전하는 앵커는 물론 전화로 연결된 기자도 여객선이 침몰중이라는 사실만 반복적으로 전할 뿐 정확한 정보는 아직 없다. 시청자들은 그러나 침몰중인 세월호에 승객이 4백 명 넘게 탑승했고 이 가운데 3백 명 이상이 수학여행 가던 고교생이라는 사실이 방송되자 점차로 화면에 시선을 고정하기 시작한다. 시간이 흐르면서 침몰이 임박해지고 탑승객들이 바다로 뛰어내리고 있다는 자막을 읽으며 TV 내용에 점점 몰입하게 된다. 시청자들은 앵커와 기자들까지 허둥대면서 긴박하게 전하는 목소리에서 사태의 심각성에 빠져든다.

이렇듯 화면 자막만으로도 시청자들은 상황의 심각성에 반응한다. 상황의 심각성은 엄청난 후속 파장이 예견된다는 의미이고 뉴스가치가 높다는 뜻이다. TV에 방영되는 기사의 뉴스 가치가 높을수록 시청자들은 집중하고 몰입한다. 또 뉴스 내용에 몰입할수록 텔레비전을 보고 있다는 생각을 잊는다. 결국 현장 상황에 몰입하며 비 매개 현상을 경험하게 된다.

남북 정상회담이나 북미정상회담, 그리고 선거 개표방송 같이 비교적 장시간동안 생방송하는 경우에도 자막 속보는 특별한 힘을 발휘하는 경우가 많다. 정상들이 만나는 것 자체가 빅 뉴스다. 그러나 회담이 진행되는 순간 비슷한 영상이 반복되고 보는 사람은 지루함을 느낀다. 이 과정에서 새로운 팩트, 예를 들어 회담 합의 내용이나 특이 사실이 발생하면 영상이 준비되지 못하더라도 특보 진행 중에 TV 화면 하단에 굵은 자막으로 해당 사실을 알린다. 반복되는 영상에 집중도가 떨어져있는 시청자는 자막이 전하는 새로운 사실에 다시 주목도를 높인다. 또 선거 방송도 출구 조사 발표 후에는 개표가 지루하게 이어진다. 당선이 유력하거나 확실한 후보자가 결정되면 먼저 자막으로 이 사실을 알리며 개표방송의 주목도를 높이는 것이다.

특히 16대 9의 HD TV시대에 들어서면서 화면이 커졌다. 대형 화면 시대에 들어 자막의 역할은 한층 커졌다. 화면도 분리돼 여러 개로 쪼개져 각각의 정보들이 표출되고 초점도 다중 포커스로 변했다. 그림은 그림대로 자막은 자막대로 또 음성은 음성대로 각각의 정보를 전달한다. 이런 16대 9의 대형 화면의 특성을 활용해 새로운 뉴스를 자막으로 신속히 처리하면 스트레이트성 속보가 강한 뉴스가 되고 상대적으로 우위를 점할 수 있게 되는 것이다.

2절 볼거리보다 의미 전달이 먼저다

방송사 보도국에서는 "그림 돼?"라는 질문을 매일 주고받는다. 뉴스 아이템을 고를 때 관련 영상이 있느냐, 혹은 확보된 영상이 시청자의 눈길을 사로잡을 정도가 되느냐를 확인하는 것이다. 눈길을 확 잡아끄는 그림 즉 영상은 이렇듯 TV 뉴스에서 뉴스 구성의 요소 중 가장 우선적으로 고려되고 있다. 시청각 매체인 TV 뉴스가 영상을 중요시하는 것은 당연하다. TV 뉴스는 영상을 통해 신문이나 라디오가 절대로 가질 수 없는 시각적 사실성을 무기로 지니고 있다. 시청자들은 직접 보지도, 경험하지도 못한 현실을 TV 뉴스를 통해 접한다. 특히 슬픔과 기쁨 등 감성적 의미를 전달할 때는 언어보다 더 효과적이다. 영상의 소구력은 언어보다 뛰어날 때가 많다. 더욱이 영상은 언어기사와 비교해도 적지 않은 정보 전달력을 가지고 있다. 이런 영상의 힘 때문에 TV 뉴스는 신문이나 라디오 등을 뛰어 넘어 객관적이고 신뢰도가 가장 높은 미디어로 자리 잡았다.

이미지가 범람하는 최근에 올수록 TV 뉴스는 영상을 더욱 강조하고 있다. 이는 종합 편성 채널은 물론 다양한 온라인 매체 등 다매체 시대의 무한경쟁에서 살아남기 위해 필연적이라는 생각이 지배적이었다. 시청률 경쟁에서 이기기 위해 그림, 즉 눈길을 끄는 뉴스를 많이 배치했다. 감성적 소구력이 강한 볼거리를 쫓았다. 하지만 영상은 언어보다 감각적이고 선정적일 가능성이 많다. 영상을 우선 강조하는 관행으로 TV 뉴스는 연성 뉴스를 쫓게 되는 현상이 일반화됐다. 이런 현상은 시청률 지상주의가 배경이다. 더욱이 뉴스 시간을 볼거리 영상으로 채우면서 권력비판이나 의혹 등 반드시 다뤄야할 뉴스를 외면하거나 축소하기도 했다. 그러나 비판과 감시라는 저널리즘의 원칙을 지키지 못한다면 신뢰도 지킬 수 없고 경쟁에서도 이길 수 없다는 증거들은 곳곳에서 쉽게 발견할 수 있다.

박근혜 대통령의 국정농단 사건이 한창이던 2016년 12월 7일 SBS와 MBC의 8시 저녁 메인 뉴스다. 8시 28분쯤 같은 시간대에 SBS는 현안을, MBC는 볼거리를 선택해 방송했다.

2016년 12월 7일 저녁 종합 뉴스 〈8시 28분〉

SBS 8시 뉴스

MBC 뉴스데스크

당시 MBC와 SBS는 정각 8시에 저녁 종합 뉴스를 시작했다. 특히 저녁 8시 24분 ~ 28분 사이는 MBC와 SBS의 뉴스가 가장 치열하게 시청률 경쟁을 벌이는 시간대였다. KBS 2의 드라마가 끝나고 KBS 1의 다음 드라마가 시작되는 시간이기 때문이다. MBC와 SBS는 이 시간대에 움직이는 시청자를 뉴스로 끌어가기 위해 전략적 뉴스 아이템을 배치한다. 정보적 가치가 높거나 생활 밀착형 혹은 볼거리 가치가 높아 눈길을 확 끄는 아이템을 배치해 움직이는 시청자를 유혹하려는 것이다.

그런데 편성표를 보면 드라마 시청을 마치고 채널을 돌리던 시간대 즉 8시 23분에서 30분 사이에 SBS는 〈이건희 사위 오락가락〉 〈미꾸라지 증인〉 〈그 순간에 머리 손질〉 등의 뉴스를 방송했다. 반면 MBC는 〈LPG 차량 펑!〉 〈금괴 배달사고 속출〉 등의 뉴스 아이템을 내보냈다. SBS는 현안을, MBC는 그림을 택한 것이다.

SBS 8시 뉴스 〈8시 23분~8시 30분 사이〉

오락가락 답변

미꾸라지 증인

그 순간에 머리손질

MBC 뉴스데스크 〈8시 23분~8시 30분 사이〉

LPG 차량 펑!　　　　　금괴 배달사고 속출　　　　　달걀 값 폭등

SBS는 국정 농단 사건의 사회적 파장을 고려해 40분 동안 22꼭지를 최 순실 관련 뉴스로 채웠다. 2꼭지를 제외한 뉴스 전체를 할애한 것이다. 반면에 MBC는 24분 동안 15꼭지에 그쳤다. 본격화된 국정농단 사건 국면에서 JTBC가 뉴스 아젠다를 주도했다. SBS도 적극적인 보도 태도를 유지했다. 반면에 MBC는 상대적으로 소홀했다. 시청률 결과는 어땠을까? 당일 SBS의 뉴스 시청률은 6.7%인 반면 MBC는 3.9%에 그쳤다. MBC는 KBS2의 드라마가 끝난 시점에 볼거리로 가득 찬 연성아이템을 배치했는데도 시청자를 추가로 끌어들이는 데 실패했다. 하지만 현안 뉴스를 택한 SBS는 MBC와의 시청률 격차를 유지하는데 성공한 것으로 나타난다.

시간	MBC	시청률	SBS	시청률
24분	LPG차량 … "펑"	4.2	이건희 사위 … 오락가락	8.4
26분	일본 향하던 금괴 … 배달	4.3	꼭꼭숨은 우병우 … 결국 허탕	8.6
28분	멧돼지 출몰 … 비상	4.5	미꾸라지 증인	8.7
30분	AI파동에 닭값 … 폭락	4.9	그 시간에 머리 손질	8.5

MBC 뉴스데스크와 SBS 8시 뉴스 아이템과 분당 시청률 비교

시청률 지상주의에는 그림에 대한 맹신이 숨어있다. 시청자들은 선정적이고 연성적인 뉴스를 많이 볼 것이라는 착각이 그것이다. 그래서 볼거리 가득한 연성아이템이 주요 뉴스로 대접받는 사이 정작 다뤄야할 현안 뉴스는 축소되거나 아예 다루지 않는 일이 반복적으로 벌어진다. 그러나 시청자들은 진실을 찾는다. TV 뉴스가 외면하면 시청자는 종편으로 SNS로 진실을 찾아 옮겨가는 것이다.

　　더 큰 문제는 영상이 현실을 있는 그대로 촬영해 보여준다는 사실성의 신화가 결과적으로 TV 저널리즘의 위기를 낳게 한다는 사실이다. 보는 것이 믿는 것이란 생각으로 TV 뉴스에 보도되는 것은 모두 다 사실이라고 믿어왔지만 현실은 그렇지 않다. 형식적으로는 객관적일지 모르지만 현실을 왜곡하거나 진실을 외면한다는 비난을 지속적으로 받았다. 물론 이런 비판이 TV 저널리즘만의 문제는 아니다. TV 뉴스는 결국 영상이라는 강력한 무기로 가장 신뢰받는 미디어로 성장했지만 반대로 영상 때문에 가장 위험한 매체라는 양면성을 지니고 있다. 영상만을 강조해 감각적인 선정성을 추구한다는 비판이다. 또 현실을 그럴 듯하게 모사해 설득력을 갖고 사실이라는 환상을 심어주지만 TV 뉴스가 사실 자체일 수는 없고 현실 왜곡의 위험성은 언제나 열려있는 것이다.

2장. 본다

1절 눈으로 본다

인간은 오감을 이용해 정보를 습득하는데, 그 중 시각은 가장 핵심적인 역할을 하는 기관으로 정보습득의 70%이상을 차지한다고 한다. 시각은 청각보다 훨씬 많은 정보를 제공하는데 빛의 파동이 소리의 파동보다 훨씬 빠르고 더 많은 정보를 운반하기 때문이다.

정보습득 과정에서 감각기관의 관여비율

형태인식	정보습득
시각 90%	시각 70%
기타 10%	기타 30%

(출처: 최동신, 2006, p119)

중세시대에서 가장 중요한 감각은 청각〉촉각〉시각의 순이었다고 한다. 언어학자인 롤랑 바르트(Roland Barthes)는 "15세기 르네상스 시대에 이르러서야 원근법이 확립되고 시각이 우리의 감각과 인식의 근본이 되었다"고 주장했다. 암흑시대였던 중세에 보이는 것 즉 그림이나 조각은 우상으로 배격하는 환경에서 당연한 현상이었을 것이다. 르네상스 이전의 그림 등은 사실성이 떨어지거나 환상처럼 인식했다. 오로지 신부들만이 강론을 소리 내어 읽고 '진리(?)'를 말했다. 사람들은 이를 듣는 것이 인식의 중심을 차지했을 것이란 추론이다. 따라서 보는 것은 본질적인 것이 아니라고 생각했다는 것이다. 하지만 르네상스 이후 소실점을 발견한 인간의 시각은 과학적 인식의 출발점이 됐다. 로버트 뮤르(Robert Muir)는 "인간은 5개 감각기관을 통해 인지하는 것 중에서 83%는 시각을 통해서고 10%가 청각, 4% 후각, 2%가 촉각, 1%가 미각이라고 주장했다.

우리는 감각기관인 눈을 통해 본다. 감각기관은 특정 자극에 대해서만 반응한다.

귀는 소리를 듣고 혀는 맛을 느끼듯이 눈은 빛에 반응한다. 대상에 투영된 빛이 눈으로 들어오는 것이다. 눈으로 볼 수 있는 범위를 시야라고 한다. 하지만 시야에 들어오는 대상이 모두 지각되는 것은 아니다. 눈의 초점이 맞아 시각의 중심에 들어오는 대상만을 지각하는 것이다.

1	2
3	4

심리학자들의 연구에 따르면 인간의 시선 운동은 자연 상태에서 위에서 아래로 (1→3), 또 왼쪽에서 오른쪽으로(1→2) 움직인다. 따라서 4개로 화면을 분할하면 위쪽의 반과 왼쪽의 반이 그 반대쪽보다 주목도가 높다고 한다. 특히 4분할 면 중에 왼쪽 위 즉 화면(1)의 주목도가 가장 높다. 자연 상태에서 왼쪽 윗부분이 가장 눈이 많이 간다는 것이다.

1990년대 MBC 뉴스 데스크 앵커와 어깨걸이(DVE)

이를 근거로 과거엔 남녀 앵커를 화면의 좌 상단부분에 배치하는 것이 유행이었다. 절대적인 영향력이 필요한 앵커 시스템 체제에서는 여성 앵커의 미모나 남성 앵커의 친근한 혹은 권위 있는 이미지가 시청자들의 시선을 조금이라도 빼앗을 수 있다고 생각한 것이다. 이처럼 눈길이 가게 만드는 자극 요소로는 화면 속 대상의 크기와 색,

위치, 특이함, 움직임 등이 있다. 큰 것이 작은 것보다 눈에 띄는 것은 당연하다. 색은 주변의 다른 색상과 대조적일 때 눈에 확 띈다. 또 채도가 높은 색채에서 낮은 색채로 이동하는 것으로 알려져 있다. 위치는 중심에 있는 가를 인지하는 것이다. 특이함이란 다른 물체들과 대조적이거나 익숙지 않을 때 생겨난다. 움직임은 시선을 자극하는 물체나 형태가 고정적이지 않고 가변적이어서 지속적으로 시선을 유도하는 힘이다. 움직임은 시선을 사로잡는 가장 강력한 요소이기도 하다. TV 화면에서 사람이나 물체가 움직일 때 시청자의 시선은 아무런 저항 없이 움직임을 따라간다. 크기, 색상, 특이함 등 다른 모든 자극요소보다 시선을 사로잡는 능력은 움직임이 최고다.

영상 매체인 TV는 시각적 주목도를 높이기 위해 영상 요소를 적절히 배치해야 한다. 또 인위적으로 시각 자극을 유도하면 시선은 자연히 그 자극을 따라 이동한다. 유사한 외형을 가진 여러 개체들 사이에서 뚜렷이 구별되는 외형을 가진 개체를 디자인학에서는 싱글 톤(single tone)이라 부른다. 결국 시야에 존재하면서 강한 시각 자극을 일으켜 시각 중심으로 시각을 끌어오는 힘을 가진 개체들은 모두 싱글 톤인 것이다 (김태용, 2006, p239). 따라서 TV 제작자들은 시각적 볼거리, 즉 싱글 톤을 최대한 TV 영상에 표현하기 위해 노력한다.

2절 뇌로 본다

본다는 것은 이처럼 눈이란 감각기관을 통해 시각적 자극과 접촉하는 것이다. 이때 어떤 노력이나 수고가 없이도 1차적인 수용이 일어난다. 이를 상향식 과정 (bottom-up)이라고 말할 수 있다. 단순히 보이는 것이다. 하지만 감지된 자극을 인지하고 경험과 지식을 통해 의미를 부여한다면 지각과 인지의 단계로 넘어간다. 곰브리치(Ernst Gombrich: 영국 미술사학자 『서양미술사』 저자)는 "사물을 지각할 때 오로지 눈에만 의존하는 것이 아니라 이미 알고 있는 '知의 도식'을 적용해 보이는 대로가 아닌 아는 대로 보게 된다"고 주장했다. 이처럼 인간의 시각적 인지활동은 1차적으로 눈으로 보고, 2차로 뇌를 통해 본다고 말할 수 있다. 즉 외부의 시각 자극에 반응하는 상향식 과정(bottom-up) 그리고 물체에 대한 경험과 학습에 의한 지식 등을 통해 시각적 자극을 찾아가는 하향식(top-down) 과정(Treisman, 1986)으로 구분할 수 있는 것이다. 상향식 과정은 통상 'See'로, 하향식 과정은 'Look at'으로 표현된다. 이러한 두 과정을 이용한 인간의 시선 결정은 기본적으로 상향식 처리 후, 하향식 처리가 일어나는 순차적 특성을 갖는다. 상향식 정보를 이용해 선택하는 방법은 전 주의(pre-attention)과정이라고 하며, 전 주의 과정에서 '무엇을 볼 것인지'를 결정한다. 하향식 정보를 포함한 전반적인 과정을 일반적으로 주의라고 하는데 이 과정에서 대상의 인식이 이루어진 후에 '어디를 볼 것인지'를 결정하게 된다(Glass, 1979, p33; 박진희, 2008, p69, 재인용).

시각은 보는 활동을, 지각은 이해하는 활동을 의미하고 둘을 따로 떼어놓고 볼 수 없다. 요컨대 감각은 '생리적 과정'이고 지각은 '사물을 의식하는 과정'이며 인식은 '사물을 과거의 경험에 비추어 판단하는 과정'이라고 할 수 있다(정양은, 1984, p385-418). 결국 눈으로 보지만 인간은 최종적으로 뇌를 통해 보는 것이다. 기본적인 물리적 특성, 즉 빛과 색, 모양과 형태는 고정돼 있기 때문에 같아 보이지만 그에 대한 지식이나 정보, 과거의 기억 등이 달라 전혀 다른 반응을 일으키는 것이다.

9·11 테러 당시 뉴욕 맨하탄(출처: 연합뉴스)

좌측은 고층 빌딩으로 가득 찬 대도시 사진이다. 사람에 따라 하늘의 비행기가 보이기도 하고 빌딩 숲 앞의 현수교 다리가 눈에 잡히기도 한다. 여행 경험이 많은 이들의 눈엔 인류 문명의 상징인 뉴욕 맨하탄을 떠올릴 것이다. 하지만 미국인에게는

9·11 테러의 끔찍한 악몽이 되살아날 것이다. 미국인은 좌측 영상을 보고 곧바로 우측 영상으로 받아들인다. 반대로 미리 얻은 사전 정보가 없다면 우측 사진은 초고층 건물의 단순 화재로 볼 수 있다. 사진에서 가장 시선을 끄는 부분은 검은 연기일 것이다. 비행기는 우연히 상공을 지나는 것인지 불확실해 즉각적으로 시선을 빼앗지는 못한다. 오히려 초고층 건물로 빽빽한 뉴욕 맨하탄과 그 속에서 발생한 대형 화재의 끔찍함이 연상될 뿐이다. 문명과 단절된 태평양 거주 원시인은 이 사진을 봐도 도무지 무슨 광경인지 상상조차 할 수 없다. 하지만 9·11 테러를 아는 사람은 납치된 비행기가 곧 건물에 충돌하고 뒤이어 또 다른 비행기가 다른 건물에 충돌하기 직전의 긴박한 상황을 찍은 영상이라는 것을 너무나 생생히 떠올릴 것이다. 이처럼 본다는 것은 단지 시각적 자극을 넘어 의미를 보는 것이다. 말하자면 눈으로 보는 것이 아니라 뇌로 보고 인지하는 것이다. 사진 즉 영상은 보는 사람의 경험이나 가치관에 따라 나름대로 해석해 받아들이는 것이다.

3절 의미를 본다

2011년 일본, 지진으로 발생한 쓰나미(왼쪽)와 2008년 화재로 붕괴된 서울 숭례문 모습(오른쪽)이다. 영상은 지진 쓰나미의 가공할 위력과 보물 1호의 안타까운 붕괴를 한눈에 보여준다. 영상은 아무런 언어적 설명 없이도 이미지 자체로 우리에게 메시지를 전달하고 있다. 영상 전체가 하나의 의미 덩어리처럼 뭉텅이로 메시지를 주고 있는 것처럼 느껴진다.

쓰나미 위력, 2011년 일본(출처: AFP)   숭례문 화재 붕괴, 2008년 서울(출처: MBC 뉴스)

그러나 자세히 뜯어보면 우리는 영상을 보면서 여러 가지 오해를 가지고 있다는 사실을 금방 알아챌 수 있다. 먼저, 그냥 보면 알게 된다는 생각은 그릇된 것이다. 인간은 사전적 지식과 정보를 미리 터득해야 그림을 이해할 수 있다. 위의 사진은 별다른 설명 없이도 자동차를 집어 삼켜 옮길 정도로 강력한 해일이 도로까지 위협하고 있다는 의미를 영상에서 읽을 수 있다. 또 고궁 전각에서 화재가 발생해 사다리 소방장비가 불을 끄고 있음을 알 수 있다. 너무나 당연한 해석이지만 우리는 이미 자동차와 아스팔트 도로 그리고 사다리 소방 장비라는 것을 쉽게 읽어내는 문명 발달 속 지식을 가지고 있기 때문에 해석이 가능한 것이다. 삼국시대 사람은 영상을 봐도 무슨 그림인지 이해할 수 없다.

또 영상은 덩어리째 의미를 전달하는 것이 아니라 시선이 영상의 각 구성 요소들을 쫓아가며 의미 해석의 과정에 따라 이해된다는 점이다. 물론 영상 지각에는 큰 노력과 시간이 필요치 않아 흘낏 보아도 의미 파악이 가능하기 때문에 순차적으로 읽힌다고 보기 보다는, 보는 즉시 의미 해석이 가능하다는 편견을 갖기 쉽다. 하지만 영상의 각 구성 요소를 시선에 맞춰 재구성해놓으면 그림도 의미를 쫓아가며 순차적으로 읽히고 있음을 금세 알 수 있다.

대통령의 독선과 불통을 풍자한 신문 만평이다. 화면에서 단연 시선을 끄는 것은 박근혜 대통령이다. '가장 큰 그림' 이란 시각적 자극뿐만 아니라 만화 속 여인이 대통령이라는 것은 이 시대를 사는 한국 사람은 모두가 쉽게 알 수 있다.

중앙일보 만평(2012년 10월 23일 박용석 화백)

박대통령은 신경질적인 표정으로 손으로 귀를 막고 소통을 거부하고 있다. 시선은 대통령에서 희화화된 표정의 야당대표로 옮겨간다. 이어 말풍선의 내용을 읽는 것으로 시선 이동을 추정할 수 있다.

만평을 보는 시선의 움직임은 박대통령 → 귀를 막다 → 희화화된 야당대표 → 말풍선으로 옮겨간다고 추정할 수 있다. 만평, 즉 그림도 나름대로 순차적 문법을 가지고 메시지를 만들고 있는 것을 알 수 있다.

그렇다면 인간은 영상의 어느 부분을 가장 먼저 보고 또 어떤 방법으로 각 구성요소를 연결해가며 의미를 해석할까? 이를 이해하는 것이 영상 혹은 TV 제작물을 만드는 첫 과정이다. 요컨대 TV와 영화, 사진 등 시각 매체들은 인간의 시각 요소를 확잡아 끌만한 볼거리로 영상 구성 요소들을 화면에 채우려고 노력한다. 영상 매체 안에서 시청자의 시선을 통제할 수 있다면 효과적인 스토리텔링이 가능하기 때문이다.

시각을 통해 들어오는 의미 있는 자극 즉 시각 메시지는 그림 형태와 글씨 형태로 나눠 볼 수 있다.

한국경제 만평(2020년 9월 17일)

경기신문 만평(2011년 2월 24일 김호상 화백)

〈아이트래킹 기술〉*을 이용해 만평의 구성 요소 중에서 독자들의 시선이 어떻게 이동하는 지를 연구한 결과를 보자. 일반적으로 만평도 시각 중심의 매체여서 시각적 자극이 강할수록 시선을 잡을 것으로 예상된다. 그러나 아이트래킹 분석 결과는 달랐다. 의외로 독자들은 그림보다 텍스트에 시선을 먼저 응시하는 것으로 나타났다. 시선 응시를 가장 처음 받은 비율이 높은 부분은 텍스트(말풍선과 의성·의태어)였다. 다음은 캡션, 주요 사물, 그리고 헤드라인과 주요 인물 등의 순서로 시선이 움직였다. 이미지 보다는 문자가 먼저 시각을 포획한 것이다. 연구자는 독자들이 그림에 관심이 없거나 그림의 시각 자극이 약해서가 아니라 흘낏 보아도 의미 파악이 가능하기 때문에 텍스트를 응시하는 것이라고 해석했다. 반대로 문자의 메시지 전달력이 훨씬 강해서 그림을 오히려 보완적 지위로 밀어낸 것이라는 해석도 가능하다(김태용, 2006, p251). 어쨌든 시선은 의미를 찾아 움직인다는 추정이 가능하다. 결론적으로 요약하면 시각적 자극이 강하면 시선을 순간적으로 사로잡을 수는 있지만 인간의 시선은 의미가 강한 곳을 찾아 움직인다고 볼 수 있다. 즉 시선은 의미를 따라 움직이며 눈은 의미를 보는 것이다. 따라서 TV 뉴스를 만드는 기자는 의미가 강한 뉴스를 찾아야 한다. 볼거리가 있는 영상이 뉴스 가치가 없다는 것도 아니고 의미 없다는 것도 아니다. 중요한 것은 시청자가 TV 뉴스에서 가장 찾는 것은 선정적인 볼거리 보다 고급 정보, 뉴스가치가 높은 뉴스라는 점이다. 이는 신문 등 다른 뉴스매체와 하나도 다르지 않다는 점을 강조하고 싶다.

*아이트래킹은 지각자의 눈동자를 추적하여 그가 어느 곳을 응시하고 있는가를 알아낸 후 그것을 근거로 자극에 대한 인간의 반응 및 상호작용을 연구하는 기법이다. 전형적인 아이트래킹 기술은 아이트래커라는 장비를 사용해 수용자의 눈동자를 촬영하고 그 영상에 나타난 안구 위치 데이터와 컴퓨터 화면 내에서의 주의 착점 간의 관계 방정식을 이용해 시점의 위치를 파악하는 방법을 사용한다(김태용, 2006).

3장. 영상도 언어다

1절 영상은 이미지다

영상은 빛의 굴절이나 반사 등에 의하여 이루어진 물체의 상(像) 또는 영사막이나 브라운관, 모니터 따위에 비추어진 상을 뜻한다. 여기에 머릿속에서 그려지는 모습이나 광경도 영상의 사전적 정의다.

말하자면 이미지는 외부로 표출된 시각 이미지와 내부에서 떠오르는 정신 이미지로 나눌 수 있다. 즉 시각을 통해 보이는 이미지뿐만 아니라 생각으로 떠오르는 그림도 이미지로 볼 수 있다.

이미지 유형과 현상

시각 이미지	그림, 조각, 도안, 영상, 외양
정신 이미지	꿈, 환각, 기억, 관념 등

기호학자 소쉬르는 물리적으로 표출된 외적이미지는 기표, 눈에 보이지 않지만 심리적으로 구현된 이미지는 기의로 나누어 정의한다. 즉 시각적 표상으로만 보면 이미지는 기표와 기의가 같은 도상적 기호다. 그러나 이미지를 받아들이는 사람마다 똑같은 이미지라도 자신의 경험이나 지식 등에 따라 달리 해석할 수 있다. 해석된 이미지 말하자면 심리적으로 뇌에 떠오른 이미지는 기의가 되는 것이다. 현실적인 기표와 추상적인 기의의 결합은 누구에게나 필연적으로 똑같은 것일 수 없다. 사람에 따라 또 자신의 경험과 지식에 따라 자의적 해석이 가능하다. 미인 사진도 지역에 따라 혹은 시대에 따라 미녀로 인정되기도 하고 추녀로 해석되기도 하는 것이다. 사람에 따라 기준도 다르다. 자의적 해석을 통한 다양한 의미표출이 가능하다. 따라서 언어에 비해

* 비주얼 이미지는 흔히 시각 이미지 또는 영상 이미지로 번역되고 있으며 영상이라는 한자어 자체가 이미지라는 뜻을 지니고 있어서 그냥 영상으로 쓰일 수도 있다. 그러나 영상과 이미지는 미묘한 뉘앙스의 차이가 있다. 즉 시각이미지는 사진, 그림 등을 포함한 시각적으로 파악되는 모든 이미지를 뜻한다면 영상 이미지나 영상은 텔레비전이나 영화처럼 움직이는 시각 이미지라는 뉘앙스를 줄 필요가 있을 때 사용된다.

시각 이미지는 다양하게 의미가 해석될 수 있다. 이를 영상 이미지의 다의성이라고 한다.

소쉬르와는 달리 논리학자 퍼스는 기호의 성질을 도상과 지표 그리고 상징 세 가지로 나눠 규정했다. 도상은 대상물과의 유사성을 통해 그 대상 자체를 나타낸다. 사진은 도상성을 갖는 대표적인 예이다. 지표는 대상과 실존적 연계를 가지고 있으며 개별적 대상과 더불어 사람들의 감각이나 기호와도 연결 된다. 대상과의 인과관계를 내포하기도 한다. 연기와 불을 예로 든다. 임의로 만들어진 상징은 대상과 어떤 연관성이나 유사성 없이 사회적인 계약 혹은 약속에 의해 생기고 대상을 규정하며 유지된다. 따라서 구성원들이 서로 동의한 경우에만 상징으로 인정된다. 예를 들어 수학의 연산 기호 알파벳 등이 있다(퍼스, 1905; 김성도 역, 2006, p155).

2절 영상 이미지도 텍스트다

안정오(2005, p74)는 일반화된 개념으로서의 텍스트에 대해 (1) 쓰여진 문서, (2) 의사소통에서 전달하는 모든 말과 수반 현상들, (3) 기호작용의 실재, (4) 언어와 비언어적 종류의 모든 문화적 전달이라고 정리했다. 1960년대부터 등장한 텍스트 언어학에서는 단순 언어 형태 텍스트뿐 아니라 전반적인 의사소통 행위 전체를 통해 발생하는 결과물로 텍스트를 폭넓게 인식하고 연구한다. 텍스트가 제대로 완성되기 위해서는 그 텍스트를 구성하는 요소들이 서로 긴밀하게 엮어져 하나의 통일된 맥락을 만들어 내야 하는데 언어 표현뿐 아니라 기타 표현들에서도 맥락상 통일된 내용 연결을 찾아볼 수 있기 때문이다. 결국 텍스트는 언어적인 정보와 더불어 일정한 목적을 위한 모든 정보들의 결합인 것이다.

텍스트 속에서 맥락을 잇는 역할을 하려면 특정 의미를 갖고 있어야 한다. 그러

---

* 퍼스가 언급한 기호 분류는 이미지에만 국한되는 것이 아니다. 예를 들어 지표의 경우 천둥소리와 같은 청각적 지표, 탄 냄새와 같은 후각적 지표 등 다양한 기호 형태로의 존재가 가능하다. 흔히 보게 되는 고급 아파트 광고의 경우 배경음악으로 쓰이는 클래식이나 째즈는 단순 배경음악이 아니라 고급스럽다는 의미를 전달하고 숲이나 시냇물의 등장은 친환경적이란 확실한 의미를 전달하고 있는 것이다.

나 이미지는 속성적 차원에서 다의성을 갖는다. 즉 기표와 기의 관계가 사람에 따라 혹은 경험과 기억에 따라 다르다. 똑같은 남자의 사진도 제자에게는 선생님으로 받아들여지지만 성추행 피해자에겐 흉악범으로 보여 공포의 대상일 뿐이다. 따라서 이미지의 의미는 같을 수 없고 다의성을 가진다는 것이다. 다시 말해 이런 이미지의 다의성 때문에 의미 전달 능력이 떨어진다. 이미지가 폄하되는 이유다. 바르트는 "이미지가 하나 이상의 기의를 지니는 다의성을 가졌기 때문에 불안정하다"고 말했다. 그러나 이미지만이 다의성을 가진 것은 아니다. 오히려 언어도 중의적 의미를 가진 경우도 많다. 어떤 이에겐 아버지라는 단어가 인자함을 뜻하지만 다른 이에겐 가정폭력의 두려움을 의미할 수도 있다. 지식과 경험, 또 관습에 따라 해석이 다양할 뿐이지 이미지 자체가 지닌 다의성으로 인해 발생하는 혼란은 아니다. 문제는 다의성이 아니라 맥락과 정보 부재이다(조국현, 2010, p280). 따라서 이미지가 보는 사람에 따라 여러 가지로 해석되는 상황은 이미지 자체의 다의성 때문이 아니라 맥락이 없고 정보가 부족해서 제대로 의미를 파악하기 어렵기 때문에 발생하는 것이라고 봐야한다는 것이다.

영상의 다의성에 가장 비판적인 사람은 앙드레 바쟁이다. 바쟁은 우선 현실 자체를 다의적인 것으로 파악한다. 현실은 다의적인 애매함으로 현실인 것이다. 졸리(M. Joly, 1994) 역시 "다의성이 이미지(만)의 특성은 아니다. 언어의 단어 역시 다의적이다"라고 했다. 언어가 관습적 체계로서 어느 정도 안정적으로 기의를 관리한다면 이미지는 유연한 체계로서 대상의 생생한 모습을 재현한다. 다의적인 단어가 구체적인 맥락 속에서 해소되듯이 이미지의 다의성도 맥락이나 상황의 도움을 받아 해소될 수 있다. 사실 이미지의 다의성에 기초한 바르트의 언어중심주의는 그의 기호론적인 편견이라고 볼 수밖에 없다(최용호, 2010, p431). 결국 모든 단어 단위의 기호는 본래의 뜻을 지니고 있으나 문장 속에서는 구성 요소에 불과한 것이고 문장에 따라 그 기호의 의미를 달리한다고 할 수 있다. 이것은 언어 텍스트나 이미지 텍스트 모두가 가진 공통 운명이다.

따라서 시각적이든 언어적이든 그 형태와 관계없이 기호의 의미가 전체 흐름에 의존하는 것은 텍스트의 공통 속성에 해당하므로 이미지만이 다의적이라는 주장에는 논란의 여지가 있다. 다만 언어 텍스트가 이미지에 비해 의미의 전달과 이해하는 데 더 용이한 것은 사실이다. 그러나 경험과 교육을 통해 이미지의 내용 파악이 쉬워지면 종합적인 이미지 정보가 동시에 처리됨으로써 오히려 언어 텍스트에 비해 더 빠르고 정확하게 의도가 전달된다는 장점이 있다. 이런 의미에서 영상은 단순 이미지가 아니라 텍스트로서 역할이 가능하다고 볼 수 있다. 영상 텍스트의 특징은 사물이나 현실을 그대로 재현해 다른 설명이나 번역이 필요 없다는 장점을 가진다. 이런 이미지 텍스트는 우리에게 즉각적으로 인지된다.

3절 텍스트로서의 영상 문법

영상 텍스트 즉, 영상 언어는 사진을 형태소로 사용하는 언어로서 문자언어나 청각언어로는 도저히 파악되지 않는, 그렇다고 그림이나 만화 같은 타 시각 언어로는 잡아낼 수 없는 사실적 메시지가 영상 언어의 특성이자 표현영역이다(김현수, 1997, p10). 언어는 커뮤니케이션을 목적으로 하고 있고 커뮤니케이션은 언어의 원인이기도 하다. 따라서 영상 언어도 커뮤니케이션을 목적으로 구성된다.

텍스트로서 시각언어는 의미론적 측면에서 도상성과 지표성을 지닌다. 도상성은 영상적 기법(카메라 앵글, 이미지의 크기, 조명 등 형식적 스타일적 특성)과 색채, 전체 구성, 추상적 모양 등에 의해서 표현된다. 이미지 생산자는 이러한 도상성을 활용해 목적에 맞게 기호화하고 특별한 방식으로 수용자의 감정을 통제한다. 따라서 도상성은 감정과 시각을 연결하는 특성을 지닌다. 지표성은 시각언어의 시각적 진실성을 유발하는 요소다. 지표적 기호는 인과관계에 의존하는 기호인데 내용의 유사성에 의해서가 아니라 관계를 통해 예측되는 기호적 특성을 지닌다. 매연으로 가득한 사진을 보고 공해와 환경문제를 떠올리는 것은 매연이 공해와 환경의 인과관계 때문이다(김병옥, 2006, p363-364).

금연공익광고 "Kill yourself"

예컨대 위의 공익광고 사진에서 도상성은 담뱃재와 꽁초, 쓰러져 있는 사람 그리고 음울한 색감 등으로 표현된다. 특히 담배꽁초만이 유독 눈에 확 띄게 밝은 색으로 표현해 강조했다. 지표성은 흡연과 그 결과로 나타난 시신으로 표현돼 있다. 누구나 쉽게 담배가 죽음에 이르게 하는 병적 습관으로 금연광고라는 의미가 쉽고 빠르게 전달되고 있어 완벽한 텍스트인 것이다.

동영상처럼 이미지와 이미지가 이어지면 마치 문장처럼 의미가 구성되기도 한다. 구문론적 측면에서 보면 시각 언어의 특징은 비결정적 이라는 데 있다. 이는 시각으로 볼 때 해석 이전에 느낌과 정서로 다가오기 때문이다.

첫 사진의 둥근 막대는 담배꽁초 같은데 아스팔트 도로에 버린 것인지 의미가 분명하지 않다. 그러나 2~3 번째 화면이 이어지면 담뱃재가 모여 사람 모습이 되고 결국 흡연은 죽음을 의미한다는 문장이 완성되는 것이다. 시각 언어가 비결정적이라는 점

때문에 바라보는 사람에 따라 다르게 해석될 수 있다. 이는 반대로 그만큼 독자의 주관적 참여와 관여의 폭이 넓다는 것을 의미하고 결과적으로 이미지를 생산한 사람의 시각적 주장을 유연하게 만드는 것을 뜻한다. 따라서 논리적으로 설명되지 않은 요소들이 시각언어로 표현돼도 자연스럽게 연결될 수 있는 장점을 가진다(김병옥, 2006, p364).

4절 영상 텍스트의 전개과정

1895년 프랑스의 한 카페에서 뤼미에르 형제는 『열차의 도착』이란 영화를 처음으로 상영했다.

최초의 영화 '열차의 도착' (1895년)

열차가 역에 도착해 승객이 타고 내리는 장면을 편집 없이 40여 초간 보여주는 내용의 동영상 영화이다. 제목 그대로 열차가 도착해 승객이 타고 내린다는 무미건조한 내용을 담고 있지만 당시 관객 중에는 열차가 들어오는 장면을 보고 깜짝 놀라 비명을 지르며 몸을 옆으로 피했다고 한다. 마치 기차가 자신에게 덤벼드는 것 같은 느낌을 받은 것이다. 영상자체가 사실처럼 받아들여진 것이다. 1890년대 당시의 상황에서 관객의 충격은 당연한 반응일 것이다. 당시 영상의 특징은 편집이 없었다. 따라서 컷 없이 원 테이크(One Take)로 한번 촬영을 시작하면 끝까지 프레임의 변화 없이 진행됐다. 곧이어 좀 더 명확한 스토리 구조를 가진 영화가 등장했다.

영화 '물 뿌리는 정원사'

영화『물 뿌리는 정원사』도 마찬가지로 편집 없이 40초가량 진행된다. 그러나 이야기 구조가 한층 진전됐다. 1) 화단에 물을 뿌린다, 2) 소년이 호스를 밟는다, 3) 물이 안 나오자 호스 끝을 바라본다, 4) 소년이 발을 떼자 호스 끝을 보던 남자의 얼굴로 물이 뿜어 진다, 5) 화가 난 남자가 소년을 붙잡고 엉덩이를 때린다, 6) 소년이 사라지고 다시 화단에 물을 뿌린다는 내용이다.『열차의 도착』은 단순한 보여주기에 불과했다. 그러나『물 뿌리는 정원사』는 인과관계라는 스토리 구조를 도입하고 재미도 삽입했다. '균형 → 균형 파괴 → 균형회복' 이라는 서사적 구조를 띠고 있다는 것이다.

20세기에 들어서면서 영화는 편집이란 개념을 도입하며 보다 복잡한 이야기 구조를 쉽게 표현하기 시작했다. 1903년 제작된『대열차 강도(The Great Train Robbery)』와『미국인 소방관의 생활(The Life of an American Fireman)』은 영화 언어와 문법의 전환점으로 꼽힌다.『열차 강도』는 3인조 열차 강도사건을 영화로 만들었다. 열차를 탈취해 승객들에게 금품을 빼앗고 도주하는 승객을 살해한 후 분리된 기관차를 타고 달아나지만 마을 사람들의 추격을 받고 총격전 끝에 모두 사살된다는 권선징악을 내용으로 하고 있다.

대열차 강도(The Great Train Robbery, 1903년)

(씬 1)	(씬 2)	(씬 3)
몰래 올라탄다	기관사와 격투	기관사 위협

(씬 4)		
승객 하차	도망 승객 사살	금품 갈취

(씬 5)	(씬 6)	(씬 7)
강도들 도주	마을사람 추격	총격전, 강도사살

이 영화가 영화 문법의 시작으로 평가받는 이유는 편집에 있다. 그전의 영화가 한 지점에서 찍은 것이라면 열차 대강도는 시퀀스에 따라 촬영 지점이 변한 영상을 이야기 구조에 따라 이어 붙였다. 씬과 씬을 연결한 것이다. 한 씬이 30초를 넘나드는 롱테이크지만 이어 붙이는 편집 개념이 적용됐다. 같은 시간 다른 장소에서 벌어진 일을 이어붙이는 교차 편집도 활용됐다. 강도가 벌어진 시각 마을 사람들은 춤추며 놀고 있

다가 강도 소식을 전해 듣고 추격에 나서는 장면을 중간에 삽입한다. 영화관객은 강도 사건 당시 마을 사람들은 축제를 즐기는 중이었다고 자연스럽게 받아들였다. 교차편집 효과다.

영화 『미국인 소방관의 생활』은 한층 더 발전된 편집 기법이 사용됐다. 영화는 소방수가 2층 건물화재 현장에 출동해 연기 속에 갇혀있는 어린 아이와 엄마를 구출해낸다는 단순한 내용이다. 그러나 한 개의 사건에 한 개에 불과했던 카메라 시점이 안과 밖에서 동시에 촬영해 입체감을 갖게 됐다. 영상 문법의 발전 과정을 보여준다.

미국인 소방관의 생활(The Life of an American Fireman)

| 소방차 출동 시작 | 시내를 통해 현장으로 | 화재 진압 시작 |

소방차가 출동해 화재 진압을 시작하는 데까지는 기존의 영화와 같이 씬을 이어붙여 스토리를 만들어 갔다. 그러나 창문을 열어 구조를 요청하다가 연기에 질식돼 쓰러지는 장면까지 한 씬으로 찍었지만 중간에 건물 밖에서 찍은 구조 요청 장면이 추가돼 이야기 구조가 한층 생생해지고 입체감을 갖게 된 것이다.

| (실내 씬) | | (건물 밖 씬) | (실내 씬) |
| 연기에 당황 | 창문을 연다 | 구조를 요청 | 질식돼 쓰러진다 |

여자가 구조를 요청하는 상황을 건물 안과 밖에서 촬영했다. 단순히 스토리 A 씬

과 스토리 B씬을 이어 붙여 이야기를 전개해나가던 기존의 편집 방식이, 시점이 두 군데로 늘어나면서 입체적으로 바뀌었다. 진일보한 편집 제작법이다.

(실내 씬)		(건물 밖 씬)	
소방수 침실 진입	엄마 구출	사다리로 탈출	아이 구출을 요청

(실내 씬)		(건물 밖 씬)
소방수 침실 재 진입	아이까지 구출	창문 통해 탈출

화재 현장 안과 밖의 장면을 교차로 편집하면서 스토리 구조가 탄탄해지고 긴박한 상황을 보다 사실감 있게 재현한 것이다. 편집이 본격적으로 영상 언어의 문법으로 기능하기 시작한 것이다. 이렇듯 편집은 영상을 언어로 보고 영상을 엮어 스토리 구조를 만들어 내는 영상 문법이라고 볼 수 있다. 여기에 풀 샷과 미디움 샷, 클로즈 업 등 영상 요소를 다양하게 섞는다면 보다 효과적인 영상 문법을 활용할 수 있게 된다. 예를 들어 화면 사이즈의 변화 없이 한 씬으로 찍은 영화 『물 뿌리는 정원사』를 편집과 화면 확대 등을 이용해 재구성해보면 스토리가 보다 분명해진다.

(샷1)	(샷2)	(샷3)	(샷4)
정원-설정 샷	호스를 밟는다	물이 안 나온다	물 봉변을 당한다

(샷1)은 일종의 설정 샷이다. 스토리가 진행되는 곳이 정원임을 알려준다. 물 나오는 호스 끝으로 화면이 줌 인돼 클로즈 업된다면 스토리 초점이 보다 분명하게 전달될 수 있다. (샷2)에서는 소년이 호스를 발로 밟는다. 역시 의미를 분명히 하려면 호스를 밟는 발을 좀 더 크게 클로즈 업해 촬영하면 된다. (샷3)은 호스에서 물이 안 나온다는 메시지가 분명하다. (샷4)는 소년이 발을 떼자 물 봉변을 당하는 영상으로 이야기가 완성된다. 간단한 영상 편집 기법으로도 스토리 즉 서사 구조를 보다 분명하게 구성할 수 있음을 알 수 있다.

5절 영상 문법과 편집

편집이론은 크게 2가지로 구분된다. 데이비드 워크 그리피스(David Wark Griffith)의 『국가의 탄생』(1915)에서 보여준 연속 편집과 세르게이 에이젠스타인(Sergei Eisenstein)이 『전함 포템킨』(1924)에서 보여준 몽타주이론이다. 그리피스의 연속 편집은 미국의 무성영화 시기를 거쳐 할리우드 영화로 발전해 갔다.

1. 몽타주 이론

러시아의 영화감독 겸 영화이론가인 클레쇼프(1889-1970)는 1922년 『영화와 언어에 관한 연구』라는 실험에서 이른바 클레쇼프 효과(Kuleshov Effect)를 만들었다. 먼저 혁명전 유명했던 배우 모주힌의 실험으로 배우의 무표정하고 고정된 클로즈 업 샷 3개와 수프접시, 관속의 죽은 여인, 인형을 든 소녀의 샷을 연결했다. 수용자들은 모주힌이 배고픔과 슬픔, 사랑과 같은 다양한 감정들이 미묘하고 감동적으로 표현됐다고 찬탄했다(James Monaco, 1977; 양윤모 역, 1993, p335).

배우의 얼굴 + 식탁 위 음식	
 	➡ 배고픈 표정으로 인식
배우의 얼굴 + 관 속의 시체	
 	➡ 슬픔에 빠진 표정으로 인식
배우의 얼굴 + 곰 인형과 노는 소녀	
 	➡ 행복한 미소로 인식

배우의 동일한 표정도 뒤에 따라오는 화면에 따라 다르게 해석돼 인식된다.

두 번째로 창조적 지리학으로 명명된 실험에서 공간적으로 전혀 연관성이 없는 화면들을 연결했다. 걸어가는 남자(페트로프街)와 기다리는 여자(강변), 출입문, 계단, 거대한 건물의 샷을 연결했을 때 관객들은 서로 다른 장소에서 찍은 샷인데도 한 장소로 받아들였다.

세 번째는 창조적 해부학 실험이다. 각기 다른 인물의 신체 부위를 찍어 화면으로 이어 붙였다. 등을 돌린 여자, 다른 여자의 입술, 또 다른 여자의 눈 그리고 다른 사람의 발을 찍은 샷을 연속적으로 보여주었을 경우에도 관객은 한 인물로 여긴다.

즉 화면과 화면이 연결되면서 어떤 의미를 만들어 낸다는 결론을 내렸고 러시아 몽타주 이론의 기초를 제공했다. 푸도킨(Poudovkin, 1893-1953)은 "각각의 영상 조각은 시인이나 작가가 사용하는 단어와 같은 창작의 소재이며 그 단어가 문장 속 어느 위치에 배치되느냐에 따라서 의미와 내용을 결정짓는다"고 말했다. 즉 의미는 배열됨에 따라서 변할 수 있으며 영상이 그 스스로 어떤 의미를 전달하는 것이 아니라 다른 영상과의 조합에 의해서 하나의 메시지를 만들어 낸다는 것이다. 결국 몽타주는 클레쇼프 효과의 예에서도 알 수 있듯이 얼굴의 다의성(현실성)을 일의적인(중성적인) 의미단위로 환원된다(Bazin, 1958; 박상규 역, 1998, pp131-148). 몽타주 이론은 영상의 현실성(혹은 다의성)을 줄이고 우리의 관념을 기준으로 영상을 관계 맺는 방법이다. 이를 샷의 중성화라고 하는 것이며 중성화된 재료를 엄밀한 계산에 의해 이어 맞추고 순차적으로 결합해 사슬과 같이 엮어서 나타난 영상의 연속으로부터 몽타주 기법을 실현한다는 것이다.

　　그러나 에이젠슈타인(Sergei Mikailovich Eisenstein)은 영상이 언어와는 다른 속성을 가졌다며 반박했다. 그에 따르면 영상은 언어처럼 부호가 설정될 수 없고 미리 존재해 확실한 의미를 제시할 수 없는 포괄적인 언어라며 샷과 샷이 만나 새로운 의미를 창조한다는 것이다.

에이젠슈타인의 영화 – 전함 포템킨(The Battleship Potemkin, 1925)

　　그러면서 영상과 영상은 충돌에 의해 새로운 의미가 탄생한다는 변증법적 몽타주 이론을 제시했다. 그의 스승인 클레쇼프의 몽타주 기법을 비판한 것이다. 단순 몽타주는 할리우드의 연속 편집과 별 차이가 없다는 것이다. 그는 기계적이고 비유기적으로 연결된 몽타주에 반대했다. 영화의 편집은 변증법적이어야 하며, A+B=AB가 아니라 질적으로 새로운 의미인 C라는 것이다. 에이젠슈타인은 몽타주가 샷의 수평적 결합이 아니라 충돌(collision)을 통한 새로운 관념의 창출이라고 주장했다.

충돌 몽타주론자들은 하나의 샷은 하나의 단어나 숙어가 아닌 분리가 되지 않는 많은 문장으로 되어있고 또한 샷과 샷이 결합하면 더 많은 의미와 문장을 탄생시킨다고 설명했다. 그런 의미에서 보면 몽타주의 충돌효과는 완전히 이질적인 샷과 샷을 연결할 때 가장 크다는 역설이 성립한다. 에이젠슈타인(Sergei Mikhailovich Eizenshtein)은 『파업(Strike, 1924)』에서 노동자 살육 장면 사이에 황소의 교살 샷을 삽입해 충돌 몽타쥬의 효과를 과시했다. 몽타주는 사회주의 혁명을 위해 함께하는 관객의 지적, 정치적 각성을 불러일으키는 수단이 된다. 『전함 포템킨(The Battleship Potemkin, 1925)』, 『10월(October, 1927)』 등 에이젠슈타인의 영화들은 몽타주 기법의 전형을 보여준다. 마르크스가 자본론을 통해 역사의 변증법적 전진을 이론화했듯이 에이젠슈타인은 몽타주 기법을 통해 영화의 자본론을 꿈꿨다.

하지만 이 방법론은 수용자를 단순히 수동적이고 조종하는 대상으로만 생각하는 위험에 빠지기 쉽다. 특히 객관적이고 진실을 추구해야하는 뉴스에 단순 적용하기에는 너무 일방적이란 평가다. 또 영상을 문장에 비유해 무비판적으로 언어 문법에 대응시키려는 생각이 깔려있다. 영상은 더 이상 나눠지지 않는 의미의 덩어리다. 몽타주 이론은 이런 영상의 고유 속성을 무시하는 결과를 가져왔다. 영상은 언어로 표현하기 이전 단계의 직접적이고 포괄절인 메시지를 가지고 있는 것이다.

2. 할리우드 연속 편집

연속 편집은 사건 진행 과정에 초점을 두고 내러티브의 연속성을 유지하는 기법이다. 연속 편집기법은 최초로 그리피스에 의해 영화 『국가의 탄생』에서 체계화되었고 오늘날까지 할리우드 상업영화의 정통 영화 문법으로 정착됐다.

할리우드 영화의 내러티브는 대개 2가지 서사 원칙에 따라 구성된다. 첫째는 행위와 반응관계로 뚜렷한 원인으로 사건을 제시하고 결과로서 사건을 해결하는 과정을 보여줌으로써 관객의 흥미를 지속하거나 만족시키는 것이다. 특히 영상은 언어와는 달리 샷과 샷이 연결되면서 행위와 반응으로 내러티브를 구성하게 된다. 예를 들어 1. 한 남자가 걸어간다 → 2. 한 여자가 걸어간다 → 3. 어린이가 걸어간다. 이런 장면은 하나의 서술이 될 수 없다. 행동과 행동을 이어주는 인과관계가 없기 때문에 서술이나 플롯으로 통합되지 않는다는 것이다. 이에 비해 1. 사냥꾼이 총을 발사한다 → 2. 날아가던 새가 떨어진다고 할 때 (샷1)은 행위를 보여주고 (샷2)는 행위의 결과인 반응인 것이다. 샷 내부에도 행위와 반응이 있으며 샷이 다른 샷으로 이어지면서 행위 반응의 인과관계가 성립되며 서사적 스토리가 완성된다.

둘째는 샷과 역샷의 패턴이다. 이 패턴은 영상의 서사구조에서 대상을 자연스럽게 인과적으로 보여주는 기능을 하며 연속성을 느끼게 하는 중추적 역할을 한다. 샷과 역 샷은 1910년경 대화하는 상황을 보여주는 초보적 기능으로 사용했다. 1915년쯤부터 시선 일치와 결합해 연속 편집의 방법으로 자주 사용했다가 이후 가장 기본적인 기법 가운데 하나가 됐다(Salt Bary, 1983, p163-164). 이 패턴은 하나의 대상이 다른 대상과 유기적으로 인과적 관계를 맺게 해주는 방법으로 사용된다. 이런 이유로 샷과 역 샷 구조는 단순히 공간을 분할하는 공간적 체계로 보기보다는 인과적인 논리체계로 이해된다.

연속편집의 장점이자 목적은 현실과 똑같다고 느끼게 만드는 방법이라는 점이다. 보고 난 후 실감난다는 느낌을 가지게 되는 할리우드 영화는 편집 행위를 관객이 느끼지 못하게 하는 이른바 불가시 편집 방법을 최대한 동원한다. 컷과 컷이 연결될 때 관객들이 편집이 되었다고 느낀다면 영상 속에 빠져들 수가 없다. 따라서 장면과 장면의 연결 즉 편집은 시청자나 관객이 전혀 알아차리지 못하게 연결해야한다. 연속편집은 시공간과 사건 속에서 스토리의 흐름에 따라 등장인물의 움직임이 연결되도록 유지하는 편집이다. 가장 중요한 것은 연속성이다. 장면이 바뀌더라도 등장인물은 관객들에게 그 존재가 지속적으로 파악되어야 하며 등장인물의 동작, 시선, 위치 등이 일정하게 유지되어야 한다(민경원, 2014). 그것이 유지되지 않으면 혼란을 가져온다. 이런 편집 방법은 보는 것이 실재하는 것으로 믿고 동화시킴으로써 관객을 수동적 태도로 만든다. 대표적인 방법이 시선, 위치, 움직임 등 3일치의 법칙과 180도의 원칙이다.

먼저 3일치 법칙 중 첫째는 시선의 일치다. 대화 장면은 서로의 시선이 일치하는 것이 좋다. 특히 설정 샷에서 확인된 시선 방향은 두 사람을 따로 잡을 때도 서로 연결될 수 있어야 한다. 시선이 달라지면, 각각의 인물의 위치도 변경된 것 같은 느낌을 관객을 줌으로써 혼란을 일으킬 수 있다.

영화 '국가의 탄생'에서 대화 장면의 시선 일치

또 아래 영화에서처럼 2층에서 사건이 발생한 경우 시선은 사건 방향으로 올려 다보는 것이 자연스럽고 위치의 일치법칙과도 상응한다.

'국가의 탄생' : 링컨 대통령이 암살되는 장면

극장 2층에서 연극을 관람하던 링컨 대통령이 몰래 침입한 괴한의 총탄에 머리를 맞고 쓰러지자 관객들이 놀라 2층을 바라보며 놀라 고함을 지른다. 첫 번째 마스터 설정 샷에서 링컨은 관객석 오른쪽 위에서 연극을 보고 있다. 피격소리와 함께 관객 시선도 오른쪽 위를 봐야하는 것이다.

3일치 법칙 중 두 번째는 움직임 혹은 행위의 일치다. 배우들이 움직이면 움직이는 방향을 일치시켜 촬영하고 편집해야 한다. 화면에서 연속적인 움직임으로 보이려면 왼쪽으로 움직인 배우는 다음 화면에서도 왼쪽으로 이동해야 하는 것이다.

'국가의 탄생' : 백인 청년이 흑인을 창문 밖으로 던지는 장면

영화에서 백인청년이 흑인과 몸싸움을 벌이다 창문 밖으로 던진다. 이후 흑인 청년이 안에 있던 동료로부터 권총을 건네받고 백인에게 총을 쏘는 장면이다. 별개로 촬영된 씬을 연결했지만 동작 방향과 위치가 일치하도록 이어 붙였기 때문에 편집했다는 느낌이 없을 정도로 자연스럽게 동작이 연결돼 있다.

'국가의 탄생' : 흑인 청년이 격투 후 백인을 총으로 죽이는 장면

마지막 3일치 법칙은 위치의 일치다. 마스터 설정 샷에서 처음 자리 잡은 배우나 소품들의 위치는 해당 씬이 끝날 때까지 고정되어야 한다. 아무런 이유 없이 위치가 바뀌어 있으면 관객들은 혼란을 느낄 수도 있다.

이와 함께 180도 법칙은 등장인물들이 마주서서 바라보는 위치에서 가상의 일직선을 그어 카메라가 한쪽 방향에서만 이동하며 촬영하고, 반대쪽의 선을 넘어가지 않는 것을 말한다. 만약 카메라가 가상선 아래쪽에서 촬영하다가 아무 이유 없이 가상선 위쪽으로 옮겨 촬영하면 마치 내가 나를 보고 얘기하는 것 같이 혼란스러운 상황을 연출하게 된다(민경원, 2014). 두 배우가 서로를 바라봐야 하는데 같은 곳에 서서 같은 방향을 바라보게 되는 현상이 일어나 스토리의 흐름을 부자연스럽게 만든다. 이 밖에 교차 편집, 30도 법칙, 삼각형 체계 등이 있다.

4장. 듣다 - 사운드의 이해

1절 귀로 듣다

소리는 청각 기관인 귀를 통해 듣는다. 소리는 에너지이고 진동이며 운동이다. 운동이 파동을 만들어 공기 분자를 특정 횟수와 강도로 청각을 자극해 인간은 소리로 받아들이는 것이다(데이비드 소넨샤인, 2009; 이석민 역, p87). 소리는 물리적 파장이 청각 기관을 거치면서 전기신호로 변환되고 신호가 뇌로 전달돼 언어나 음악 등의 정신적 정보로 지각되는 과정이다. 즉 청각은 소리 자극에 대한 뇌의 지각 경험이다. 소리가 일단 귀를 통과하면 여러 가지 다양한 청취 상태에서 소리를 지각하게 된다. 청각도 시각과 같은 감각기관이다. 따라서 청각의 지각과정도 상향식과 하향식 과정으로 나뉜다. 상향식 과정은 소리 자극에 의해 청각이 포획되는(stimulus - driven capture) 것이다. 그냥 들리는 것(Hearing)으로 수동적이다. 귀를 통해 소리 정보를 그냥 받아들이는 것이다. 작은 소리보다는 큰 소리가 귀를 사로잡는다. 또 평범한 대화 소리보다 찢어지는 비명과 충돌 소리가 청각 자극이 큰 것은 당연하다. 반면에 하향식 과정은 목표 지향적이고 선별적(goal - directed selection)이다. 그냥 들리는 것이 아니라 알아듣는 것(Listening)이다. 따라서 능동적이다. 소리를 선택적으로 집중해 기억해내고 소리에 적극적으로 반응한다(데이비드 소넨샤인, 2009; 이석민 역, p105-106)는 것을 의미한다.

2절 소리의 특성

1. 소리는 관습적이다.

헝거리 출신의 영화이론가이자 영화감독인 벨라 발라즈(Bela balazs)는 "귀는 눈보다 섬세하다. 귀로 구분하는 소리와 소음의 종류는 수천 개에 이른다. 이는 눈으로 구분하는 명도나 채도보다 훨씬 많은 것이다" 라며 소리의 우월성을 주장했다(Bela Balazs, 이형식 역, 2003, p261). 소리는 인간의 감각을 자극해 시각 정보 못지않은 다양한 정보를 제공할 수 있다. 먼저 눈을 감아도 소리만으로 주변 공간을 인식할 수 있다. 소리를 통해 어디서 어떻게 소리가 생겼는지 알 수 있다. 또 얼마나 떨어진 곳에서 나는 소리인지도 파악할 수 있다. 소리의 공간적 위치 관계와 나의 공간 속 위치도 알 수 있다. 이와 함께 동시에 들려오는 여러 소리 중에서 어떤 것이 말소리인지, 비명인지 또는 발자국 소리인지 등을 식별한다. 이것을 청각 장면 분석(auditory scene analysis)이라고 한다. 또 소리가 비슷해도 시간상 혹은 거리상으로 많이 떨어져 있으면 다른 소리로 들린다. 특히 경험과 관습에 따라 소리를 명확히 구분한다. 기존에 알고 있는 친숙한 음악이나 목소리는 뒤범벅이 된 소음 속에서도 분리해 지각해 낼 수 있는 원리이다.

　　그러나 귀가 가진 이런 능력은 저절로 얻어지지 않는다. 잘 구별해서 들을 수 있는 능력을 갖춰야 한다. 인간 언어는 물론 빗소리와 자동차 소리 등 모든 소리는 경험적으로 습득하고 교육된 소리다. 평생 못 듣던 소리는 무슨 소리인지 소리의 의미는 물론 소리의 음원도, 실체도 알 수 없다. 그래서 소리는 인과관계를 찾는다. 인간은 소리를 들으면서 발음체, 즉 음원의 정보를 수집한다. 화장실의 물소리만으로도 목욕중인지 세면중인지 아니면 용변중인지 알 수 있다. 벨이 울리면 전화를 받듯 우리는 대개 소리를 인과관계 속에서 취급한다. 더욱이 원인이 눈에 보이지 않는 소리도 어떤 관습이나 지식, 그리고 논리적 추론으로 판별할 수 있다. 하지만 소리만 듣고 판단하는 것은 매우 위험하고 어리석다. 인간에게 익숙한 소리는 객관적 현실의 소리가 아니라 관습적으로 익숙할 뿐이기 때문이다. 현실의 소리가 아니라 믿을 만하고 그럴 듯하다고 착각하는 경우가 많다는 뜻이다. 따라서 소리의 분석만을 갖고 정확하고 확실한 정보를 얻을 수 있으리라는 기대를 품어서는 안 된다. 그럴듯한 소리는 속이기도 쉽고 속기도 쉽다. 이와 관련해 미셸 시옹(Michel Chion, 1994; 윤경진 역, 2003)은 소리란 일종의 관습화된 사회적 약호라고 말했다. 사운드에는 진짜 소리란 없으며 진짜와 같은 소리만이 존재한다. 여기서 진짜 소리를 재생이라고 하면 진짜와 같은 소리를 재현이라고 명명할 수 있다. 따라서 미디어 속 사운드에는 재생은 없고 재현만이 존재한다고 할 수 있다. 이는 영상도 마찬가지다.

오랫동안 사운드는 영상과 함께 당연히 따라오는 것으로 생각했다. 영상에 종속돼 부차적 요소로 인식돼 왔다. 영상이 소리를 규정한다고 본 것이다. 고양이는 고양이 소리를 내고 호랑이는 호랑이 소리를 낸다는 것이다. 하지만 디즈니 만화 영화에서는 고양이도 호랑이도 모두 사람처럼 말한다. 그런데도 이상하게 받아들이는 사람은 없다. 소리의 독자적 역할, 즉 소리가 이미지를 보완하고 설명하며 이미지의 의미를 심화시키는 중요한 기능을 가진다고 인식한 후에도 사운드의 종속적 속성은 존재해 왔다. 영화 이론가인 미셸 시옹(Michel Chion)은 "보기와 듣기 두 영역은 서로 중복도 아니고 우열도 아니다. 다만 서로를 요청하며, 그 결합관계는 자연스럽고 선험적인 것이 아니라, 후천적인 계약(the audiovisual contract)관계"라고 본다(윤경진 역, 2003, p10-11). 즉 미디어 속에서 영상과 사운드는 서로 얼마든지 다르게 조합되고 계약에 의해 결합될 수 있다. 그리고 이 계약은 반복적인 경험에 의해 관습적으로 굳어진다. 물론 TV 뉴스에서 듣는 사운드도 필연이 아니며, 반복적인 경험에 의해 관습화되어 있다는 것이다.

2. 소리는 이미지를 만든다.

인간은 나아가 관습에 의해 터득한 소리와 이미지를 자연스럽게 연결해 반응한다. 라디오 드라마는 소리만으로도 상상 속의 이미지를 만들어 낸다. 청각적 이미지와 시각적 이미지는 동일한 궤도로 그려질 수 있고 시각에 의해서만 영상 이미지를 그릴 수 있는 것이 아니라 소리로도 마음속의 이미지를 그릴 수 있다. 오히려 TV화면이나 스크린에 보여 지는 영상은 눈으로 보기 때문에 제한적이다. 하지만 사운드는 보이는 것 이상을 상상하게 만든다. 소리는 인간에게 시각적 상상력을 부르기 때문이다. 보는 것보다 들으며 상상하는 것은 더 넓고 구체적이다. 영화감독 로베르 브레송 (2003, p97)은 "눈은 겉핥기지만 귀는 심오하고 창의적이다. 기관차의 기적 소리는 우리 심상에 기차역, 전체이미지를 떠오르게 한다"고 말했다. 소리는 사람의 마음을 울려 시각 이미지보다 강력한 정서적 반향을 불러일으킨다는 것이다. 또 소리는 화면 속 이미지보다 오랫동안 마음속에 여운을 남긴다고 주장한다. 미셸 시옹(Michel Chion, 1994; 윤경진 역, 2003, p54)도 "영화에서 소리가 영상보다 더 은밀한 의미론적, 정서적 조작 수단이 된다. 소리는 우리에게 생리적으로 영향을 끼치거나 추가 가치를 통해 영상의 의미를 해석해 내고 소리가 없었으면 보지 못했거나 달리 보았을 것을 보게 된다"고 밝혔다.

3. 소리는 선별해 듣는다.

사람은 시끄러운 장소에서도 대화를 나눈다. 소음과 다른 목소리 등 다양한 소리가 섞여 들리지만 조금만 주의를 집중하면 본인에게 의미 있는 소리를 선별해 듣는 능력을 지녔기 때문이다. 청각은 이런 정방향성에 뛰어난 능력을 지녔다. 이와는 달리 이미지는 섞여있으면 원래 이미지의 의미를 파악하기가 사실상 불가능하다. 2012년 5월 미국 '샌프란시스코 캘리포니아대(UCSF) 연구팀'은 두 가지 목소리를 동시에 듣고 있는 사람의 두뇌 움직임을 조사했다. 그 결과 특정 음성 주파수에만 반응해 활성화되는 것으로 나타나는 '뉴런(neuron)' 그룹을 확인했다. 즉 '사람은 듣고 싶은 말만 듣는다'는 말이 사실임을 입증했다(이종한, 2015, p137). 다양한 목소리가 들려도 사람의 뇌는 한 목소리만 골라서 처리하는 것이다.

벨톤(Belton, 1985, p64)은 "이미지는 구성요소로 세분화할 수 없는 하나의 통합체로 인식되는 반면, 사운드는 대사와 현장음, 음악 등의 세부 요소들로 구성되어 있으며 이들은 서로 독립적으로 인식된다"고 밝혔다. 즉 모든 방향에서 지속적으로 청각 신경에 전달되는 소리를 선택적 주의를 통해 선별해 인식하고, 들리는 모든 소리의 인식 정도에 따라 층위를 형성한다는 것이다. 이 층위는 소리가 갖는 정보가 얼마나 의미가 있는지에 기반한다. 일상 대화에서 목소리에 주목하면 주변 소음 등은 망각된다. 하지만 의미가 없거나 주의를 기울이지 않는 소리들도 그냥 사라지는 것은 아니다. 모든 소리들은 정도의 차이가 있을 뿐 감각기관에 전달되며 그 중 일부는 동시에 인간의 감정에 영향을 미친다. 정보적 의미가 있는 사운드가 최우선적으로 인식되지만 그렇지 못한 사운드도 직접적 인식이 불가능할 뿐 인간에게 영향력을 끼친다.

인식의 최우선에 자리 잡는 사운드는 대사가 대표적이다. 또 최하위에 있는 사운드는 주변 소음이다. 하지만 대사도 주변 소음에 밀려 의미 없는 소음으로 변할 수 있다. 축구 중계에서 극적인 골이 터졌을 때 아나운서의 목소리는 대사가 아니라 기뻐하는 소음 중의 하나로 묻혀버리는 경험을 종종 한다. 더 의미 있는 사운드는 당시 흥분한 관중의 환호 소리일 것이다. 결국 의미 있다는 기준 역시 스토리의 상황과 맥락이며 스토리의 진행과정에 사운드가 어떤 역할을 하느냐가 중요하다.

에이젠슈타인 등 몽타주론자들은 영상과 영상이 충돌해 다른 의미를 만들 듯이 소리와 소리가 충돌해 새로운 의미를 창조한다고 주장했다. 다만 영상은 순차적으로 시간 속에서 연결되지만 소리는 마치 오케스트라의 각기 다른 악기들이 화음을 구성해 어우러지듯 동시에 다른 층위에서 인간에게 의미나 분위기를 전달한다고 생각했다. 이를 수직 몽타주라고 부른다.

3절 듣고 보면 달리 보인다

1. 소리는 제작된다.

현실의 소리는 소리 내는 음원(이미지)과 연결돼 시각과 청각이 동시에 총체적으로 지각된다. 자동차 충돌과 함께 '꽝' 소리가 나고 간난 아이가 울면 '응애' 하는 소리가 들린다. 이처럼 영상과 사운드는 인과관계를 갖는다. 그러나 TV나 영화 같은 미디어를 통해 듣는 소리는 최초의 실재 소리가 아니다. 차량 충돌 소리도 과장되게 표현해 미디어의 스토리에 맞게 구성된다. 또 우주엔 소리가 없다. 공기가 없어 소리 진동을 전달할 매질이 없기 때문이다. 그러나 우주 속에서 펼쳐지는 공상 과학 영화에는 그럴 듯한 사운드가 현실 속에서 들리는 소리처럼 제작된다. 미디어 속 현실을 그럴 듯하게 만들기 위해서다.

이렇듯 미디어 사운드는 독자적 역할이 있는 것이다. 독자적 역할이라는 것은 현실처럼 단순히 이미지나 영상에 종속되지 않았다는 의미다. 여자가 웃는다는 영상에 "하하" 소리를 합성하는 것과 "피식" 하는 비웃는 소리를 합성하는 것은 다르다. 소리가 독자적인 역할을 발휘해 전체적인 메시지가 기쁨과 냉소로 달리 표현된다. 물론 기쁨과 냉소의 차이가 좀 더 분명해 지려면 상황과 맥락에 좌우될 것이다. 다시 말해 미디어 속 소리의 독자적인 역할은 미디어 속 현실을 효과적으로 전달하는 수단이며 구성요소의 하나다. 따라서 그런 목적에 맞게 디자인되고 제작돼 재현되는 것이다.

예를 들어 영화나 TV 속에서 멀리서 나는 비행기 소리도 크게 들리고 귀에 속삭이는 대사도 쉽게 알아들을 수 있는 영상을 너무 자연스럽게 볼 때가 많다. 현실 속에서는 불가능한 일이다. 비행기가 멀리 있으면 소리도 작아야 하고 귓속말은 다른 사람이 들을 수 없어야 현실이다. 현실 속에서는 가까운 음원의 소리가 가깝게 들리고 먼 음원의 소리가 이미지상의 거리감과 동일한 정도로 멀게 들려야 한다. 하지만 미디어 세계에서는 명료하게 대사가 전달되기 위해서는 마치 근접한 거리에서 들리는 것처럼 사운드의 물리적 속성이 유지되도록 녹음되고 편집된다. 명료하게 대사를 전달하기 위해 이미지의 정확한 공간성을 무시하는 것이다. 대사뿐이 아니다. 현장음도 마찬가지다. 근접 촬영 때와 부감에 깔리는 현장음은 물리적으로 달라야한다. 그러나 근접 촬영과 부감의 현장이 같은 장소라는 느낌을 주기위해 똑같이 일정한 톤의 배경음을 편집해 붙인다.

이런 현상은 미디어 속 현실감을 주기위해서다. 알트만은 "항상 동일한 대사 크기를 유지하고 사운드의 물리적 속성이 급작스럽게 변화하는 것을 제거함으로써 영화는 영화적 현실감을 부여받게 되며 관객은 이야기에 좀 더 주체적으로 참여해 빠져들 수 있게 한다"고 말했다. 또 움직임에 있어서도 지속적인 컷의 변화로 생기는 부자연과 혼란을 고정된 사운드가 막아준다는 것이다(알트만, 1992, p46-64).

2. 들리는 이미지, 보이는 소리

사운드는 인간 감각을 자극해 보는 것 못지않은 다양한 정보를 제공할 수 있다. 현대로 올수록 사운드 이미지가 비주얼 이미지보다 더 중요할 수 있다는 생각이 확산되고 있다. 점차 들리는 이미지가 중요하다는 인식이 늘고 있다. 단순히 사운드의 기능을 정보전달의 기능으로 국한하지 않는 것이다. 그동안 소리는 시선을 유혹해 낚거나 유지시키는 기능 등에 국한시켜왔다. 사운드가 이미지와 상호 결합하고 경쟁하며 영향을 주면서 추가 가치를 실현하는 방법을 찾아야 할 것이다. '귀의 시각과 눈의 청각' 이라는 미셸 시옹의 말대로 인간의 다양한 감각을 활용하고 통합하는 것이 중요하다. 눈과 귀는 단지 감각의 전달 경로일 뿐이다. 눈과 귀를 통해 들어온 감각은 뇌를 거치고 나서야 인지되고 이해된다. 시옹의 언급은 음악이 비주얼보다 더 아름다운 영상을 전달하는 이유를 설명한다. 사운드와 이미지가 변증법적으로 구성되면서 다양한 방식으로 재현되고 경험될 수 있어야 한다.

소리 없이 영화를 보면 '보이는 것' 이 다르다. 소리로 이어져 있을 때는 단 하나의 영상으로 보이던 것이 여러 개의 샷으로 이루어진 것이라는 것을 깨닫게 된다. 또 '사운드 덕분에 영상이 풍부해 졌다' 는 말처럼 소리는 눈으로 보이는 것 이상의 것을 표현하고 암시한다. 관객은 이런 현상이 자연스럽다. 소리가 영상이 갖지 못한 의미의 공백을 채워주는 역할을 하기 때문이다. 듣고 보면 달리 보이듯이 반대로 영상 없이 소리만 듣는다면 '들리는 것' 이 다르다. 귀만 가지고 보는 영상은 우리가 눈으로 보는 영상과는 또 다르다. TV 뉴스에서도 소리가 없는 영상은 아무런 메시지도 생명력이 없다. 소리가 들릴 때 영상은 하나의 사건이 되고 힘을 갖는 것이다. 즉 영상을 보고 이에 더하여 소리를 듣는 것이 아니다. 듣기와 보기는 동시적이며 통합적인 행위이다. 미셸 시옹(Michel Chion,1994; 윤경진 역, 2003, p16-17)은 이를 시-청각 계약에 따라 일어나는 현상이라고 말한다.

물론 TV 뉴스에서 다루는 사운드는 달라야한다는 생각이 지배적일 것이다. 영화나 드라마 같은 창작물이 아니기 때문이다. TV 뉴스는 사실을 다루는 것이다. 그러나 사실 그 자체, 즉 1차 현실은 아니다. 기자 혹은 뉴스 제작자가 재현한 미디어 콘텐츠일 뿐이다. 따라서 뉴스 사운드도 영화처럼 미디어 속에 있는 하나의 구성 요소로서 특징을 그대로 가지고 있다. TV 뉴스도 기본적으로는 미디어고 현실을 편집하고 제작해 시청자에게 전달하는 것이다. 다만 기자가 보고 느끼고 들은 현실을 되도록 가장 현실과 똑같이 왜곡 없이 전달해야하는 것이 다를 뿐이다.

3. 듣고 보면 달리 보인다.

일반적으로 시각은 청각에 비해 비교적 능동적이다. 인간의 눈은 의지대로 인지하고 관찰하고 분석하는 것에 익숙하다. 이에 비해 청각은 상당히 수동적이다. 듣는 것은 그냥 보는 것보다 더 많은 능동적 의지가 필요하다. 물론 미디어 속의 현실이나 사건은 서로 종속적이지 않은 사운드와 이미지로 각각 표현되는데 이 두 가지 다른 감각의 표현은 하나의 사건으로 인식되고 이 때 일어나는 사운드와 이미지의 상호작용이 의미를 창출해 내며 결국 사건을 규정한다.

하지만 시옹(M. Chion)은 인지 속도에서 청각이 시각보다 더 빠르다고 설명한다. 시각의 인지는 매순간 공간지각의 과정을 거치고 시간의 선상에서 이전 순간에 지각된 정보와의 비교 분석을 통해 이뤄진다. 따라서 공간지각과 비교 분석할 충분한 시간이 주어지지 않으면 빠른 움직임을 해석하는 것은 불가능하다. 다시 말해 눈이 귀보다 느린 것은 할 일이 더 많기 때문이다. 눈은 공간을 훑고 동시에 시간의 구속을 받는다. 두 가지 일을 하므로 더 수고와 노력이 필요한 것이다(미셀 시옹, 2000; 지명혁 역, p73-74 재정리). 반면에 청각 정보는 듣는 순간 기억 속에서 데이터를 찾아내 곧바로 인지한다. 그러므로 청각 정보 인식이 동시에 일어난 시각 정보의 인식보다 먼저 일어나게 되고 이는 시각정보의 인식에 영향을 미치게 된다. 이런 과정에서 인간은 총체적 사건을 이해하는 것이다(Michel Chion, 1994; 윤경진 역, 2003, p10-11).

월터 머치(Murch, 2000)는 시각과 청각의 연계과정을 설명하며 답을 주고 있다. 머치는 인간이 보는 것은 듣고 보는 것이라고 설명한다. 그만큼 인간이 보는 것은 듣는 것에 영향을 많이 받는다는 것인데 때론 작은 것이 큰 것으로, 느린 것이 빠른 것으로, 또는 보지 못한 것도 본 것으로 인식하는 것이 가능하다는 것이다. 쿵푸 영화 같은 액션 영화에서 복잡하고 현란한 움직임들이 사운드에 의해 움직임 하나하나에 의미가 부여돼 인식되는 것이 좋은 사례이다. 정지 화면에 점점 고조되는 강력한 충격음 효과도 같은 효과이다. 이런 현상을 확대해석하면 사운드는 단순 소리가 아니라 내러티브를 담은 이미지 위의 모든 사건이라고 할 수 있다. 이미지 위에 사운드가 더해짐으로써 상호작용을 통해 궁극적으로 관객에게 인식되어야 할 내러티브의 사건으로 변화시키는 과정인 것이다.

따라서 미디어 속 사운드는 관객들에게 효과적으로 내러티브를 전달하기 위해 의도적이고 치밀하게 계산된, 그리고 선택된 사운드로 디자인되어 기호화된 것이다. 미디어 사운드는 그래서 사운드 디자인의 영역이 된다. 소리가 이미지와 잘 어울릴 때, 소리는 이미 이미지 자체에 포함되어 있는 것처럼 느껴진다. 영화 등 미디어 제작 과정에서 이미지와 소리를 결합시키는 것은 필연적이지 않다. 이미지에 필연적으로 당연히 따라오는 소리가 아니라는 뜻이다. 앞서 설명한 대로 소리는 표현된 것이지 재생이 아니다. 소리를 제작하는 사운드 디자이너는 이미지와 소리(그것이 텍스트, 음악 또는 음향 효과일지라도) 조합의 무한한 가능성을 통해 '부가가치'를 만들 수 있어야 한다.

4절 미디어 사운드의 종류*

미셸 시옹은 영상에서 들리는 사운드를 온 스크린(On-Screen), 아웃 스크린(Out-Screen), 오프 스크린(Off-Screen) 사운드로 구분한다. 화면공간에서 모든 사운드는 같은 장소, 같은 시간의 환경 속에서 작용한다. 이는 듣는 것과 보는 것 사이에 즉각적이고 필수적인 관계를 엮어내 일정한 영향을 주고받는 동시성의 원칙 때문이다. 사운드가 화면 속에 있든 밖에 있든 사운드의 장소화는 영화의 사실주의가 성립되는 토대가 된다. 영상과 영상이 지시하는 기능에 따라 선별된 음향들의 장소가 있다 (미셸 시옹[*], 지명혁 역, 2000, p33-46).

1. 화면 위의 소리(On Screen Sound)

동시 음향이다. 소리가 소리의 출처 즉 음원과 연결돼 있다. 즉 보는 것과 듣는 것이 일치한다. 쾅하는 소리와 함께 대포가 발사된다. 또 걷는 모습을 보며 발자국 소리를 듣는다. 유세 장면을 보며 후보의 연설을 듣는 경우다. 화면 속에 등장하는 사람이 말하는 것을 듣는 경우 소리는 시각권 안에 있다. 화면 위의 소리는 화면에서 우리가 볼 수 있는 소스에서 온다. 이런 소리는 영상 속 이미지와 소리가 일치한다.

2. 화면 밖의 소리(Out Screen Sound)

반대로 화면 밖 소리는 이미지 속에서 소리의 출처가 보이지 않지만 쉽게 상상할 수 있는 경우다. 소리의 출처나 음원은 보이지만 않을 뿐 가까운 곳에 있다는 점을 소리를 통해 알 수 있다. 실내에서 듣는 실외의 소음 같은 것이다. 계곡 속의 텐트 안에서 들리는 시냇물 소리다. 또 등장인물의 액션은 계속돼 소리로 들리지만 카메라에 잡히지 않는 경우를 말한다. 화면 밖의 소리는 소리의 원인을 찾게 만든다. 왜 소리가 나는지 호기심을 갖게 한다. '쿵' 소리가 들리면 창문을 열고 밖을 바라보게 되는 것이다. 또 화면 속의 분위기와 배경, 환경을 만들어 준다. 사무실에서 들리는 기차소리는 사무실이 기차 길 옆에 있다는 것을 설명한다. 이와 함께 컷들이 자연스럽게 연결되도록 컷들 사이에 걸쳐서 이미지를 둘러싸 안정시켜준다.

3. 내용에서 벗어난 소리(Off Screen Sound)

화면과는 상관없이 다른 시공간에서 설정된 보이지 않는 출처에서 나온 소리, 즉 영상과 관계없는 음원으로부터 발산되는 음향을 말한다. 따라서 소리의 음원이 영상의 어떤 것과도 인과관계가 없다. 등장인물의 음성도 아니고 영상 속 이미지와도 연결되지 않는다. 따라서 소리의 출처는 외재적인 것이다. 전형적인 사례는 보이스 오버(Voice-Over) 내레이션과 우발적인 음악 등이다. 일반적으로 외재적인 소리는 해설적인 요소로 기능한다. 듣는 이에게 시각적 요소를 넘어서 주관적인 느낌으로 향하도록 이끈다. 이와 관련해 보이스 오버 내레이션은 TV 저널리즘에서 가장 오랫동안 그리고 광범위하게 사용됐다. 내레이션은 화면 밖에 존재한다. 들리기는 하지만 보이지는 않는 신의 목소리가 같은 소리다. 신의 목소리인 보이스 오버 사운드는 글자 그대로 위에(above) 있다는 느낌을 준다. 해설은 이미지보다 더 높은 상위 질서로 작용하며(Nichols, 1991) 전지적 시점을 유지하는 것이 보통이다. 신의 목소리 해설은 거리두기, 공평, 중립적 특성을 통해 스토리의 신뢰감을 구축한다. 특히 초기 TV 뉴스에서 아나운서들의 절제되고 권위 있는 육성은 신의 목소리 전통을 그대로 차용한 것이다. 보이스 오버 전통은 요점을 간결하고 정확하게 표현할 수 있다는 경제성으로 인해 뉴스나 다큐멘터리 사운드로 사용됐다.

5절 미디어 사운드의 역사

무성영화 시대엔 소리마저 영상으로 제작됐다. 대포 소리는 대포가 발사되는 장면으로, 사이렌은 경광등이 돌아가는 영상을 찍어 사운드를 대신했다. 영화 『미국인 소방관의 생활』에선 파이어 알람(Fire Alarm)이 소리를 표현했다.

파이어 알람 함　　　　　손으로 덮개를 연다　　　　　알람 손잡이를 당긴다

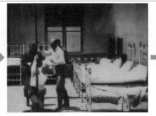

| 알람 소리에 기상 | 출동 - 1 | 출동 - 2 |

『미국인 소방관의 생활』에서 클로즈업 샷으로 화면 전체를 파이어 알람 함을 보여줬다. 풀 샷에 롱 테이크 구조가 일반적인 무성 영화에서 이례적인 화면 구성이다. 파이어 함을 손으로 열고 손잡이를 당기는 화면 이후에 소방수들이 부랴부랴 깨어나 긴급하게 출동하는 장면이 이어진다. 물론 당시 영화 기술로는 사운드를 영상과 동시에 제작할 수 없었다. 영화 미학적 측면에서도 소리는 고려 대상이 아니었다.

1920년대 들어 유성 영화시대가 시작됐다. 채플린을 비롯한 무성영화의 거장들은 무성영화가 이뤘던 영화 예술의 표현적 가능성을 파괴하고 영화를 단지 연극적 재현에 머물게 한다는 이유 등으로 소리가 가미된 유성영화를 반대했다. 무성영화 옹호론자인 루돌프 아른하임도 부정적이었다. 그는 사운드가 영화의 공간감을 심화시켜 부분적이었던 리얼리티의 환영을 완벽한 것으로 만든다고 봤다. 따라서 사운드가 도입된 유성영화는 영화를 리얼리티의 기록 장치로 전락시킴으로써 영화예술을 퇴보시키는 것으로 간주했다.

하지만 에이젠슈타인을 비롯한 소비에트의 형식주의자들은 몽타주 논의에 덧붙여 사운드 또한 몽타주의 강력한 요소임을 주장하고 사운드를 영화에 적극적으로 끌어들였다. 이른바 사운드 몽타주라는 개념이다. 영상 몽타주의 핵심은 두 개의 영상을 차례로 보고 마음속으로 그것을 결합 혹은 대조하는 것이다. 사운드도 가능하다는 것이다. 사운드 몽타주가 일반적으로 의미하는 것은 두 종류의 사운드 또는 사운드와 영상과의 유사성이나 대비이다. 두 개의 영상은 동시에 보지 못하지만 소리는 화면을 동시에 보면서 들을 수 있다. 또 2개 이상의 사운드 즉 대사, 음악, 소음 등도 동시에 함께 들어도 자연스럽게 의미를 파악할 수 있다. 이는 사운드가 영화의 내러티브에 상당한 역할을 하게 됨을 의미한다. 결국 수직적 몽타주에 의한 사운드 이미지의 표현력으로도 영상의 극적인 전개가 가능해짐을 뜻하는 것이다.

사운드 재현 방식은 현실의 모방을 바탕으로 한 리얼리즘을 기초로 한다. 결국 리얼리즘적 전통과 사운드는 불가분의 관계를 맺고 있다. 사운드의 도입으로 영화는 리얼리티를 실현할 수 있는 매체로 발전할 수 있었다. 사운드는 시각적으로 묘사된 행위와 시간을 익숙한 소리로 재생함으로써 리얼리즘을 강화했다. 영화 속 현실의 리얼리즘을 강조하면서 소리도 실제의 소리를 닮아가게 되었고 귀에 거슬리는 소음도 하나의 음향적 요소로 역할을 인정받게 됐다(김남희, 2007, p20-21). 실제로 무성영화는 아무리 현실 재현과 스토리를 그럴듯하게 만들어도 사실로 받아들이기에는 우수꽝스럽다. 하다못해 스크린 밖에서 변사의 목소리라도 들려야 스토리에 몰입하며 사실감을 획득했던 것이다. 하지만 상당기간 사운드는 부차적인 역할에 머문다. 전통영화 이론에선 카메라의 표현에 따라 샷은 단지 재생하는 것이 아니라 창조한다는 것을 의미한다. 즉 영상 이미지는 주관적으로 조작할 수 있는 것이다. 그러나 음향 녹음은 녹음과 재생만 할 수 있었다. 음향기사는 따라서 주관적인 영향의 가능성이 없으며 예술적 자기표현 능력도 없었다. 즉 사운드엔 이미지가 없었다. 영화는 음향을 재현하는 것이 아니라 복구하는 것으로 해석됐다(Bela Balazs, 이형식 역, 2003, p265-266).

하지만 녹음 기술을 비롯해 영화 제작기술이 발전하면서 포스트 프로덕션에 의한 사운드의 변형과 왜곡이 가능해졌고 사운드의 예술 가치가 점차 높아졌다. 또 다채널 편집방식과 멀티트랙의 재생으로 소리가 방향성을 찾게 됐다. 이것은 사운드도 프레임을 갖는 것이고 더 이상 이미지에 종속된 지위를 갖지 않는다는 점을 의미한다. 질 들뢰즈(Gilles Deleuze)는 사운드의 자율성을 강조하며 이 관계는 사운드와 이미지 사이에서도 성립할 수 있다고 말했다(박성수, 1998, p190). 사운드가 시각 이미지와는 또 다른 영상의 새로운 구성요소로서 귀에 들려지게 된다는 것이다.

강력한 사운드가 영상에 완벽하게 몰입하는 것을 도우면서 새로운 환영주의적 역할을 담당하게 됐다. 현대에서 사운드의 기능과 역할은 오히려 관객을 이미지 속으로 몰입하여 프레임 내부의 환영에 이끌리게 만든다. 이렇게 영상과 사운드의 관계는 밀접한 상호작용을 매개로 관객에게 공감각적인 자극을 유도하고 있다. 미셸 시옹(M. Chion, 1994; 윤경진 역, 2003, p204-207)은 돌비 사운드의 등장으로 사운드가 새로운 차원으로 변화했다고 설명했다. 음향 트랙의 폭이 넓어짐과 동시에 사운드 믹싱 기술의 새 가능성이 나타나 더 완벽해지고 개별화되고 선명해진 사운드를 여러 층위에서 동시적으로 들을 수 있게 됐다는 것이다. 따라서 사운드는 더 독립적이고 강력한 표현 수단이 됐다. 나아가 사운드는 기술 발달의 덕택으로 더욱 현장감을 높이고 다층화 되고 입체감 있는 사운드로 발전해 나가고 있다.

6절 사운드와 TV

TV 속 사운드의 역할과 기능은 영화 등 영상매체와 별다른 차이는 없다. 그러나 TV에서만 요구되는 다른 역할이 있다. TV는 화면 크기가 작고 몰입도나 해상도가 영화에 비해 떨어진다. 특히 산만한 시청 환경으로 시청자들의 시선을 사로잡기가 쉽지 않다. 따라서 사운드 효과가 영화에 비해 큰 비중을 차지한다. 엘리스(Ellis, 1982; 김정선, 2009, p24, 재인용)는 "텔레비전은 주로 시청과 비 시청이 혼재하는 분산된 시청의 환경, 특히 일상적인 공간인 가정으로 전송된다" 며 "텔레비전은 일상성, 저 관여성의 특성을 갖는다고 볼 수 있다"고 지적했다. 때문에 TV 매체에서 사운드는 중요한 역할을 띠게 되었다. "사운드는 작은 화면으로 인해 이미지가 결여하는 세부적인 묘사를 채워주기도 하고 공간의 모든 방향으로 송출된다는 특성으로 인하여 비 시청 영역에 있는 수용자의 관심과 집중을 끌어낸다" 는 것이다. 알트만(Altman, 1992)도 "텔레비전 사운드가 시청자를 비시청의 영역에서 시청의 영역으로 끌어들이기 위해 보다 강한 청각적 자극을 시도한다. 이는 사운드가 시청 환경의 경쟁에서 우위를 확보해 시청자를 텔레비전의 시청각 경험 속으로 참여시키려고 하는 것이다" 라고 주장했다.

텔레비전은 영화와 달리 그 내용을 관객에게 파는 것이 아니라 시청자를 광고주에게 판매한다고 한다. 또 영화는 끝이 있지만 TV는 한 프로그램이 끝나도 다음 프로그램으로 이어져 TV를 끌 때까지 계속된다. 따라서 시청자를 텔레비전 수상기 앞에 지속적으로 붙잡아 두는 일이 중요하다. 알트만은 그의 논문 『텔레비전/사운드』에서 텔레비전 네트워크는 시청자를 수상기 앞에 붙잡아 두려고 노력하는 것이 아니라 수상기가 꺼지지 않도록 노력한다고 지적한다. 이 과정에서 TV 사운드는 중요한 역할을 한다. TV 사운드가 방랑하는 시청자를 붙잡아 텔레비전 속으로 끌어들인다는 것이다. 시각 이미지는 고개나 시선을 돌림으로써 외면할 수 있지만 사운드는 그것이 도달하는 공간 내에 있다면 외면할 수 없다. 또 사운드는 반드시 그 출처를 요구한다. 따라서 사운드 자극은 시청자가 시선을 텔레비전 화면으로 옮기도록 강하게 유도한다. TV 사운드는 또 시청자를 끌어들이고 계속 보도록 하며 탈출하지 못하도록 반복적인 흐름을 유지한다. 그래야 보고 있지 않더라도 지금 제공되는 정보가 무엇인지, 언제 시청자가 보고 싶은 극적인 장면이 시작하는 지, 언제 눈을 돌려 봐야하는지 등을 알 수 있게 한다는 것이다.

제틀(Zettle, 1981)은 "TV가 일반적으로 시각적 매체로 인식되고 있지만 TV영상이 취급하는 정보의 양은 대체로 청각보다 적다. 따라서 TV 사운드를 끄고 화면만 보면 무슨 일이 일어나고 있는지 모른다"고 주장했다. 사운드를 통해야 비로소 TV화면에서 무슨 일이 일어나고 있는가를 알 수 있다는 것이다. 한국 TV 뉴스도 사운드만으로도 충분한 정보를 제공하고 있다. 앵커와 기자의 목소리는 시청자가 원하는 정보와 이벤트, 감정을 끊임없이 제공한다. 또 카메라 플래시 터지는 배경음과 효과음, 음악 등이 뉴스 영상의 중요 부분을 더욱 강조한다. 수상기가 꺼지지 않도록 시청자를 유혹하고 시청자의 관심이 TV에서 떠나지 않도록 보호하는 것이다.

5장. 영상과 언어(사운드)는 서로를 찾는다

언어는 선후 관계를 가지고 순차적으로 이해되는 시간적인 것이다. 반면에 영상 이미지는 총체적 구조를 특징으로 한꺼번에 덩어리 채 의미가 던져지는 공간적인 것이다. 언어는 순서대로 논증을 통해 의미가 산출되는 데 비해 영상은 연상 과정을 통해 메시지가 만들어 진다.

언어 텍스트와 영상 텍스트의 특성 비교

언어 텍스트	이미지 텍스트
- 선형적, 순차적이다.	- 총체적, 동시적이다.
- 상징기호 중심이다.	- 도상기호 중심이다.
- 논증적인 방식으로 의미를 만든다.	- 연상방식으로 의미를 만든다.

(조국현, 2010, p283)

언어가 텍스트이듯 영상이나 이미지도 언어처럼 의미를 가진 텍스트다. 마르틴 졸리(Martine Joly, 1993)는 "기능적인 측면에서 보면 이미지도 하나의 언어다. 다만 특별하고 이질적인 언어일 뿐이다"라고 말했다. 사진은 오히려 언어보다 더 생생한 메시지를 가질 때가 있다. 무성영화 시대에는 소리 없는 이미지만으로 훌륭한 스토리를 가진 영화를 만들었다. 표정과 몸짓으로 희로애락을 모두 표현했다. 사이렌 소리 대신 스피커나 경광등을 크게 보여주면서 소리마저도 시각적으로 보여줬다. 이미지만으로 텍스트를 구성한 것이다. 반대로 시나 소설을 읽으면 수많은 이미지들이 떠오른다. 드라마에서 닭이 우는 소리만 들려도 새벽의 이미지가 연상된다. 언어도 시각적 이미지로 변할 수 있으며 이미지도 읽은 언어로 변할 수 있다. 즉 이미지적 텍스트 혹은 텍스트적 이미지라는 말이 성립되는 것이다. 이는 정지된 이미지는 물론 동적 이미지 즉 동영상에도 똑같이 해당된다.

영상 이미지와 언어는 이분법적으로 정확히 구분되는 것이 아니다. 이미지가 언어 역할을 하거나 언어가 이미지의 역할을 수행할 수 있다는 관점이 퍼져 나가고 있는 것이다. 따라서 TV나 영화 등 시청각 텍스트를 만들 때 이미지만을 고집할 필요는 없다. 언어로만으로 만들 수도 없다. 반 다이크(Van Dijk)는 "텍스트의 유형을 어느 하나에 국한시키지 않고 열린 시각에서 바라봐야 한다. 텍스트란 언어적인 정보와 더불어 일정한 목적을 위한 모든 정보들의 결합" 이라고 밝혔다(Van Dijk, 1995, p16). 메시지를 가장 효과적으로 전달할 수 있도록 시청각 기호 즉 영상과 언어 그리고 사운드 등 화면의 구성 요소를 어떻게 결합할 것인가가 중요하다. 영상이 메시지를 효과적으로 전달하는데 강력한 역할을 맡을 수도 있고 보완적 기능을 담당할 수도 있다. 언어도 마찬가지다. 반대로 언어의 과잉이 영상의 메시지 전달 효과를 반감시킬 수도 있다. 이럴 경우 사운드 사용을 자제하거나 묵음 처리해 사운드를 소거함으로써 영상효과를 극대화시키기도 한다. 영상이 언어의 정보전달 기능을 돕기는 커녕 교란시켜 노이즈로 작동하는 경우도 있다. 결국 시각적 요소인 영상과 청각적 요소인 언어가 텍스트 속에서 어떻게 교류하고 기능하는지 살펴보고 효과적인 결합 방법을 찾는 것이 중요하다.

1절   영상 이미지와 언어는 어떻게 관계를 맺나?

기호학에서 언어와 이미지가 함께 출현하는 경우 그 역할내지 비중에 따라 두 요소의 연관관계를 3가지 유형으로 구분한다(최용호, 2004, p436).

언어와 이미지의 연관관계

위계적 관계	언어 중심(A)
	이미지 중심(B)
병렬적 관계	언어-이미지 중심(C)

언어 혹은 이미지 중 하나가 의미 표출에서 주도적인 역할을 맡고 다른 하나가

보완적인 기능을 할 경우 위계적 관계로 규정할 수 있다. 유형 A는 언어가 주도적 역할을 맡고 거기에 이미지가 더해짐으로써 전체 텍스트의 의미를 보충하는 경우다. 신문이나 잡지의 기사에 등장하는 사진, 삽화, 도표 등이 여기에 속한다. 유형 B는 의미형성에 이미지가 중심적인 역할 맡고 덧붙여진 언어가 이미지의 의미를 한정하거나 명확하게 하는 것이다. 보도사진과 전시된 그림에 표제어 붙이기 등이 해당된다.

반면 언어와 이미지가 비슷한 비중으로 서로 의존적으로 의미를 보완해 전체 메시지를 만드는 텍스트는 병렬적 관계다. 유형 C는 병렬적 관계다. 즉 언어와 이미지에 똑같은 무게가 주어지며 마치 바턴을 교대해 가듯이 텍스트의 전체 메시지를 만들어낸다. 이미지와 언어가 상호 작용을 일으키며 텍스트 의미를 완성하는 것이다. 만화나 만평, 영화와 같은 텍스트가 이런 유형에 해당한다.

1. 바르트와 언어 중심적 접근

텍스트 안에 존재하는 이미지와 언어 등 다양한 기호들이 어떻게 관계를 맺는 지에 대해 연구 성과를 낸 학자는 롤랑 바르트(Roland G. Barthes, 1967)이다. 바르트가 제시한 이미지와 언어 기호의 연관성 개념은 90년대에 이르러 그림책과 광고 등의 연구가 활발해지면서 다른 학자들에 의해 세부 유형화되거나 수정 보완돼 사용될 정도로 영향력을 가지기 시작한다. 메시지 전달에 있어서 언어 기호가 가지는 힘이 절대적이라고 본 언어 중심주의자인 바르트는 하나의 텍스트 안에 존재하는 이질적인 기호를 언어와 영상 이미지로 구분했지만 언어가 더 정교하며 강력하다고 봤다. '정보적'이기 때문이다. 언어만이 분명하고 정확한 방식으로 정보를 전달한다고 생각했다. 갈수록 이미지가 범람하지만 이미지는 언어의 도움 없이는 무기력한 존재다. 이미지는 본성상 '다의어적'이기 때문이라는 것이다. 특히 뉴스는 정보전달을 주목적으로 하고 있어 언어 중심적일 가능성이 큰 텍스트다. 따라서 바르트의 언어 중심적 분석이 뉴스를 이해하는데 도움이 된다.

눈 내린 대관령 목장

바르트는 "시각 이미지가 다의적이며 언어 텍스트의 도움 없이는 그 의미가 고
정되지 않고 불확실한 상태에 머문다(롤랑 바르트, 1993, p94-95)"고 주장했다. 예를
들어 사진은 보는 사람마다 다르게 해석된다. '하얀 눈이 내렸다' 는 말과 함께 사진이
제시되면 우리는 흰 눈을 먼저 주목하게 된다. 반면에 풍력발전에 적합하다는 기사가
제시된다면 언덕에 쌓인 하얀 눈은 아무런 의미도 갖지 않게 된다. 구름 한 점 없는 겨
울이라는 언어텍스트가 주어지면 파란 겨울하늘을 우선 보게 되는 것이다.

바르트는 언어를 중심축에 놓고 언어와 이미지의 관계를 정박(anchorage)과 중
계(relay)기능으로 나눈다. 즉 시각 이미지는 대부분 언어적 텍스트와 동시에 전달되
며 상호 연관성에 의해 의미가 변한다. 기호로서 영상 이미지는 강력한 현실 재현성,
보편성, 직접성으로 문자기표를 압도한다. 그러나 영상 이미지는 문자적 읽기와 해석
을 기다릴 수밖에 없다. 이 점에 주목해 바르트는 언어가 부유하는 이미지의 의미를
고정시키는 역할, 즉 닻 내리기 기능을 한다고 봤다. 이른바 정박(anchorage)기능이
다. 또 문자나 언어 텍스트가 이미지와 상호 보완적일 때는 중계(relay)기능을 수행하
는 것으로 파악했다(롤랑 바르트, 1993).

(가) 정박(Anchorage)

바르트는 이미지를 보고 해석될 수 있는, 여러 가지 의미의 수를 한정하는데 사
용되는 것이 언어라고 주장했다. 다양하게 해석될 수밖에 없는 이미지의 의미 중에서

시청자가 적절한 의미를 선택하고 부적절한 의미는 무시할 수 있도록 도와준다는 것이다. 즉 정박은 이미지의 의미를 고정시켜주는 언어의 기능을 말한다. 이러한 역할을 광고사진이나 보도 사진 속에서 확인해 볼 수 있다.

공익광고 "안전벨트는 생명이다"

안전벨트를 매자는 공익광고다. 〈사진 1〉은 분명한 의미를 읽을 수 없다. 그러나 '안전벨트' 라는 언어가 동원되는 순간 사진의 의미는 보다 분명해진다. 검은 색 띠는 안전벨트며 삶과 죽음을 의미한다. 여러 가지로 해석할 수 있는 그림의 의미를 안전벨트와 생명이라는 뜻으로 구체화시킨다. 여러 가지 의미로 부유하던 그림의 뜻이 닻을 내린 것이다. 정박 기능이다.

보도사진도 마찬가지로 정박 기능이 작용하고 있음을 쉽게 발견할 수 있다.

(출처: 연합뉴스)

사진 속의 새는 검은색 돌연변이인지, 산속에서 찍은 것인지 의미를 확정할 수가 없다. 전화하는 여성도 기쁜 소식에 우는 지, 슬퍼서 우는 지 알 수가 없다. 그러나 〈기름 유출 사건〉혹은 〈일본 대지진〉이란 언어적 설명이 붙는 순간 벙커 C유를 뒤집어 쓴 바닷새, 지진 공포 속에 울부짖으며 통화하는 모습을 알 수 있다. 요컨대 사진이 말하고자 하는 의미를 알기 위해서는 기사 등 언어적 설명의 도움을 받아야 한다. 언어는 이미지의 다의성을 해소시켜주고 텍스트 전체 메시지를 이해하는 데 필수적이다.

언어의 역할을 강조하는 정박 개념 속에는 바르트의 언어 중심주의가 강하게 작용하고 있다. 텍스트에서 의미 전달의 핵심 기능은 언어가 맡는다는 것이다. 그런 의미에서 언어와 이미지의 관계는 언어 중심적이고 위계적이다. 하지만 기의를 구성한다는 측면에서는 언어와 그림의 의미가 같아 중복된다. 영상과 언어가 동시화되는 것이다.

(나) 중계(relay)

중계는 언어와 이미지에 동일한 중요성을 부여한다. 언어는 이미지의 의미에 영향을 주고 이미지는 다시 언어의 의미를 구축하는데 기능한다. 정박(ancrage)과는 달리 양 기호 채널에 동등하게 무게가 주어지며 언어와 이미지가 마치 바턴을 교대해 가듯이 텍스트의 전체 메시지를 만들어낸다. 두 기호가 서로 보완적으로 작용해 의미를 생산해낸다. 이런 쌍방향 기능을 통해 텍스트 전체의 메시지가 해석되고 이해된다(롤랑 바르트, 1993). 만화나 영화에서 우리는 언어를 배제한 채 이미지만을 감상할 수 없으며 이미지를 배제한 채 언어만으로 읽어낼 수 없다. 언어와 이미지는 서로 보충적인 역할을 수행하면서 텍스트의 전체 메시지를 산출한다. 한 텍스트 안에서 언어와 이미지가 서로 교대해가며 텍스트가 전달하고자 하는 메시지의 전체적인 의미를 산출할 때 이를 중계 기능이라고 한다.

(출처: 최용호, 2004, p438)

4단짜리 시사만화다. 곤혹스럽게 도망가는 그림에 '친일파 잡자' 는 언어가 결합해 텍스트를 구성하고 있다. 이어 '빨갱이' 라는 뻔뻔한 반격에 어이없는 표정이 이어진다. 걱정스런 시민은 신문을 보며 현재도 통하는 괘변일 뿐 아니라 특히 언론이 이를 부추기는 행태에 걱정스런 얼굴이다. 언어와 이미지가 상호 보완적 중계 기능을 하면서 텍스트를 구성하고 스토리를 만들고 있는 것이다.

만화의 이미지만을 분리해 재구성했다. 만화를 처음 본다고 가정하면 정확한 의미를 파악하기가 사실상 불가능하다고 볼 수 있다. 추격(1)과 반박(2) 그리고 해석(3)과 결론(4)이라는 기승전결을 스토리 구조로 하고 있는 것으로 보이지만 의미 전달에는 실패하고 있다. 그러나 대사 부분만을 분리해 재구성해보면 의미가 좀 더 분명히 전달된다.

적어도 우리 사회에 남아있는 레드 콤플렉스를 소재로 만든 만화구나라는 추측은 어렵지 않게 할 수 있다. 이처럼 중계 기능에서 조차 바르트의 언급대로 언어가 의미 전달에 있어 중심적이고 결정적인 역할을 하는 경우가 대부분이다. 이는 언어만이 강력한 정보적 기능을 가지고 있기 때문이다. 즉 의미 전달이나 맥락 구성에 있어 언어가 이미지 보다는 강력한 수단일 수 있다는 평가가 가능하다. 특히 정보 전달 기능은 언어가 압도적이다. 다시 말해 바르트가 지적한 대로 언어는 인지적 기능에 있어 영상을 압도한다. 이런 측면에서 언어 중심주의는 정당한 평가를 받을 수 있다. 하지만 연계 기능은 의미를 표출하는 데 있어 언어와 이미지가 똑같이 중요한 것은 분명하

다. 언어와 이미지의 관계는 동등하고 병렬적이다. 기의를 구성한다는 측면에서는 서로 '완전히 분리된' (그래서 잉여의 의미가 전혀 없는)관계다. 이미지와 언어 기호가 각각 교대로 빈틈을 메워가며 상보적으로 텍스트의 의미를 만들어낸다. 또 이미지와 언어 사이의 기의가 중복되는 것을 최소화시킨다. 따라서 두 기호 사이의 의미는 분리되는 구조다.

바르트가 제시한 정박과 중계의 개념은 이후 좀 더 세부적으로 유형화된다. 최용호(2004)는 바르트가 제시한 대로 정박은 언어가 이미지의 의미를 한정하는 일방적 관계, 그리고 중계는 이미지와 언어가 메시지 전달에 동등하게 기여하는 상호작용적 관계로 설명한다. 최용호는 이와 함께 일방적 관계에는 예시(illustration), 상호작용적 병렬 관계에는 차단(suspension)과 상승(promotion)이 추가로 존재한다고 설명하며, 언어와 이미지의 관계를 총 5가지로 유형화한다(최용호, 2004, p443-444).

(다) 예시, 차단 그리고 상승

（ⅰ) 예시

예시기능이란 한 융합텍스트 내에서 언어가 전달하고자 하는 메시지를 이미지가 전체적으로 혹은 부분적으로 재현해 내는 것을 일컫는다. 이 기능은 주로 언어중심적인 텍스트에서 찾아볼 수 있다. 이미지는 보조적인 역할만을 수행한다. 예시 기능은 소설의 삽화나 제품 설명서 그리고 TV 뉴스의 통계 그래프 CG 등 에서 찾아볼 수 있다.

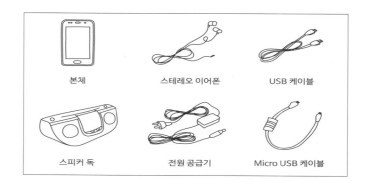

제품 설명문에 삽입된 제품 이미지들은 제품의 기능과 특성을 이해하는 데 매우 중요한 역할을 수행한다. 이미지가 수행하는 예시 기능은 인지적 차원에서 매우 중요하다. 자동차 부품 설명서에서 부품 이미지가 삽화로 제시되지 않을 경우 우리는 설명서가 무슨 말을 하는지 쉽게 이해할 수 없을 것이다. 또 TV 뉴스에서 특정 사건 영상이 확보되지 않은 채 보도가 결정되었을 경우 기사의 이해를 돕기 위해 사건 당시를 만화 혹은 CG로 시각화한 구성화면을 제작하기도 한다. 뉴스 속 주요 개념을 표나 도표 등으로 제작해 표현하기도 한다. 이러한 구성화면은 그래픽 전문가가 기사를 토대로 일정 수준의 상상력을 발휘해 화면을 제작하며 화면이 기사의 의미를 시각적으로 보충해주는 역할을 한다. 이 경우 기사와 구성화면은 예시의 관계를 맺는 것으로 볼 수 있을 것이다.

예시 기능은 정박 기능과 마찬가지로 언어 중심적 텍스트로 구분되지만 정박은 이미지 기호의 의미를 한정해 다의성을 해소하기 위해 기능하는 반면, 예시(illustration)기능은 오히려 이미지가 언어 기호의 의미를 보충해주는 관계를 맺는다는 점이 다르다(최용호, 2004, p439-440).

(ii) 차단기능

언어가 이미지의 의미작용을 차단하거나 이미지가 언어의 의미작용을 차단하는 것을 차단 기능이라고 한다. 차단 기능은 서로의 의미작용을 차단시킴으로써 새로운 의미를 생산한다. 초현실주의 작가 르네 마그리트의 그림이다. 제목이 '이것은 파이프가 아니다' 이다.

'이것은 파이프가 아니다' 마그리트의 그림

그림을 보고 담뱃대를 생각하지 않기란 거의 불가능하다. 그러나 제목대로 이것은 그림이지 담뱃대가 아니라는 뜻이다. 마그리트는 그림을 통해 언어가 이미지의 의미작용에, 다시 말해 재현 기능에 단절을 가져다준다는 것을 설명하고자 한 것이다. 사실 이미지는 이미지 스스로를 부정할 수 있는 능력이 아예 존재하지 않는다. "에이스는 침대가 아닙니다. 과학입니다"라는 광고도 이런 차단 기능을 활용했다. 이런 차단 기능을 통해 보다 고양된 의미 즉 단순한 침대가 아니라 인체 과학적으로 만들어 편하다는 의미로 강조되는 것이다(최용호, 2004, p440-441).

차단 기능은 연계 기능과 함께 언어와 이미지가 똑같은 비중으로 역할을 맡는 병렬적 텍스트 구조를 가졌다. 그러나 연계 기능은 언어와 이미지가 서로 가지지 못한 기의를 서로 채워주는 역할을 하는 반면 차단은 서로의 의미를 부정한다는 점이 다르다.

(iii) 상승기능

상승기능이란 한 텍스트 안에서 언어와 이미지가 각기 독립적으로 고유한 의미작용을 수행하는 것을 말한다. 이렇게 별도로 수행된 두 의미작용이 텍스트 전체 메시지의 의미를 고양시킨다. 예를 들면 동양 시화의 경우다.

처음처럼(신영복 시화) 빈집하나 있더이다(백형진 시화)

상승은 그림 이미지가 언어 메시지의 의미를 확대하고 반대로 언어메시지는 그림의 느낌과 메시지를 확장하는 기능을 담당한다. 상승도 이미지와 언어의 역할이 병렬적인 관계로 분류된다.

위계적 관계	언어 중심(A)	정박(이미지 한정), 예시(언어의미 보충)
	이미지 중심(B)	
병렬적 관계	언어–이미지 중심(C)	연계, 차단, 상승

언어와 이미지의 연관관계

바르트와 최용호가 분류한 언어와 이미지의 연관관계를 분류한 것을 종합하면 정박과 예시 기능은 언어중심의 위계적 관계이고 연계와 차단, 상승 기능은 언어와 이미지가 똑같은 무게로 상호 작용을 통해 텍스트의 의미가 완성되는 병렬적 관계를 가졌다고 볼 수 있다.

2. 이미지 중심적 접근

연계 기능에서도 설명했듯이 바르트의 말대로 언어가 의미 전달에 있어 중심적이고 결정적인 역할을 하는 경우가 대부분이다. 언어만이 강력한 정보적 기능을 가지고 있기 때문이란 주장이다. 즉 의미 전달이나 맥락 구성에 있어 언어가 이미지 보다는 강력한 수단일 수 있다는 평가가 가능하다.

하지만 텍스트가 전달하고자 하는 전체 메시지가 오직 정보적이고 인지적 차원에서만 중요한 것은 아니다. 이미지는 또 다른 차원, 즉 감성적 차원에서 강한 인상적 효과를 산출할 수 있다. 이러한 효과는 언어와 더불어 텍스트 전체 메시지를 해독하는 데 전략상 매우 중요한 역할을 수행한다.

화재로 무너진 숭례문

박근혜대통령 퇴진 촛불집회

화재로 숭례문이 무너져 내린 영상을 보며 국민들은 어떤 말로도 설명할 수 없는 안타까움을 느꼈다. 마찬가지로 백만 명이 넘게 모인 촛불 집회 TV 뉴스도 화면 자체가 충격과 경외였다. 백선기(2003, p102-103)는 "영상 화면은 두 가지 이상의 서사구조를 지니고 있으면서 영상자체가 의미를 표출하고 경우에 따라서는 언어기사와는 전혀 다른 의미를 표출하기도 해 언어보다 더 적확한 의미를 내포한다"고 지적했다. 또 "영상화면은 언어적 기의가 지니고 있지 못하는, 문자적, 수사학적 논리로 통제할 수 없는 의미전달의 독자적 영역을 가지고 있다"며 "언어로는 표현할 수 없는 규모나 크기를 나타내고 정서적이고 감성적인 기의를 풍부하게 표현한다(예: 9·11 테러 참사)"고 강조했다.

더욱이 이미지는 강한 현실성을 가지고 있다. 인간이 소실점을 활용한 중세 르네상스 이후 그림과 사진을 포함한 이미지는 사실성을 장점으로 강력한 영향력을 키워왔다. 즉 이미지의 도상성, 그리고 현실 모사능력은 언어로는 도무지 설명 불가능한 이미지만의 의미 전달 능력 갖게 됐다. 이와 함께 이미지가 정보성까지 높으면 메시지는 이미지가 주도적으로 전달하고 언어는 보완적 기능에 머물 경우도 많다. 특히 언어만이 이미지의 기의를 정박한다는 바르트의 주장과는 반대로 이미지가 언어의 모호한 기의를 분명하게 확정시키는 정박 기능을 수행하기도 한다. 기의의 모호성, 다의성은 이미지만의 문제가 아니기 때문이다. 언어도 여러 가지 의미를 가지고 있어 불분명할 때가 비일비재하다. 예를 들어 아버지라는 단어도 사전적 의미는 나를 낳아준 남자다. 그러나 가정폭력의 피해자에게는 공포와 두려움의 대상이지만 어떤 어린이에겐 매일 저녁 과자와 빵을 사오는 다정한 미소로 해석될 것이다. 맥락이 없고 정보가 부족하면 언어도 다의적인 것이다. 이미지가 언어의 의미를 명확하게 규정해주거나 구체화시켜 주는 경우도 많다. 따라서 언어의 의미를 확정해주는 이미지는 바르트의 정박 기능을 이미지가 수행하는 것이다. 바르트의 논리를 부정하는 하나의 예이다. 즉 의미규정 관계에 있어 오히려 이미지가 텍스트의 다의성을 해소시켜 주는 기능으로 작용하며 정박의 주체가 된다. 더 나아가 이미지가 이미지의 의미를 분명하게 해주는 경우도 가능하다.

이미지를 중심으로는 언어와 이미지가 어떻게 관계를 맺는 지를 살펴보자. 기호학에서 광고의 메시지 해석 과정을 설명한 도식이다. 광고의 경우 시각기호 즉 이미지가 주된 요소로 자리 잡는 경우가 많다. 그림뿐만 아니라 언어적 표현도 포함되어 있는 경우 수용자는 일반적으로 그림에 시선이 끌린 뒤, 자연스럽게 헤드라인, 즉 언어적 표현을 접하게 된다. 수용자는 헤드라인을 해석하기 위해 그림으로 다시 시선을 돌려 그림이 주는 도움을 근거로 광고가 전달하고자 하는 메시지나 의미를 얻게 된다.

광고 메시지의 해석 과정

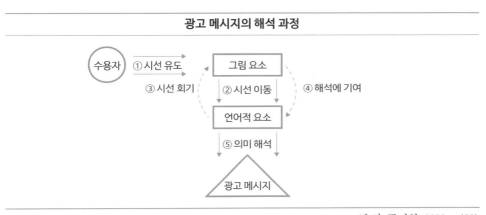

(출처: 구명철, 2002, p429)

이 도식을 통해 광고 텍스트에서 이미지가 어떻게 기능하고 언어 기호와 관계를 맺는 지 이미지를 중심으로 살펴볼 수 있다. 구명철은 논문에서 이미지의 역할을 '시선 유인' '정서적 배경' '카피내용의 시각화' '카피내용에 대한 입증' '카피와의 인과관계' '해석의 실마리 제공' '카피와 상호 보완관계' 등 7가지로 분류했다(구명철, 2002, p430). 이를 좀 더 단순하게 일반화하면 시선유인과 정서적 배경, 언어 내용의 시각화, 해석의 실마리 제공, 상호 보완 관계 등 4가지로 줄일 수 있다.

(가) 시선 유인과 정서적 배경
이미지가 시선을 유인하거나 정서적 배경의 역할을 하는 경우다. 이미지는 수용자의 시선을 끌어오거나 분위기만을 조성하는 데 그친다. 오로지 이미지만의 능력으로 역할을 수행하는 기능이다. 그 다음 과정인 의미의 해석이나 자세한 의사소통은 언어 텍스트에 맡긴다.

| 의류 광고 | 공익광고 '효' |

(출처: 공익광고협의회)

왼쪽은 미녀 모델이 등장한 의류광고다. 이미지는 단순히 시각을 유인하거나 분위기를 조성하는 역할을 맡을 뿐이다. 오른쪽은 효를 권장하는 공익광고다. 중년 여성이 따뜻한 미소를 짓는 영상 이미지는 가족애를 떠오르게 해 정서적 배경 전달을 주된 목적으로 사용됐다. 이런 이미지의 기능은 인지적, 논리적 의미 전달 기능이 아니다. 언어 텍스트가 전달하지도, 전달할 수도 없는 정서적 메시지를 전달하는 기능이다. 또 이미지 자체는 언어와는 독립적이고 자발적으로 기능한다.

| 베트남 전 당시 미군 폭격기 | 태풍 폭우로 범람하는 하천 |

위의 사진들은 자체로 전쟁과 홍수에 대한 두려움을 느끼게 한다. 특히 뉴스 영상은 시선을 유인하거나 정서적 메시지를 전달하는 것이 중요하다. 이런 성격이 두드

러진 영상을 충격적 영상이라고 부른다. 대형사건 사고나 태풍과 같은 자연재해 등에서 시각적 충격을 경험하고 두려움이나 안타까움 등과 같은 정서적 메시지가 강한 영상을 볼 수 있다(보다 자세한 내용은 TV 뉴스 영상의 역할 편에서 보충한다).

(나) 언어 내용의 시각화

언어의 시각화 역할은 이미지가 언어적 표현의 부족함을 보다 분명하게 보완해주는 기능이다. 언어 내용을 단순히 반복하는 역할에 그치기보다는 언어기호가 지시하는 대상을 시각적으로 재현한다는 뜻이다. 이런 측면에서 카피내용 즉 언어 내용에 대한 시각적 증명의 역할도 맡는다. 또 언어의 의미를 시각화함으로써 인과관계도 분명하게 한다. 왼쪽 사진은 헬멧을 쓰고 오토바이를 타자는 공익 광고다. 사진 이미지는 단순 언어보다 강력한 메시지를 보완하고 있다. 머리를 다쳐 뇌 수술한 흔적이 충격적인 메시지를 던진다.

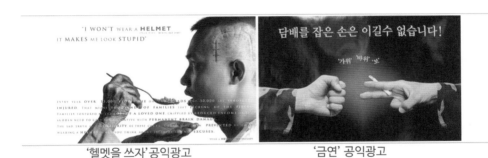

| ‘헬멧을 쓰자’ 공익광고 | ‘금연’ 공익광고 |

또 카피 내용의 입증 역할은 이미지가 카피에서 주장 또는 언급된 내용에 대해 시각적 증거를 보여주는 역할을 한다. 오른쪽 금연 광고 사진은 담배 잡은 손이 질 수밖에 없는 이유를 담배 잡은 손가락이란 그림으로 코믹하게 증거하고 있다. 이는 결국 이미지가 시각적 증거, 강조의 역할을 수행한 것이다. 광고 카피는 이미지를 통해 그 내용의 당위성 또는 사실성을 검증받게 된다. 또한 텍스트는 내용 확장, 강조, 또는 핵심표현을 반복하며 단계적으로 상승하는 이미지를 통해 호소력과 표현력이 뚜렷하게 증대된다.

(다) 해석의 실마리 제공 기능

텍스트 해석의 실마리를 제공하는 역할은 언어 내용만을 가지고 정확히 해석하기 어려울 때 그림이나 이미지가 해석의 실마리를 제공함으로써 텍스트의 모호함을 해소해 주는 역할을 하는 경우다. 그림이 언어적 표현의 의미를 고정시켜주는 것이다.

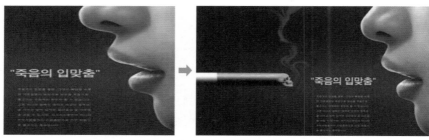

공익광고 "흡연, 죽음의 입맞춤" (출처: 공익광고협의회)

왼쪽 사진에서 '죽음의 입맞춤' 이란 글자의 의미는 추상적이고 다의적이다. 그러나 연기 나는 담배 이미지가 추가되면 '죽음의 입맞춤' 이란 다름 아닌 흡연을 의미한다. 오히려 그림이 언어 텍스트의 모호함을 '정박' 하는 역할을 하는 것이다. 나아가 그림 이미지가 의미가 모호한 다른 그림 이미지의 의미를 정박하는 기능도 쉽게 찾아볼 수 있다. 아래 그림은 졸음운전을 경고하는 공익 광고다. 졸음이 밀려오는 눈을 강조하고 있다. 그러나 원안의 추가적 이미지가 없다면 조는 눈이 무엇을 의미하는 지 알기는 어렵다.

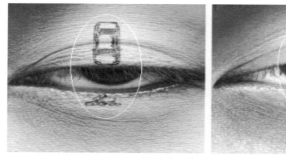

공익광고 "졸음운전의 비극"

원안의 이미지는 졸고 있는 눈동자는 졸음운전을 형상화한 것으로 자동차가 졸음운전으로 자전거, 유모차와 충돌할 수 있다는 비극적 상황을 연상시킨다. 졸고 있는 눈에 불과한 사진이 졸음운전을 강력히 경고하는 의미로 바뀐 것이다. 영상 이미지가 영상 이미지의 의미를 고정하고 정박한 것이다.

(라) 그림이 언어와 상호 보완적 관계
상호 보완 관계는 이미지가 언어기호와 나란히 동시에 제시되는 기능으로 최용호의 예시와 같은 기능이다. 그러나 최용호의 예시 기능은 언어 중심의 텍스트에서 이미지가 언어의 의미를 보충하는 것인 반면에 그림과 언어의 상호 보완관계는 언어가 이미지의 의미를 보완하는 차이가 있을 뿐 큰 차이는 없다. 또 두 개의 기능 모두에서 언어와 이미지의 기의는 일치한다.

3. 동영상으로의 확장

동영상이란 움직이는 그림, 이미지다. 사전적인 의미는 움직이는 영상이다. 그러나 좀 더 정확하게 표현하자면 움직이는 것처럼 보이는 정지영상의 연속된 모습을 말한다. 사람의 눈이 갖는 잔상 효과라는 특징을 이용해 움직이는 것처럼 보이는 비슷한 정지영상을 연속으로 빠르게 보여주는 것이다. 따라서 기본적으로는 정지된 영상 즉 사진 이미지와 속성이 다르지 않다.

동영상과 정지영상의 차이는 시간성이다. 동영상은 사진 등의 이미지가 갖지 못

한 시간성을 갖게 됨으로써 의미를 생성하는 데 훨씬 용이해진다. 맥락과 정보가 풍부해지기 때문이다. 하지만 움직이지 않는 이미지도 이미 시간성을 갖고 있다. 왼쪽과 오른쪽은 모두 승용차 사진이다. 다만 왼쪽은 온전한 모습을 갖추고 있지만, 오른쪽은 심하게 찌그러져 있다. 왼쪽의 경우 승용차라는 의미 외에 다른 기의를 발견하기 쉽지 않다. 이를 시간 중립성을 가졌다고 표현한다. 하지만 오른쪽 사진은 사건을 담고 있다. 내러티브를 담고 있다는 뜻이다. 정확히 설명하면 심하게 손상된 자동차는 어떤 시간적 전개과정의 한 단면을 재현한다. 사고의 처참함과 긴박함을 유추할 수 있는 좋은 증거다. 이는 일련의 선행과정, 행위 등을 전제하는 것이다. 전제된 내러티브 자체가 이미 시간성을 암시한다. 따라서 이처럼 전제적인 의미의 발생이 이미지의 시간성에 바탕을 둔다는 점에서 오른쪽 사진은 사진 이미지임에도 시간 중립적이라고 말하기 어렵다(조국현, 2010, p281).

시간성이 있다는 의미, 즉 의미가 서사적이라는 뜻은 이미지도 순차성을 가지며 동영상과 크게 다르지 않다는 것을 뜻한다. 따라서 동영상도 언어와 정박 관계는 물론 중계, 예시 등의 관계를 맺는다. 오히려 대사나 현장음 등 청각적 요소가 더해지고 시간성이 개입되면 좀 더 다양하고 입체적인 기호들이 기능하게 된다. 동영상 텍스트를 하나의 맥락으로 진행되는 시퀀스로 보면 동영상 텍스트의 분절은 샷에 의해 이뤄지며 개별 샷에 따라 영상 기호 체계들 간의 관련성이 드러난다. 예를 들어 눈물짓는 여인의 사진 만으로는 의미가 애매한 경우가 있다. 그러나 우는 여인의 샷에서 손에 들고 있는 아들의 사진이 다음 샷으로 클로즈 업 된다면 아들을 그리워하면서 눈물을 흘리는 것이다. 또 눈물짓는 여인의 모습과 함께 부모님이 죽었다는 소리가 들리면 죽어서 슬픈 것이다. 죽었다는 자막이 있어도 마찬가지다.

사진에서 이미지와 언어가 정박이나 중계의 기능을 하듯이 동영상텍스트의 음성과 사운드, 자막 등도 똑같이 기능한다. 나아가 샷과 샷이 연결되면 보다 분명한 맥락과 충분한 정보가 쥐어지고 단일한 의미를 전달할 수 있게 된다. 말하자면 몽타주 효과가 발생하는 것인데 소리와 문자와 영상이 결합되면 수직적 몽타주 혹은 대위법적 몽타주 효과와 같다. 또 샷과 샷이 결합하면 수평적 몽타주 효과로 구문론적인 영상 문법이 생겨 의미를 전달하게 되는 것이다.

일반적으로 영상텍스트에서는 언어의 기능이 약화되거나 생략되기도 한다. 영상은 보다 풍부한 상황적 맥락과 정보가 덩어리째 제시되기 때문에 굳이 언어적 설명이 필요 없을 수 있다. 대신 언어는 좀 더 상징적이거나 목표 지향적인 기능으로 바뀐다. 예를 들어 "밖에 비가 온다"는 언어 텍스트는 안에서 보니 밖에 비가 온다는 뜻이 문장의 전부다. 그러나 드라마에서 여학생이 밖에 비가 내리는 교실창문을 배경으로 엄마와 휴대전화로 통화하는 상황에서 "밖에 비가 와요"라는 말은 하교 시간에 맞춰 데리러 와달라는 의미로 해석될 수 있는 것이다.

책이나 잡지 등의 언어 텍스트는 독자가 다시 보고, 또 오래 볼 수 있다. 해석 시간이 자율적이다. 반면에 동영상 텍스트에서는 해석시간이 한정된다. 동영상 텍스트는 시간성을 획득하는 대신에 텍스트로 구현되던 의미의 정확성과 세부적인 면을 잃게 된다. 따라서 청각적 기호나 이미지 기호가 의미를 보완 강화해야 하는 것이다. 사운드도 독자적인 역할을 수행한다. 대사는 주로 영상과 의미를 서로 생성해 나가는 상호 보완적 관계에 있으며 내레이션은 영상과 대사를 통해 창출된 시공간 영역에 메시지 의미를 부여하는 매개적인 관계에 있게 된다. 이와 함께 배경음이나 음향 등도 독자적인 의미를 만든다. 흔히 보게 되는 고급 아파트 광고의 경우 배경음악으로 쓰이는 클래식이나 째즈는 단순 배경음악이 아니라 고급스럽다는 의미를 전달하고 숲이나 시냇물의 등장은 친환경적이란 확실한 의미를 전달하고 있는 것이다.

이처럼 이미지 속 내러티브를 읽을 수 있는 것은 경험적으로 습득된 사전 정보 때문이다. 즉 의미는 특정한 문화 공동체의 구성원으로서 공동의 경험을 보유한 수용자가 능동적으로 해석하는 과정에서 생겨난 것이다. 승용차나 사고 자동차의 모습을 본 적이 없는 문화권의 사람은, 예를 들어 조선시대 사람이나 태평양의 원시부족은 아무런 의미를 읽어낼 수 없다. 결국 이미지도 언어처럼 기호이고 코드화될 수 있다는 의미가 된다. 이와 관련해 관습적 영상과 충격적 영상의 쓰임새를 설명할 수 있다.

4. 관습적인 영상과 충격적 영상

관습적 영상(Convetional Imagery)은 코드화된 영상이다. 즉 영상 자체로 이미 사회 구성원이 공유한 특정 의미를 담고 있다. 따라서 메시지 전달을 위한 단어 같은 역할을 한다. 메시지 전달을 용이하게 하는 것이다. 반면에 관습적 영상은 중성적이지 않다. 오염된 이미지다. 오해를 수반시킬 수 있는 것이다. 이를 정확히 이해하고 진실을 파악할 능력을 갖춰야 한다.

TV는 정보뿐만 아니라 영상을 전달하는 데 큰 의미를 두고 있다. 특히 TV 뉴스의 영상은 그 속성상 관습적인 것이다. 기자들이 의식적이든 무의식적이든, 인지하고 이해하기 쉬우면서도 주제에 맞게 해석하기 용이하도록 편집된 영상을 사용하는데 이를 '관습적인 영상'이라고 정의했다(박덕춘, 2010, p13).

예를 들어, 시청자들은 범죄 현장의 뉴스를 볼 때, 흔히 경찰차, 경광등, 그리고 출입통제용 노랑색 테이프 같은 것들을 볼 수 있다. 이 화면들은 시청자들이 과거에 비슷한 사건을 보며 학습되고 경험돼 있기 때문에 해당 사건의 전형적인 사물의 영상으로 판단하고 이른바 '장면 스키마(Scene schemas)' 가 활성화돼 영상의 의미를 쉽게 이해한다는 것이다. 따라서 이런 관습적인 영상은 정보 전달 효과는 물론 기억도 쉽다. 말하자면 관습적인 영상은 뇌에서 처리하기가 쉬울 뿐만 아니라, 메시지의 의미를 이해하기도 전달하기도 용이하다는 것이다.

관습적 영상의 사례

클라우드(Cloud, 2004)는 베일을 쓴 아프간 여성이 그 나라 여성의 처우에 대한 동정심을 유발시킴으로써, 미국 정부가 아프간 전쟁에 참여한 당위성을 설명하는데 기여했다고 주장했다. 이 연구는 이러한 '관습적 영상'의 사용이 특정한 의제의 역할을 하였다는 것을 보여주었다. 즉 부르카(burquas)를 쓰고 있는 여성은 억압받고 있다는 중동 문화에 대한 서구식 해석에 기반해 하나의 부정적 '의제'를 형성한다는 것이다. 이때 뉴스는 특정한 사건에 대한 정보만 제공하는 것이 아니라, 폭넓은 사회적 가치와 그 형태에 대한 통찰력도 함께 제공하는 것이다(박덕춘, 2010, p14).

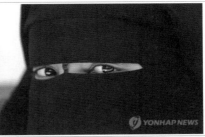
부르카를 입은 여성들(출처: 연합뉴스)

이처럼 관습적 영상은 동일한 문화권 속에서는 글자나 기호처럼 관습적으로 공유되는 메시지가 스며들어 있다고 본다. 따라서 영상 텍스트를 구성할 때 보다 손쉽게 맥락과 의미를 전달할 수 있는 정보전달력을 가질 수 있다. 마치 언어의 관용구처럼 영상 텍스트를 만드는데 유용한 수단인 것이다. 하지만 관습적 영상은 오염된 잠재의식으로 편견과 왜곡의 환상을 불러일으켜 결과적으로 잘못된 정보를 전달하고 공유하게 되는 결과를 빚을 수도 있다.

반면에 충격적 영상(Compelling Imagery)은 관습적인 영상과 반대되는 개념이다. 일본의 후쿠시마 지진 쓰나미, 9·11 테러와 같은 위기의 순간을 담은 영상은 대단히 충격적이고, 극적이며, 또한 관심을 집중시키는 영상들이다. TV 뉴스 제작자들은 이처럼 강력한 영상이 시청자들의 관심을 끌게 된다는 것을 잘 알고 있으며, 그러한 영상들을 '최고(best stuff)' 혹은 '돈 되는 영상(money shot)'이라고들 한다(박덕춘, 2010, p14). 따라서 TV 뉴스 제작자들은 충격적 영상이 입수되면 반복적이고 계속적으로 방송에 노출시켜 시청자들을 사로잡는 수단으로 폭넓게 활용한다.

| 9·11 뉴욕 테러 | 후쿠시마 지진 쯔나미 |

특히 TV 뉴스 연구자들은 시청자들이 일반적인 사건보다 충격적이고 감성적인 사건을 더 잘 기억한다는 사실을 발견했다. 뉴헤이겐과 리브스(Newhagen and Reeves, 1992)는 감성을 자극하는 텔레비전 영상은 시청자들의 기억에 큰 영향을 미친다는 사실을 발견했고, 셔(Sherr. C. J., 2003)는 감성에 호소하는 영상들이 수용자들의 분노와 슬픔의 감정을 자극해, 관심을 더 많이 끌고, 따라서 메시지를 설득하기 쉽다는 사실을 발견하였다. 사람들은 생존 본능과 방어 본능으로 인해서(Zillmann & Brosius, 2000), 긍정적 메시지보다 부정적 영상을 더 잘 기억한다(Lang, 1991)는 것이다. 또한 뉴헤이겐(Newhagen, 1988)은 분노를 유발시키는 영상이 가장 잘 기억되며, 그 다음이 두려움, 그 다음이 혐오감을 주는 영상이라는 사실을 밝혀냈다. 이 세 가지 감정들은 모두 부정적 감정들이다(박덕춘, 2010, p15, 재인용). 특히 9·11 테러나 세월호 사건과 같은 충격적인 영상은 시청자들이 영상에 몰입돼 희생자들을 동정하는 차원을 넘어서 마치 자신이 희생자인 것처럼 정서적, 감정적 동질감까지 느끼게 되는 것이다.

II부.
TV 뉴스 속 영상과 언어

 1장. TV 뉴스의 분류

1절 형식적 분류 – 영상 중심 뉴스와 언어 중심 뉴스

TV 뉴스는 보거나(영상), 듣거나(사운드), 읽는(자막) 수단을 통해 즉 영상과 언어 텍스트로 정보를 구성해 전달한다. 앞서 설명한 대로 TV 뉴스도 영상과 언어로 이뤄진 다중 융합 텍스트이며 언어중심, 영상 중심 그리고 영상과 언어의 조화적 구조로 나눌 수 있다.

위계적	언어 중심 뉴스
	영상 중심 뉴스
병렬적	영상과 언어 조화 뉴스

TV 뉴스 속 영상과 언어의 연관 관계

언어적 요소가 정보 전달에 주도적인 역할을 수행하는 것을 언어 중심뉴스로 분류한다. 영상의 다의적 기의를 고정하는 언어의 정박 기능이나 언어의 의미를 그림으로 보여주는 예시 등에서 언어는 정보전달을 주도한다. 반면에 영상이 언어 기사의 의미를 해석하는 데 결정적 실마리를 제공하거나 시선을 유인하고 정서적 의미를 전달할 경우, 영상 중심 뉴스로 분류된다. 두 유형은 영상이나 언어 한쪽이 중심적 역할을 하고 나머지는 부차적인 역할만을 맡기 때문에 위계적 관계이다. 또 텍스트 속에서 영상과 언어 기사의 기의가 완전히 분리돼 있는 연계, 차단과 상승 등은 영상과 언어 조화적 뉴스로 본다. 이 유형은 어느 한쪽에 무게가 치우치지 않고 영상과 언어 모두가 메시지 전달의 양축을 이루기 때문에 영상과 언어의 관계는 병렬적이다. 이처럼 TV 뉴스는 정보의 내용에 따라 핵심 의미를 언어가 전달하기도 하고 영상 이미지가 구성하기도 한다. 따라서 뉴스를 제작함에 있어 핵심 정보가 언어냐 혹은 영상이냐에 따라 텍스트의 구성 방법은 달라야한다.

먼저 언어 중심 뉴스는 언어가 뉴스의 핵심 정보를 전달한다. 예를 들어 TV 뉴스에서 흔히 볼 수 있는 화재 사건 뉴스이다. "오늘 낮 경남 김해에 있는 15층짜리 상가건물에서 불이 나 200명이 대피했지만 상인 등 3명은 연기에 질식돼 숨졌습니다." 이 뉴스는 음성 기사가 완벽하게 정보를 전달하고 있다. 언어 중심 뉴스이다. 그리고 음성 기사가 방송될 때 관련 현장 영상이 함께 표출된다.

10대들의 '아찔한 불장난' 상가건물 3개층 전소
〈2016년 12월 7일 MBC 뉴스데스크〉

오늘 낮 경남 김해에 있는 15층짜리 상가건물에서 불이 나

200명이 대피했지만 상인 등 3명은 연기에 질식돼 숨졌습니다.

영상은 정보의 현실성, 즉각성, 사실성 등을 보여주며 나름 중요한 역할을 맡고 있지만 정보전달의 효과에 있어 언어의 가성비를 쫓아갈 수 없다. 영상은 화재 당시의 분위기나 상황 정보를 보완하고 있지만 서사적 고려 없이 언어 기사의 맥락에 보충적인 역할이 전부다.

반대로 똑같은 뉴스를 영상 중심 뉴스로 구성할 수도 있다.

10대들의 '아찔한 불장난' 상가건물 3개 층 전소
〈2016년 12월 7일 MBC 뉴스데스크〉

15층 건물에 불이 났습니다.

소방헬기가 건물 옥상에 물을 뿌립니다.

불은 1시간 동안 계속됐습니다.

영상 중심 뉴스는 언어보다 영상 논리에 종속되는 뉴스다. 영상 자체가 서사적 스토리를 갖도록 제작된다. 영상의 서사구조가 탄탄해 언어가 보완적 기능을 맡는다. 스토리를 갖춘 소재가 영상으로 보여 진다. 언어는 보이는 대로 묘사돼 영상의 의미를 반복할 뿐이다. 영상 이미지가 메시지 능력을 충분히 갖춰 언어는 이를 강조, 반복하는 역할을 하는 것이다. 때로는 음성언어는 배제된 채 현장음이나 사운드 바이트 혹은 자막이 영상의 부족한 서사적 정보를 보충하기도 한다. 영상은 자체로 완결적인 서사 구조를 갖추게 되고 뉴스 내에서 음성 언어와 영상기호는 일치하는 경향을 보인다. 크리글러(Crigler)는 "시각적 정보는 의미 있는 서사구조를 가지고 논리적으로 구성되었을 때 그 정보 전달 효과가 높아진다"고 말했다(이종수, 1999, p223).

언어 중심 뉴스는 가장 보편적인 TV 뉴스의 제작 관행이다. 초기 TV 뉴스 때부터 기사를 먼저 작성해 육성으로 읽고 거기에 어울리는 배경 영상을 덧붙였다. 방송기사는 형태만 음성이지 문자언어로 꽉 짜인 틀이 먼저 만들어졌다. 당시 언어가 중심적 역할을 맡은 것은 현실적으로 관련 영상이 충분하지 못했기 때문이기도 하다. 그 결과 TV 뉴스에서 영상 화면은 오랫동안 앵커나 기자 멘트에 대한 보조 자료로서 사용됐다. 따라서 언어 중심 뉴스는 먼저 기사를 작성한 후 영상을 편집하는 先 기사, 後 영상의 원칙에 따른다.

그러나 TV 영상의 영향력과 표현력이 급속히 강화되고 향상돼왔다. 특히 영상의 생산량이 무한대로 늘고 있다. 이는 영상으로도 대부분의 현실을 재현할 수 있음을 의미한다. 영상만으로 정보의 서사적 표현이 가능해지고 있는 것이다. 영상 중심 뉴스는 언어 중심뉴스와는 반대로 영상을 스토리에 맞게 먼저 편집한다. 이어서 영상으로 표현되지 못하거나 누락된 정보를 언어기사나 자막으로 보충하거나 보완한다. 즉 先 영상, 後 기사의 제작 방법에 따른다.

언어 중심의 뉴스는 정부 정책이나 검찰 등 법조, 경제 뉴스에서 많이 나타난다. 국회나 청와대, 혹은 경제, 정책 기사는 발언 중심이다. 기사의 서술어도 '밝혔다', '강조했다', '지적했다' 등이 자주 사용돼 언어 중심 뉴스가 더 적절하다. 일반적으로 언어 중심적 뉴스는 경성뉴스에 해당하며 뉴스 가치도 높은 경우가 많다. 반면에 사건이나 사고 기사는 현장 취재가 많고 당연히 현장 그림을 중시한다. 따라서 기사의 서술어도 동작 동사가 많다. '부딪혔다', '떨어졌다', '모였다' 등등이다. 영상으로 표현하기가 상대적으로 용이하다. 물론 사건기사의 뉴스가치가 무조건 낮지는 않다. 재난, 재해 그리고 정변이나 대형 스캔들 등에서 대중의 관심을 사로잡는 충격적 영상이 생산된다. 그러나 통상적으로 뉴스 가치가 높은 고급 정보일수록 추상적이거나 관념적인 경우가 많다. 따라서 언어가 정보전달력이 뛰어난 반면 영상으로 표현하기는 쉽지 않다. 이런 의미에서 보면 정치〉경제, 검찰〉사건의 순으로 뉴스 가치의 서열이 정리된다고 볼 수 있다. 말하자면 정교하고 강력한 정보 전달력을 가진 언어의 강점이 언어 중심 뉴스 구조에 나타난다고 해석할 수 있다.

세 번째로 언어와 영상의 조화적 뉴스는 언어와 영상이 비슷한 비중으로 서로 의존적으로 의미를 보완해 정보의 전체 메시지를 구성한다. 두 가지 요소가 조화적인 콘텐츠는 사실 만화나 영화이다. 현실을 다루는 TV 뉴스에서 완벽하게 영상과 언어의 역할이 분리돼 똑같은 비중으로 정보전달을 하는 경우는 보기 힘들다. 현실적으로 TV 뉴스에서는 느슨한 정도의 차이가 있을 뿐 영상이나 언어는 어느 정도 결합돼 상호 영향을 주고받는다. 위의 화재 뉴스 사례에서도 볼 수 있듯이 언어와 영상이 배타적인 관계는 아니다. 오히려 양자의 관계는 보완적이다. 언어 중심 뉴스에서도 현장 영상이 있다면 영상 속에서도 언어가 전달하지 못하는 정보를 읽어낼 수 있다. 기사에는 없지만 소방 헬기가 동원됐다는 사실을 영상 속에서 발견할 수 있다. 시청자는 이를 보고 소방헬기까지 동원될 정도로 화재규모가 컸구나하는 생각을 가질 것이다. 반대로 영상 중심 뉴스에서도 언어만이 전달할 수 있는 정보가 있다. 불난 장소, 화재 발생과 지속 시간, 피해 인원 등의 정보는 영상만으로는 전달하기가 힘들다. 기사의 6하 원칙 대부분에 해당한다. 큰 불의 위력을 감성적 느낌과 함께 전달하는 것이 핵심이어서 영상 중심뉴스로 구분했지만 나머지 정보는 역시 언어가 용이한 전달수단인 것만큼은 부인할 수 없다. 또 한 두 문장은 영상 또는 기사만으로도 구성할 수 있다. 그러나 뉴스 리포트 전체를 영상 혹은 기사만으로 구성하기는 불가능하다. 사실 그럴 필요가 없다. TV 뉴스의 현실 속에서는 영상 이미지만의 뉴스나 반대로 언어만의 기사는 없다. TV 뉴스는 현실을 재현해 시청자에게 정보를 가장 효과적으로 전달하는 게 목적이다. 따라서 영상과 사운드, 자막 등 다양한 전달 수단을 효과적으로 구성하면 된다. 즉 언어와 영상, 자막 등은 가장 효과적으로 정보를 전달하기위한 구성 수단일 뿐이다.

2절 내용적 분류 - 동시화 구조와 분리화 구조

형식적 분류는 뉴스 텍스트에서 영상과 언어 가운데 어떤 요소가 정보 전달에 핵심적 역할을 맡는 지를 기준으로 개념화했다. 반면에 내용적 분류는 영상과 언어적 요소의 결합 정도를 기준으로 나눈다. 영상과 언어가 제시하는 의미가 어느 정도 일치하는 지 혹은 분리돼 있는 지를 따진다. 일치 정도가 강할수록 동시화 구조인 반면 영상과 언어가 제시하는 의미가 서로 분리돼 잉여 기의가 없을 경우 분리화 구조로 부른다.

영상과 언어의 관계

동시화 구조	언어 = 영상
분리화 구조	언어 ≠ 영상

예컨대 정박이나 예시의 경우 영상이 표현하는 의미와 언어가 지시하는 기의가 같다. 전달되는 의미가 영상과 언어로 동시에 중복 제시돼 강조된다. 특히 동시화 구조가 강할 경우 마치 영상이 직접 말하는 것 같은 비매개 현상까지 느낄 수 있다. 반대로 교차와 상승, 차단의 경우는 영상과 언어가 제시하는 의미가 분리된다.

예를 들어 아래의 교통사고 뉴스 리포트는 분리 구조를 띠고 있다. 영상은 사고 후 상황을 표현할 뿐 기사 의미와 분리돼 있다. 사망자가 7명이며 10개월 된 어린아이가 극적으로 살아난 스토리는 영상 어디에서도 발견할 수 없다.

화물트럭, 승합차 받아 일가족 7명 사망
⟨2000년 9월 29일 MBC 뉴스데스크⟩

어젯밤 중부고속도로 하행선 경기도 이천 부근,
4.5톤 화물트럭이 앞서가던 차량 8대를 잇따라 들이받으면서

승합차에 타고 있던 33살 최모씨 등 일가족 7명이 그 자리에서 숨졌습니다.

최씨의 10개월 된 딸 지연양은 살아남았습니다.

지연양은 사고 순간 엄마가 끝까지 품에 꼭 껴안은 덕분에 목숨을 건졌습니다.

이에 비해 아래 뉴스 리포트는 영상과 기사의 의미가 일치돼 동시화 되고 있다. 기자의 육성 기사가 영상이 보여주는 상황을 설명하는 구조로 제작돼 영상과 기사가 전달하려는 의미가 일치한다.

서울 요금소 앞 5중 추돌 ⋯ 9명 사망
〈2007년 1월 13일 MBC 뉴스데스크〉

승합차가 종잇조각처럼 처참하게 구겨져 있습니다.

구조대가 교통사고 피해자들을 구해내려 안간힘을 쓰고 있습니다.

일반적으로 언어 중심 뉴스는 영상이 보완적 기능에 머물기 때문에 영상과 언어가 제시하는 의미는 분리되는 경우가 많다. 반대로 영상 중심 뉴스는 영상이 제시하는 의미를 언어가 다시 강조하는 경우가 많아 동시화 구조를 많이 볼 수 있다. 그러나 영상이 제시할 수 없는 추가 정보를 언어가 보충해 주는 경우는 영상 중심 뉴스라도 영상과 언어의 기의는 분리된다.

정보를 전달하는 데 있어 어떤 방식이 더 효과적인지는 경우에 따라 다르다. 다만 영상 중심과 언어 중심, 그리고 분리와 동시화 구조로 TV 뉴스를 분류하는 이유는 TV 뉴스의 발전 과정을 설명하는 데 유용하기 때문이다. 또 다중 텍스트인 TV 뉴스를 구성하는 주요 수단인 영상과 언어(사운드)가 어떤 역할과 기능을 담당하는 지 분석하는 데 효과적이다.

우리나라의 초기 TV 뉴스는 언어 중심의 분리 구조가 일반적이었다가 최근으로 올수록 영상 중심의 동시화 구조가 크게 늘었다. 반면에 미국 등 영미 문화권에서는 영상과 언어가 분리되는 구조가 여전히 더 많다. 영상으로 표현된 객관적 현실을 주관성이 강한 기자의 음성으로 한정하는 것은 잘못이라는 생각이 강하다. 시청자가 영상의 의미를 스스로 해석하는 것이 옳다고 판단하는 것이다(정나영, 2016). 하지만 우리나라는 정반대의 현상을 보이고 있다. 영상의 역할이 꾸준히 강화되면서 영상 중심의 동시화 구조가 크게 증가했다. 신문과 라디오는 물론 케이블과 온라인 매체 등 영상매체와 치열한 경쟁 속에서 TV 뉴스가 경쟁 우위에 서려면 영상의 힘이 필요하다는 생각이 영향을 미친 탓이다. 더 큰 이유는 사실적 영상이 뉴스의 객관성을 높여준다고 판단하기 때문이다. 사실성이 강한 영상의 역할에 기대어 뉴스의 객관성과 신뢰도를 높여보겠다는 기대가 깔려있다. 먼저 〈2장. TV 뉴스 속 영상과 언어〉에서는 영상의 역할이 확대돼 가는 과정을 중심으로 TV 뉴스의 발전과정을 추적, 분석하고자 한다.

2장. 초기 TV 뉴스 속 영상과 언어의 역할

1절 라디오와 뉴스

　TV 뉴스는 라디오 뉴스에서 시작됐다. 라디오 뉴스는 말 즉 소리다. 그러나 청취자는 뉴스를 듣고 현장의 화면을 머릿속에 그려낸다. 때로는 TV 뉴스보다 더 생생하게 현장의 모습을 보는 것처럼 느낀다. 크게 보면 TV 뉴스와 다를 것도 없다. TV 뉴스 제작 방법을 라디오 뉴스에서 찾기 시작하는 이유다.

1. 무선통신과 라디오의 시작

　"타이타닉의 침몰 소식은 무선 통신을 통해 대서양 전역으로 퍼졌으며, 사방에서 크고 작은 구조 선박들이 서둘러 달려왔다 … 우리는 두려움을 느끼며 침몰해 가는 거대한 선박을 거의(직접) 목격하다시피 했다는 것을 인정한다." (1912년 4월 16일 더 타임스, Stephen Kern, 1983, 457쪽 재인용)

　타이타닉호 침몰 직후 영국 런던의《The Times》지에 실렸던 기사는 무선통신의 위력을 설명하고 있다. 타이타닉은 1912년 4월14일 자정 직전 빙산과 충돌해 2시간 50분 만에 물에 완전히 가라앉았다. 1522명의 승객이 희생됐다. 타이타닉은 최첨단 무선 통신 장비를 갖추고 있었다. 충돌직후 무선통신으로 구조 요청을 받은 10여척의 선박이 타이타닉을 구하러 달려갔다. 카파티아호는 93km를 2시간 만에 달려가 영하의 밤바다에서 승객을 구했다. 사고 직후부터 조난 소식은 무선통신을 통해 대서양 해안선일대의 무선 수신소에 전달됐다. 새벽녘에는 전 세계가 타이타닉 해난 사고를 접할 수 있게 됐다. 이처럼 무선 통신은 사고가 발생하자마자 즉각적으로 많은 사람에게 정보가 전파되는 위력을 보였다. 동시적이고 즉각적인 정보의 전파는 많은 사람이 똑같은 사회적 경험을 동시에 공유한다는 것을 의미한다. 이전까지는 정보 전달의 수단이 기차나 선박 같은 교통수단에 의존할 수밖에 없고 정보 전달의 시각도 제각각 일 수밖에 없었다.

무선 통신의 효과는 라디오의 발명과 보급으로 확대 강화된다. 다시 말해 아주 먼 곳까지 빠른 시간에 정보가 전달되고 동시에 수많은 사람이 똑같은 정보를 접하고 동시에 공동의 경험을 공유하는 것, 즉 매스 커뮤니케이션(Mass - Communication) 시대가 라디오의 등장으로 본격화된 것이다. 정보의 패러다임도 '읽는 정보'에서 '듣는 정보'로 바뀌었다.

2. 라디오 뉴스와 신문 뉴스

라디오의 등장으로 정보가 세상에 전파되는 범위와 속도는 폭발적으로 넓어지고 빨라졌다. 그만큼 사람들의 머릿속에 인식되는 지구촌은 가까워졌다. 하지만 1930년대 초창기 라디오는 오락 매체였다. 라디오 뉴스는 신속성 때문에 관심을 끌었지만 저널리즘 기능을 수행하지는 못했다. 당시 뉴스는 신문의 전유물이었다. 반면 라디오는 뉴스 제작 조직도, 취재기자도 없었다. 라디오 방송은 신문사의 허락을 받고 뉴스를 빌려와 읽어줬다. 라디오 뉴스는 '말하는 신문'에 불과했다. 라디오 뉴스 캐스터도 주로 신문기자 출신이었다. 따라서 문어체인 신문기사를 그냥 읽어 음성으로 전달하는 라디오 뉴스는 청취자에게 전달력이 떨어졌다. 곧이어 라디오에 걸 맞는 뉴스 제작 기법이 동원됐다. 신문에 사용하던 어려운 단어와 긴 문장은 라디오 뉴스에 맞지 않았다. 라디오 뉴스를 효과적으로 전하기 위해서는 어휘와 문장 구조를 구어체로 바꿔야 했다. 라디오 덕분에 짧은 문장, 쉽고 명확하고 간결한 단어의 사용을 중시하는 라디오 스타일의 방송 뉴스 장르가 새롭게 다듬어졌다(Mitchell Stephens, 1997, p474~483, 이인희, 2013, 재인용).

신문이 미국 남북전쟁을 통해 뉴스 미디어로서 자리 잡기 시작했고 무선통신은 제1차 세계대전으로 발전한 것처럼 라디오는 제2차 세계대전을 통해 뉴스 미디어로 위력을 발휘하기 시작했다. 당시 라디오 뉴스는 기술상의 한계로 생중계로 방송되었다. 특히 일본이 진주만을 공격한 1941년 12월 7일은 일요일로 신문이 발행되지 않았다. 이날 하와이의 라디오방송국이 풋볼 경기 중계를 중단하고 전황을 하루 종일 속보로 방송했던 것은 라디오 발달사에서도 중요한 의미를 갖는다. 전쟁 뉴스, 국가 뉴스, 대통령에 대한 뉴스들이 라디오로 거의 즉각적으로 청취자들에게 전달되는 미디어 환경이 갖추어졌다. 제2차 세계대전은 뉴스 매체로서 라디오의 위력을 부각시켰다. 라디오는 유럽에서 진행된 전쟁 소식을 그 어느 매체보다 한 발 앞서, 더구나 생생한 전장의 소리를 전달했다. 대중은 이제 신문을 읽기 전에 라디오 뉴스에 먼저 귀를 기울였다.

2절 TV 뉴스와 영상

1. 읽는 신문에서 보이는 라디오 뉴스로

라디오는 전파를 이용해 아주 먼 곳까지 빠른 시간에 정보를 전달할 수 있는 인류 최초의 미디어다. 따라서 뉴스나 정보의 이동도 즉각적이고 동시적이다. 최소 하루 주기였던 신문 뉴스의 발행도 라디오 뉴스로는 동시간적이거나 최소 시간 단위로 단축되었다. 뉴스의 패러다임도 '읽는 뉴스'에서 '듣는 뉴스'로 바뀌었다. 여기에 TV의 탄생으로, 들으면서 볼 수도 있다는 점에서 한 단계 높은 변화를 맞게 됐다.

그러나 초기 TV도 역시 소리가 우선이었다. TV는 소리 없이 성립하지 못한다. 전파매체에 라디오가 먼저 있었고 TV는 그 다음에 개발됐다. TV는 소리의 연장에서 탄생했다. 마이크(소리)에 카메라(그림)가 융합되는 시스템이 TV다. 반대로 영화는 소리 없는 무성영화에서 시작해 '영상에 음성이 첨가되는' 형식이다. '음성에 영상이 복합되는' TV와는 출발점이 다르다. 따라서 TV에 있어 소리 즉 사운드는 영상에 종속되거나 보조체가 아니다. 오히려 TV는 태생적으로 소리가 본질적이고 주도적 기능을 맡는다(오명환, 2009, p10-22).

한국 최초의 TV방송은 HLKZ-TV에 의하여 1956년 5월 12일 실시됐다. 격일제로 하루 2시간씩 뉴스와 교양, 오락 프로그램이 방송됐다. 시민들은 활동사진이 붙은 라디오가 나왔다고 신기한 반응을 보였다. 하지만 당시 전국의 텔레비전 수상기는 300대 미만이었다. TV의 사회적 영향력은 전무했다. 1960년대에 들어 국영 KBS - TV를 시작으로 문화방송(MBC)과 동양방송 TBC - TV가 잇따라 개국했다.

당시의 TV 뉴스는 라디오 뉴스와 큰 차이가 없었다. 아나운서들이 라디오처럼 기사를 읽는 것에 단순히 TV화면을 곁들여 방송할 뿐이었다. 말하자면 보이는 라디오 뉴스다. 영상은 스케치하듯 찍은 화면이 대부분이었다. 정보전달의 주요 수단은 기사를 읽는 아나운서의 육성이었다. 영상이 기사의 사실적 배경으로 제시되기도 했지만 부차적인 요소에 불과했다. 이런 관행은 1970년대까지 일반적인 현상이었다.

흑백 TV 시대의 TBC 뉴스 타이틀

1970년대 동양방송 TBC의 저녁 뉴스 타이틀 방송화면이다. 아래의 TV 뉴스처럼 아나운서 혹은 앵커가 기사의 전반부를 읽은 후 중후반 기사를 읽을 때 화면은 관련 영상으로 바뀐다. 그러나 영상은 논리적 구조를 갖고 정보를 전달하기보다 기사 내용을 보완하거나 분위기와 배경을 보여주는 기능에 머물렀다. 영상은 삽화와 같은 역할을 맡았다. 예를 들어 수출 관련 기사를 읽을 때 부두에서 대형 컨테이너가 선박에 선적되는 영상이 배경화면으로 등장하는 방식이다. 따라서 뉴스는 언어 텍스트 중심이었다.

중소기업의 수출이
대기업이나 종합상사에 비해
저조한 실적을 보이고 있습니다.

중소기업협동조합에 따르면
10월말 현재 국내 총 수출실적은
목표 170억 달러의 83.9%를 나타내고 있는데 비해

같은 기간의 중소기업의 수출실적은
목표 60억 달러의 75%인 45억 달러에 그치고 있는
것으로 나타났습니다.

1970년대 TBC 석간 뉴스 중에서

기자가 만드는 리포트 제작물도 크게 다르지 않았다. 아래는 70년대 중반에 방송
됐던 기획 보도물이다. 일본 도쿄의 교통 체계를 취재 보도했다. 뉴스 내용은 라디오
로 들어도 완벽하게 전달될 정도로 모든 정보는 기사, 즉 기자의 육성으로 전달된다.
영상은 서사적 논리구조 없이 단순히 리포트 내용을 뒷받침하는 역할을 맡을 뿐이다.

"도쿄의 교통" 1977년 TBC 석간 뉴스

리포트)
공중에서 본 도쿄는 빌딩숲과 사람의 물결,
차량 행렬이 한데 어울린 문자 그대로 세계의 도십니다.

넓이가 2,200만 평방 km,
서울보다 8배나 더 넓고 인구는 1200여만 명으로
서울의 한배 반,

차량의 수는 약 274만 대로
무려 서울의 27배에 달하는 거대한 도시입니다.

하지만 영상은 논리 구조를 갖지 않았는데도 적지 않은 역할을 담당하고 있음을 알 수 있다. TV 뉴스에서 소개된 도쿄의 교통상황 영상은 한국 시청자에게 놀라움이었다. 또 신기한 볼거리였다. 수많은 차량과 고층 빌딩으로 꽉 찬 도심 전경을 찍은 영상은 70년대 한국 시청자의 시선을 사로잡았다. 특히 헬기에서 찍어 하늘에서 내려다본 영상은 더욱 신기할 수밖에 없었다. 물론 지금 보면 이런 영상은 너무 익숙하고 흔해 볼거리로서의 가치는 없다. 하지만 '열차의 도착' 이란 최초의 영화를 보던 관람객들이 마치 열차가 자신들을 향해 달려오는 것처럼 놀랐듯이 도쿄 도심의 차량 홍수를 찍은 헬기 영상은 시청자들을 TV 화면에 몰입시켰다. 더욱이 헬기에서 촬영한 영상은 볼거리 가치를 더 높였다. 하늘 위에서 도시를 내려 보는 시각적 경험은 그만큼 생소한 것이었다.

2. TV 뉴스 영상 – 현실감과 즉각성

대연각 화재 – 1971년 KBS 뉴스

1971년 크리스마스에 발생한 대연각 호텔 화재 사건은 TV 뉴스의 위력을 그대로 보여줬다. 이 화재로 163명이 숨졌다. 사상 최악의 화재였다. 화재의 참혹상은 TV 생중계 뉴스를 통해 생생하게 볼 수 있었다. 가정에서 TV 뉴스를 보던 시청자들은 바로 눈앞에서 건물이 활활 타오르는 것처럼 실재감과 현장감을 느꼈다. TV 뉴스는 신문이나 라디오 등 다른 어떤 매체도 따라올 수 없는 강력한 영향력을 가졌다는 것을 확인시켰다.

광복절 기념식 - 육영수 여사 피격 장면, 1974년 MBC TV 뉴스

1974년 광복절 기념식 도중에 육영수 여사가 피격돼 숨지는 사건이 발생했다. 이 과정은 당시 TV로 기념식이 생중계되고 있었기 때문에 시청자들은 실시간으로 현장을 목격했다. TV는 사실성이 높은 매체인데다 이 시각 진행되고 있는 역사적 사건을 직접 목격할 수 있게 된 것이다. 즉각적이고 현재 진행형이라는 측면에서 뉴스는 진짜고 사실이라고 느낄 수밖에 없다. 덕분에 TV 뉴스는 무한한 신뢰를 얻고 엄청난 영향력을 갖게 된 것이다.

특히 TV 생방송 뉴스는 사건 시각과 보도 시각이 같아 보고 있는 것이 실재한다고 즉각적으로 느낀다. 그만큼 시청자에게 미치는 영상의 영향력도 강력하다. 스포츠 중계를 보면서 환호하거나 실망하고 우주선 발사장면이나 장례식을 보면서 감동하거나 슬퍼하는 것 모두가 생방송이 가진 동시성의 효과라고 볼 수 있다.

1969년 7월 20일 오후 4시 (한국시간 21일 새벽 5시) 아폴로 11호의 착륙선 이글호가 달에 착륙했다. 착륙지점은 '고요의 기지'로 불렸다. 그리고 탐험대장인 암스트롱이 인류 최초로 달 표면에 발을 내디뎠다. 전 세계에서 5억이 넘는 사람들이 텔레비전으로 이 장면을 지켜봤다. 그는 사다리를 타고 내려가 외쳤다. "작은 걸음이지만, 인류에게는 큰 도약이다." 뒤이어 내려간 대원 올드린도 소리쳤다. "장엄한 폐허로다!" 짧막하지만 강렬한 묘사였다. 이들은 2시간 반 동안 달 표면을 탐험하면서 토양 샘플을 수집하고 사진을 찍었다.

아폴로 11호의 달착륙, 1969년 MBC TV

당시 아폴로 11호의 달 착륙을 지켜본 사람들은 모두 '나도 위대한 지구인 중 한 명' 이라는 자부심을 느꼈고 청소년들은 감동스런 쾌거에 흥분하며 우주 개척에 기여하는 꿈을 키웠다. 한국 내 분위기도 온통 아폴로 11호와 암스트롱 얘기로 들떠 있었다. 이런 사회 분위기 덕에 당시 박정희 대통령은 암스트롱 등 달 착륙에 성공한 우주인 3명이 방한하자 훈장을 수여하는 등 국민영웅으로 대접했다. 지금은 생뚱맞은 훈장 수여지만 당시 분위기는 그랬다. TV 뉴스의 위력이 다시 증명된 셈이다.

| 1969년 7월 21일자 석간신문 | 훈장받는 우주인, 1969년 11월 3일 |

3. 영화 뉴스 – 대형 그리고 컬러화면

1960~70년대 시청자의 시각을 사로잡은 또 다른 영상 뉴스 매체는 극장에서 영화에 앞서 방영된 대한 뉴스였다. 대한 뉴스는 TV 뉴스보다 우수한 영상 능력을 가졌었다. 이를 뉴스릴(news reel, 뉴스영화)이라고 한다. 뉴스 릴은 미국에서 초창기 영화 시절, 짧은 논픽션 형태로 출발했다. 대통령 취임식, 대형 사건 사고, 스포츠 경기 장면 등 대형 이벤트를 중심으로 제작됐다. 우리나라에서도 1953년부터 대한 뉴스라는 제목아래 영화뉴스를 시작했다.

전라북도 이리 역 구내에서
화약을 실은 화차가 폭발해
큰 피해를 가져왔습니다.

위험한 화물을 호송하거나 운송하는
관계자들의 조그만 부주의가 수십 명의
목숨을 앗아가는 등

1,000여 명의 인명 피해를 내고
엄청난 재산 손실을 내게 했습니다.

전북 이리 역 폭발사건, 1977년 대한뉴스

영화 뉴스의 강점은 무엇보다 대형 화면에 있다. 또 시청환경도 영화관에서 보기 때문에 TV와는 달리 고립적이다. 따라서 TV와 비교해 영상에 쉽게 집중하고 몰입할 수 있다. 메시지 전달에도 영상의 역할이 상대적으로 크다. 더욱이 1974년부터 점차 컬러 영상을 도입하기 시작한 대한 뉴스는 흑백이었던 TV 뉴스보다 사실적이어서 경쟁 우위에 있었다. 또 70년대 후반까지는 TV 뉴스도 필름으로 영상을 찍었기 때문에 속보성에 있어서도 대한 뉴스가 TV 뉴스보다 크게 뒤지지 않았다.

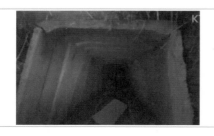

남침땅굴의 내부입니다.
천정과 벽은 조립식 콘크리트로 되어 있습니다.

땅굴 벽면에는 전선이 쭉 연결되어 있고
220볼트 60와트짜리 전등이 가설돼 있습니다.

궤도차가 마음대로 다닐 수 있어
실로 무서운 시설입니다.

1시간에 최소한 적 1개 연대 이상의 무장 병력을
침공시킬 수 있습니다.

남침용 땅굴 발견, 1974년 11월 대한뉴스

뉴스 제작기법으로 보면 대한 뉴스는 진일보한 형태를 띠고 있다. 땅굴의 실체를 눈으로 직접 확인할 수 있다는 점에서 영상은 시각적 증거로 쓰인 것이다. 뉴스 영상이 시각적 증거 역할에 머문 것은 70년대 TV 뉴스에서는 일반적 현상이다. 아직까지 언어 즉 기사의 역할이 중심적, 지배적이라는 뜻이다. 의미 전달의 중심적 역할은 전적으로 언어 텍스트인 기사가 맡았다. 그러나 영상이 뉴스의 보조적 역할을 수행한다고 해도 의미 전달에 있어 상당한 기여를 하고 있다고 볼 수 있다. 땅굴 뉴스에서 기사 내용이 없더라도 영상 자체가 많은 것을 설명하고 있다. 콘크리트 땅굴에 전기 시설이 설치돼있고 장정 두 명이 지나다닐 수 있는 규모에 궤도차까지 운행할 수 있는 위협적인 시설이라는 점을 영상은 보여준다. 또 뉴스 제작자 즉 기자가 의도하지 않았더라도 뉴스 리포트는 그림을 설명하면서 영상과 기사의 의미가 자연스럽게 일치하는 동기화 기법을 수행하고 있다.

하지만 대한뉴스는 정부 특히 당시 박정희 대통령의 업적을 중심으로 구성돼 뉴스라기보다는 국책홍보에 목적이 있었다. 따라서 실사 영상을 기록한 볼거리였지

저널리즘적 가치가 있는 뉴스라고 보기는 어려웠다. 또 TV 뉴스가 ENG(Electronic News Gathering) 카메라를 취재에 투입하면서 대한 뉴스는 영상의 속보성에서 TV보다 뒤처지게 됐다. 더욱이 1980년대 들어 88올림픽을 앞두고 TV가 컬러로 방송되면서 영화 뉴스의 인기와 영향력은 감소하게 된다.

4. 볼거리 가치의 부각

우리나라 1970년대 뉴스의 주도권은 여전히 신문이 장악하고 있었다. TV 뉴스는 취재, 제작, 송출 등 기술적으로 준비가 덜 된 상태였다. 때문에 속보 경쟁에서도 인쇄 매체 등에 뒤졌다. 더욱이 방송 기자 대부분이 신문이나 라디오에서 훈련됐기 때문에 여전히 취재와 기사 작성방식이 신문과 크게 다르지 않아 TV의 강점을 살리지 못했다. 70년대 중반에 들어서면서부터 생생한 현장화면의 힘을 발견하고 TV 뉴스제작에 적극 활용하기 시작했다. 이른바 볼거리 가치로 TV 뉴스의 현장성을 높여보려는 의도들이 나타났다. MBC의 10초 고발, 카메라 출동, TBC의 카메라의 눈 등이다. 이런 영상 뉴스들은 영상과 자막, 음악이 어우러져 기사 멘트 없이 제작되거나 기사는 최소한의 역할 만을 담당했다.

'물먹인 소' – 1970년대 MBC 카메라 출동 영상

'무단 방류 분뇨 처리장' – 1970년대 MBC 카메라 출동 영상

1970년대 중반 MBC 뉴스데스크에 방송됐던 물 먹인 소와 분뇨의 무단 방류 현장이다. 당시 소에게 물을 강제로 먹여 몸무게를 최대한 늘림으로써 비싸게 팔려는 도축장을 영상으로 고발했다. 도축 예정인 소에게 먹일 수 없을 때까지 수돗물을 먹이는 인간의 탐욕이 영상에 그대로 담겨있다. 당시로서는 충격적인 영상이었다. 말이나 글로는 설명하기 어려운 메시지 전달력, TV 뉴스만의 강점이다.

"도심 음주 추태" – MBC 10초 고발

(음악~~) 술값이 요즘 적지 않게 비싼데 술을 정도 이상으로 많이 드신 것 같습니다.

어떤 분들은 저렇게 먹어야만 술을 잘~~ 먹었다고 생각하는 사람들이 있습니다 (음악~~)

10초 고발은 도심의 음주 추태가 심각하다는 앵커 멘트로 소개한 뒤 영상으로 추태 현장의 모습을 모아 방송됐다. '좀 심하셨습니다…' 라는 자막이 있지만 기사 없이 앵커가 간단한 소감을 덧붙여 추태를 영상으로 고발하고 있다. 배경 사운드는 어이없다는 느낌이 나도록 음악이 깔린다.

맛 찾아다니는 자칭 "고급 입"– MBC 10초 고발

(음악~~) "회사 근처에서 점심을 먹으면 위신에
큰 흠이라도 가는 지, 8백 원짜리 냉면, 떡갈비 1~2대를 먹기 위해서

휘발유를 천여 원어치를 쓰고 교외에 있는 음식점을 찾는
자칭 고급 입입니다. 어디까지나 자칭 고급입이라고 하겠습니다"(음악~~)

'마이 카' 시대를 맞아 고급 맛 집을 찾는 외식문화와 몰려드는 차량들의 무질서 등 세태를 비판하는 영상 고발물이다. 〈맛 찾아다니는 자칭 "고급 입"〉이란 자막 제목으로 방송됐다. 역시 사운드는 풍자 분위기의 음악이다. 당시 영상 고발은 무질서, 과소비 같은 계몽적 성격에 불과했다. 유신 말기의 억압적 정치 상황에서 언론의 한계는 분명했다. 다만 영상중심으로 뉴스의 서사 구조를 시도했다는 점에서 TV만의 장점을 살리기 시작했다고 볼 수 있다.

이어서 1980년대 초 서울 올림픽을 앞두고 컬러 TV가 시작됐다. 컬러 TV의 도입으로 볼거리 영상가치는 한층 강화됐다. 기술적으로는 70년대 중반이후에는 컬러 TV가 가능했지만 유신정권은 불허했다. 그러나 전두환 정권은 민심의 눈을 돌리기 위해 전격적으로 컬러 TV 방송을 허가했다. 총천연색이 된 TV는 말 그대로 현실을 더욱 더 있는 그대로 재현할 수 있게 됐다. 보다 사실감 있게 전달할 수 있는 힘이 생긴 것이다. TV 뉴스의 영향력도 그만큼 강력해진 것이다.

건널목 열차사고 시연 영상 – 1987년 MBC 카메라출동 영상

뉴스의 영상적 볼거리 가치가 커진 것을 반증하듯 80~90년대 MBC 카메라 출동의 인기와 영향력은 확대됐다. 대담하고 실험적인 기법들도 도입됐다. 매체 특성을 살려 생생한 현장감으로 영상을 채워냄으로써 시청자들로부터 큰 호응을 받았다.

앵커: 우리나라에 개선할 곳이 그리도 많은가 하는 것을
함께 생각하지 않으면 안 될 프로그램은 역시 MBC 카메라출동입니다.

80년대 중반까지의 카메라 출동이 무질서, 향락, 과소비 등 세태 비판을 주로 하면서 충격적인 영상을 곁들이는 경향이 많았다면 90년대에 들어서부터는 구조적인 비리에 접근한다. 방송시간도 길어지고 깊이를 더해 고발 탐사 보도로서의 위치를 잡아갔다. 하지만 기본적인 제작 태도는 볼거리 가치가 얼마나 있는 지가 기준이었다.

경찰관 도박 〈1992년 5월 MBC 뉴스데스크 카메라출동〉

한 사람이 카드를 뒤집어보고 있습니다. 이번에는 포커 판에서 이긴 사람이 돈을 챙기고 있습니다.

쇳가루 섞인 고춧가루 〈1990년대 초 MBC 뉴스데스크 카메라출동〉

고춧가루를 자석으로 휘저었습니다. 자석에 붙어 올라온 것은 쇳가룹니다.

5. TV 뉴스 - 정보의 시각화

정보의 시각화는 영상을 정보 전달의 중요한 수단으로 본다는 점에서 TV 뉴스제작이 한 발짝 더 발전했음을 의미한다. 정보의 시각화 방법으로는 70년대에도 조잡한 수준이었지만 초기 단계의 그래픽 CG나 삽화 자막 등이 있었다. 그러나 대부분 보조적인 역할에 머물렀다.

오늘 오후 경기도 가평 경춘 국도에서 마크 4 승용차가 빙판길 커브를 돌다가 미끄러지면서
37m 벼랑 아래 북한강으로 굴러 떨어져 일가족 5명이 숨졌습니다. 〈MBC 뉴스데스크〉

1980년대 들어 한 단계 높은 정보의 시각화 방법이 등장했다. 1980년에 방송된 TBC의 석유 절약 리포트다. 이 리포트는 80년도 한국방송대상에서 보도부문 작품상을 수상했다. 석유의 쓰임새를 알기 쉽게 시각화해서 석유를 어떻게 절약할 수 있는지 설득력 있게 설명했다.

석유 더 아낄 수 없나? 〈1980년 2월 TBC〉

장충체육관을 공중에서 내려다보고 계십니다.
체육관의 부피는 60만 배럴 우리가 하루에 태워 없애는 석유의 양과 같습니다.

하루소비량이 60만 배럴이라고 말씀드렸습니다만 바로 이 통이 1배럴짜리입니다. 1배럴은 한 드럼
의 5분의 4에 해당하는 양이라고 보시면 되겠습니다.

리포트는 우리나라가 석유 의존형 에너지 소비구조를 가지고 있다면서 특히 석유는 산업과 발전용으로 75%, 수송용으로 17%를 사용해 전체의 96%를 차지하고 단지 4%만 가정에서 쓰고 있다는 점을 드럼통 모형 조각으로 설명하고 있다. 따라서 가정에서 벌이는 에너지 절약운동은 근본적이 해결 대책이 아님을 주장했다.

소비하는 석유를 드럼통 한 통으로 비교하면
전체 소비자량 가운데 42.3%는 산업에서 소비하고 있습니다.

32.7% 는 발전소에서 전력을 생산하는 데 사용하고 있습니다.
석유 소비의 70% 이상을 산업체에서 소비하고 있는 것입니다.

그리고 나머지 17%는 수송용으로 쓰고 있습니다.

가정에서 소비하는 석유량은 전체의 4% 에 불과합니다.

정보 제공의 중심 역할을 기사가 전적으로 맡았던 당시 TV 뉴스와는 달리 이 리포트는 영상도 의미 전달의 중심 기능을 맡고 있다. 기자가 스튜디오에 출연해 그래프와 드럼통 모형 등 소품을 보여주면서 뉴스 내용을 시각화했다. 당시엔 대부분의 언술 기사가 정보제공의 중심역할을 맡았고 영상은 보완 기능에 머물렀다. 따라서 기사

를 먼저 읽고 해당 기사 내용에 적절히 연관되는 영상을 덮어 사용하는 관행이 일반적
이었다. 그러나 점차 영상의 정보 전달력을 고려한 TV 뉴스 제작관행이 나타나기 시
작했음을 알 수 있다. 이 리포트는 드럼통 소품을 제작해 정보를 시각화했지만 컴퓨터
그래픽 기술이 날로 발전하면서 CG가 정보 시각화에 적극 활용되기 시작했다.

6. 영상 중심 뉴스 서사의 모색

굳이 이론적 근거를 제시하지 않더라도 TV 뉴스의 장점은 영상에 있다는 점은
논란의 여지가 없다. 시각 이미지가 마치 거울처럼 세상과 사물을 있는 그대로 반영한
다는 대중적 믿음이 존재해 왔다. 기계적인 눈, 즉 카메라를 통해 현실을 표현하는 방
식에 대해 사람들은 알게 모르게 신뢰하고 있었던 것이다. 세상은 카메라를 통해 객관
적으로 기록되고 모든 사람들에게 객관적으로 이해될 수 있다고 믿었던 것이다(김수
정, 2003, p365-366).

더욱이 문자나 언어라는 기존의 소통 도구와는 달리 영상 이미지라는 소통수단
은 개인의 학습정도나 국가, 언어, 문화적 차이를 극복하고 누구나 공유, 이해할 수 있
다는 특성 때문에 대중적 소통 도구로서 크나큰 매력을 가지고 있다. 요컨대 누구나
그냥 보면 알게 된다는 말이다. 나아가 영상은 영상 제작자가 의도했든 아니든 간에
영상 자체로 서사구조 즉 내러티브를 가질 수밖에 없다. 따라서 기자가 전달하고 싶은
메시지보다는 영상 자체가 담고 있는 의미가 작용하고는 한다.

예컨대 베트남전쟁과 TV방송이 좋은 사례가 된다. 베트남 전쟁은 역사상 처음으
로 TV에 방송된 전쟁이다. 언론인들은 전선에 자유롭게 접근 할 수 있었고 전황은 매
일 위성을 통해 TV로 방송됐다. 전쟁 초기엔 대부분의 보도가 긍정적이었다. 또 미국
의 TV 뉴스를 발전시키는데 기여했다. 그러나 전쟁의 참혹함이 영상으로 전파되면서
강력한 반전 운동의 원동력으로 작용했고 결국 미군은 베트남에서 철수했다. 영상을
통해 전쟁의 참혹함을 대리 경험한 것이다. 언론이 전쟁을 긍정적으로 보도하든, 반대
로 반전여론을 고취하려고 의도하든 상관없이 방송 영상은 그 자체로 전쟁의 참혹함
을 전파한 것이다. 영상 스스로 독자적인 메시지를 담고 있었다고 해석할 수 있다.

우리나라 방송 보도의 사례를 보자. 80년 언론 통폐합으로 사라진 동양방송, TBC가 1974년 방송 사상 처음으로 DMZ 내부를 촬영, 보도해 방송대상 기자상을 받았다. 비무장 지대 르포 뉴스다. 먼저 기사 내용이다.

〈기사 내용〉
북으로 달리고 싶은 철마의 염원이 새겨진 철도 종단점입니다.
철길로 서울에서 북단 46.2km지점, 철마는 이 이상 북으로 달릴 수 없습니다.
어렵게 개성 가는 길목임이 분명한 다리를 만났습니다.
난간은 부서져 있었어도 다리는 그대로 제 모습을 지니고 있었습니다.
버려진 기관차는 신의주까지 달리고 싶은 꿈을 4반세기 동안 반추하고 있었습니다.

비무장지대 르포, 1974년 TBC 뉴스

르포 기사의 특징에 따라 기사 내용은 화면 즉 그림을 설명하는 양식을 따랐다. 그러나 사실 당시 제작을 맡은 기자는 카메라에 찍힌 영상을 보고 기사를 썼다라고 하기 보다는 취재과정에서 눈으로 직접 보고 기억한 대로 기사를 작성하고 거기에 맞는 영상을 찾아 편집했을 것이다. 기사가 중심축이었다. 당시 제작 관행이 그랬다. 영상 중심의 논리 구조를 토대로 르포를 만들려했다면 촬영한 영상을 토대로 스토리를 구성한 후 기사 텍스트를 보완하는 제작방법을 썼을 것이다. 어쨌든 강조하고 싶은 것은 이 시대를 사는 한국인은 기사내용이 없더라도 영상만으로도 전쟁으로 버려진 비극의 현장, DMZ를 쉽게 읽어낼 수 있다는 점이다. 영상만으로도 충분히 내러티브를 구성할 수 있고 메시지를 전달할 수 있다는 것이다. 영상의 서사적 기능에 전적으로 의존하지 않았지만 현장 영상이 TV 뉴스의 최대 강점이라는 인식이 보편적으로 심화되고 있는 것이다. 이에 따라 TV 뉴스도 기사 즉 언어 중심의 틀에서 점차 영상중심의 제작 관행으로 옮겨 갔다.

3장. 영상 중심 뉴스의 본격화

1980년대 중반이후 TV에서도 영상중심의 뉴스 스토리 제작이 본격화됐다. 사실 TV 뉴스는 오랫동안 소리, 즉 음성 중심이었다. 영상의 역할이 확대되고 영상효과가 TV발전에 절실하다는 필요성을 알고 있었지만 희망 사항에 불과했다. 초기의 TV는 연극을 TV로 보는 것과 같았다. 카메라 1-2대로 스튜디오에서 제작되는 TV 콘텐츠를 편집 없이 생방송으로 보는 게 전부였다. 그러다 녹화기술이 도입됐다. 그러나 당시 녹화는 한번 시작하면 끝날 때까지 중단할 수가 없었다. 편집 기술이 정착되지 못했기 때문이다. 중간에 잘못되면 처음부터 다시 녹화해야 했다. 이런 환경에서 TV 뉴스는 제작하기가 더 어려웠다. 뉴스에 맞게 영상을 구성하기도 쉽지 않고 뉴스 제작 시간에 맞게 속보성을 갖출 수도 없었다.

TV 뉴스가 시작되던 당시, 영화 기법으로 뉴스를 제작한다는 것은 많은 시간과 제작비가 필요했다. 그래서 촬영과 현상이라는 과정이 뉴스의 동시성과 속보성에 맞지 않는 매체로서 인식됐다. 비용도 비용이었지만 TV 구성 요소인 영상과 소리를 빠르게 그리고 동시에 확보할 수 있는 기술은 1960-70년대 이후에나 가능했다. TV 방송 기술이 발전해 중계차가 도입되고 현장 화면을 생생하게 보여주는 생방송이 가능하게 됨에 따라 현장성과 동시성, 속보성이 있는 TV 뉴스가 가능하게 됐다. 하지만 스튜디오가 개별 현장으로 잠깐 옮겼을 뿐 본질적으로는 차이가 없었다. 화재 등 대형사건, 사고 현장이나 기념식, 행사장 등을 생방송으로 중계할 수 있을 뿐이었다.

1절 컬러 TV의 시작과 ENG 카메라 도입

1980년대 들어 TV 뉴스의 영상은 새 전기를 맞는다. 첫째는 컬러 TV 방송의 시작이다. 둘째는 ENG 카메라 사용의 본격화다. 먼저 80년대 초 국내에서도 컬러 TV가 시작됐다. 흑백 TV로 보는 현실은 총천연색 현실과 완전 다르다. 반면에 시청자는 컬러 TV를 보며 마치 TV속 현실에 있는 것 같은 착각에 훨씬 더 쉽게 빠져 들어간다. 컬러 TV는 흑백 TV보다 사실을 더욱 사실답게, 또 현실을 훨씬 더 현실답게 시청자에게 전달할 수 있다. TV 뉴스도 신뢰도와 영향력을 높이는 계기가 됐다.

그러나 TV 뉴스의 제작 측면에서 TV 뉴스의 힘을 한 단계 강화하는 계기는 무엇보다 ENG(Electronic News Gathering) 카메라의 도입이었다. ENG 카메라를 통해 TV 뉴스는 비로소 영상과 소리를 동시에 자유자재로 활용할 수 있는 시대를 맞게 됐다. 영상과 음성, 배경음 등을 각각 독립된 TV 뉴스 구성 요소로 보고 이를 적절하게 배치해 최대한 효과적으로 뉴스를 전달하는 제작 방법을 모색할 수 있게 됐다.

먼저 ENG 카메라는 필름과는 달리 현상 없이 곧바로 방송을 할 수 있다. 필름을 가위로 자르는 원시적 편집에서 해방돼 편집 기계를 이용할 수 있게 됐다. 취재 후 즉시 편집해 방송할 수 있어 속보 측면에서 엄청난 변화를 가져왔다. 무엇보다 ENG는 가볍고 기동성이 좋아 스튜디오를 벗어나 현장 제작이 수월해졌다. 이와 함께 영상과 사운드를 동시에 녹화, 녹음하는 게 가능해졌다. 고성능 마이크가 부착돼 있는 ENG 카메라는 현장의 소리를 생생하게 영상과 동시에 기록함으로써 현장성과 리얼리티를 현저하게 향상시켜준 첨단 뉴미디어였다. 현장성과 사실감을 확보하기 위한 다양한 취재 기법들이 ENG 카메라 도입과 함께 활발하게 진행됐다. 나아가 1990년대 이후엔 ENG 카메라 보다 값도 싸고 기능성과 편리성이 뛰어난 6mm 디지털 카메라가 활용되면서 VJ같은 1인 미디어까지 등장했다.

ENG 카메라의 도입으로 뉴스 제작 관행에도 여러 가지 변화가 생겼다. 필름을 사용하던 시절엔 촬영 감독이나 카메라 기자가 촬영뿐 만 아니라 현상, 편집에 직접 관여하며 영상의 모든 것을 총괄했다. 그러나 ENG 카메라 시스템은 전자 장비를 활용해 모니터를 보면서 편집할 수 있게 돼 편집 비전문가인 기자도 쉽게 편집에 관여할 수 있게 됐다. 촬영과 편집은 대부분 영상 제작자의 몫이었던 과거의 제작 시스템과 달리 기자도 편집에 관여하게 된 것이다. 결국 편집권은 점차로 리포트 전체를 책임지는 기자에게 넘어갔다.

"보도국에서 영상 편집은 취재기자와 촬영기자가 상의하면서 하게 됐지만 종종 가벼운 입씨름이 벌어지곤 했다. 취재기자는 내용 측면에서 리포트를 구성하고자 하고 촬영기자는 화면을 중심으로 구성하고자하는 기능상의 견해 차이 때문이다. 취재기자는 요지만을 드러내려고 하고 촬영기자는 영상의 흐름을 중요시하는 입장에 서게 된다." (한국방송사업단, "뉴스파노라마 그 제작 파노라마", 월간방송 1982년 8월호, p58)

ENG 카메라의 사용은 촬영감독이 독점하고 있던 영상 구성과정 즉 영상 편집에도 연출자 혹은 기자의 참여를 가능하게 만들었다. 또 기자가 정보 전달의 수단으로 영상의 역할을 보다 중요하게 생각하는 계기가 됐고 영상중심의 뉴스 제작 관행이 확대되는 발판이 됐다.

사례를 들어보자. 1981년에 MBC 뉴스데스크에 방송된 애기봉 점등식의 리포트(아래)를 보면 기사는 기사대로 영상은 영상대로 자기논리에 충실하게 제작돼 있다. 기자는 영상의 흐름과 관계없이 기사를 작성하는 데 전념했고 카메라 기자는 기사의 흐름과 상관없이 영상만을 이어 붙여 편집했다. 결국 영상과 기사의 체계적 결합을 발견하기는 어렵다.

애기봉 점등식 〈1981년 12월 MBC 뉴스데스크〉

| 북녘이 보이는 애기봉 정상입니다. | 성탄의 기쁨을 북한동포에 전하기 위해 X-mas 트리 점등식이 진행됐습니다. |

| 먼저 찬송가가 통일 염원을 안고 북녘으로 퍼져 나갔습니다. | X-mas 트리에 불을 밝혔습니다. |

| 해병 부대장과 미 해군사령관이
점화 스위치를 눌렀습니다. | 트리가 밝혀지자 참석자들은
통일을 기원했습니다. |

1981년 방송된 애기봉 점등식 리포트는 언어 기사 중심으로 제작됐다. 기사는 점등식이 진행되는 순서대로 행사과정을 설명하고 있다. 반면 영상은 아무런 논리적 서사 구조 없이 기사의 밑그림으로 보완적, 인용적인 역할이 전부다. 점등식이 열렸다는 사실만을 보여줄 뿐이다. 결국 기사는 기사대로 영상은 영상대로 따로 움직인다. 다만 영상은 북녘에서도 보일 대형트리, 추운 날씨에도 통일을 바라는 성가대원들의 순박한 표정과 분위기 등으로 정서적 메시지를 전달되는 데 도움을 주고 있다.

이와는 달리 2년 뒤 1983년 12월, MBC 뉴스 데스크에 방송된 애기봉 점등식 뉴스 리포트는 영상 중심의 논리 구조를 가지고 있다.

애기봉 점등식 〈1983년 12월 MBC 뉴스데스크〉

♫ 배경음	"하늘엔 영광, 땅에는 평화"
≡ 기사	없음

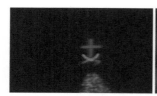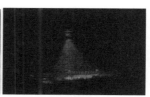

♫ 배경음	군악대 빵빠레 + 박수소리
≡ 기사	없음

먼저 리포트의 시작은 불 꺼진 철탑 트리가 점화 버튼을 누르자 밝게 불이 들어오는 영상으로 구성돼 있다. 기자의 육성 없이 "하늘엔 영광, 땅에는 평화"라는 신부님의 미사 집전 현장 소리가 배경음으로 처리된다. 자막으로는 애기봉 트리 점등식임을 보충 설명한다. 이어서 트리 정상의 십자가를 크게 보여주고 점등 직후 참석자들이 박수를 친다. 배경음은 군악대의 빵빠레 음악과 참석자들의 박수 소리로 축하 분위기를 전한다.

화면	
♫ 배경음	"노엘~ 노엘~노~~엘~"
≡ 기사	없음

다음 순서로 성탄축하 캐롤과 함께 성가대의 영상이 이어진다. 1분 30초 정도의 리포트에서 초반 15초 정도를 영상 중심의 하이라이트를 편집 제작해 행사를 잘 소개했다. 영상이 거의 100% 정보 전달의 중심적인 역할을 담당하고 있는 것이다. 특히 불 꺼진 트리에 불이 밝혀지는 순간을 찍기 위해서는 멀리 떨어진 곳에 별도의 카메라 기자가 배치돼 있었을 것이다. 이를 영상에 담으려면 2명의 카메라 기자가 필요하다. 아마도 당시 KBS와 MBC의 카메라 기자가 사전에 서로 역할을 분담했을 것으로 추측된다. 이는 당시 기자들이 영상 중심의 뉴스 스토리를 사전에 구상하고 현장 촬영에 들어갔기 때문에 가능했을 것이다.

화면			
♫ 배경음	합창 소리	미사 배경음	합창 소리
≡ 기사	서부전선 최전방 고지 애기봉입니다.	북한에 빛을 전하고자 트리점등식이 거행되고 있습니다.	6천개 꼬마전구가 북녘을 빛을 내고 있습니다.

이어서 본격적인 기자의 육성과 함께 리포트가 전개됐다. 리포트는 미사 형식으로 점등식이 진행됐고 북녘 동포에게 성탄 소식을 전하기 위해 6천만 동포 숫자를 상징하는 꼬마전구 6천개가 트리를 만드는 데 쓰였다는 내용이다. 기사는 영상 논리를 재확인하거나 보완하는 중복적 기능을 맡고 있다. 영상과 영상 속 사운드가 체계적으로 결합돼 있다. 기사도 영상과 정확히 조화를 이뤄 전체 메시지를 효과적으로 전달하고 있다.

이처럼 영상과 기사가 전체적으로 조화롭게 결합되기 시작한 것은 ENG 카메라 덕이다. ENG 카메라의 도입으로 기자와 카메라 기자의 협업과 소통이 제작현장에서 보다 활발해졌고 기사와 영상의 화학적 결합이 확산됐다. 결과적으로 보다 텔레비전적인 TV 뉴스의 제작이 가능해졌다.

2절 이중부호화와 중복제시

이중 부호화와 중복 제시는 TV 뉴스의 장점인 영상의 활용을 강화하기 위해 1980년대부터 본격 도입된 TV 뉴스 제작 이론이다. 영상과 사운드 즉 시각기호와 청각기호, 2가지로 이중 부호화돼 각각의 감각 전달 기관을 통해 중복 제시되면 전달력과 기억력 등 커뮤니케이션 효과가 극대화된다는 것이 요지다. 사운드 특히 음성은 음성의 테두리를 넘어 자유롭게 영상과 함께 제시되면 전달 효과를 극대화시킬 수 있고 영상도 텍스트의 일부분으로 의사 전달과 소통의 기능을 상승시키는 순기능으로 작용한다. 일반적으로 시각정보와 청각정보를 일치시켜 중복제시(redundancy)하면 전달력을 높일 수 있다. 중복제시(redundancy)는 이중 부호화 이론에 근거해 텔레비전 뉴스에 있어서 어떤 사물이나 事象에 대해 시각정보와 청각 정보를 동일하게 동시에 중복해 제시하는 것을 말한다. 사실 이중부호화는 심리학 이론이다. 파비오(Pavio, 1971)는 "쉽게 상상되는 지시 대상을 갖는 낱말(조랑말, 나무)은 추상적인 낱말(자유, 진리)보다 학습하기가 쉽고 기억도 용이하다. 전자가 심상과 상징을 다 함께 사용하는 이중부호화의 이점을 갖기 때문이다"라고 설명했다(Deese, 이관용 역, 1982,

p376). TV 뉴스는 청각과 시각요소가 서로 다른 자극 요인이기 때문에 이 두 가지가 중복돼 제시(redundancy)되면 전달의 효과를 높일 수 있다는 것이다.

중복 제시는 영화에서 이미 활용하고 있었다. 세르게이 에이젠스타인은 1927년 유성영화가 발표되자 화면과 화면의 충돌로 영상의 의미를 생산하는 수평적 몽타주 이론을 발전시켜 화면과 사운드를 동시에 표출하는 대위법적 표현 예술을 주장했다. 이른바 수직 몽타주 개념이다. 배경음 효과를 영화 예술에 적극적으로 사용할 것을 권장했다. 열차가 도착할 때 기적 소리와 함께라면 영상의 사실감과 표현력이 배가되며 화면과 소리의 동시성이 가져다주는 사실감에 매료된다는 것이다. 영상과 사운드, 영상과 음성의 중복 제시는 이처럼 고전적 영화 이론에서도 발견된다.

초기 몽타주이론가인 클레쇼프는 문장의 문법에 영상을 일대일로 대입하면 영상도 언어적 성격을 가질 수 있다고 주장했다. 그러나 언어와 영상은 근본적으로 성질이 다른 것으로 각각의 독자적인 문법을 가지고 있다. 음성 언어에 기계적으로 화면을 일치하려고 할 경우 오히려 아무 것도 전달할 수 없는 상황이 된다. 시각은 짧은 그림도 의미가 있을 수 있지만 1초마다 바뀌는 영상은 시각정보에 대한 정향반응(Orientation)을 일으켜 음성정보와 간섭현상이 나타나고 결국 메시지 전달에 실패한다. 결국 음성 메시지 중심의 뉴스에서 기계적으로 화면을 일치시킬 경우 오히려 간섭현상만 발생해 역기능으로 작용 한다.

예를 들어보자. 배달 전문회사 쿠팡과 코로나 바이러스 이미지 그리고 직원 영상을 아래와 같이 이어 편집했다. "배달업체인 쿠팡에서 코로나 19 확진자가 잇따르자 배달 직원의 방문을 꺼리는 시민이 늘고 있습니다" 라는 기사에 영상을 일대일로 대응시켜 음성과 영상을 중복 제시한 것이다.

배달업체 쿠팡에서	코로나 19 확진자가 잇따르자	배달직원의 방문을	꺼리는 시민이 늘고 있습니다.

위의 영상은 영상 자체로는 문장으로서 기능하지 않는다. 컷 하나하나가 단어가 아니기 때문이다. 다만 언어 기사의 보충적 역할은 할지 모르지만 의미 전달엔 별다른 역할이 없다. 오히려 영상의 의미가 불분명하면 의미 전달에 방해가 될 뿐이다. 건물 화면은 전달하려는 메시지도 초점도 애매하다. 코로나 바이러스와 배달 직원도 무슨 의미를 전달하기 위해 썼는지 불분명하다. 이처럼 뉴스를 언어 기사 중심으로 쓰고 관련 영상을 덧붙여 편집, 제작한다면 중복제시에 따른 메시지 전달효과를 높이기는 사실상 불가능하다.

반대로 영상 메시지 중심의 뉴스를 만들면 음성 메시지는 영상의 부족한 부분을 보완해주거나 강조해 줄 수 있다. 또 영상메시지와 일치되게 중복 제시(Redundancy) 돼 메시지 전달력은 증폭될 수 있다.

아파트 경비실엔 요즘 택배 상자가 쌓이고 있습니다.
(코로나 걱정에) 배달업체 직원의 직접배송을 주민들이 거부하기 때문입니다.

위의 영상의 문장론적 의미는 1) 아파트 단지 2) 경비실에 쌓이는 택배상자 3) 택배상자를 내리는 쿠팡직원 4) 쿠팡 직원 아파트 내부 출입금지로 구성돼 있다. 영상 중심으로 의미를 풀어 가면 기사는 다음과 같다.

"아파트 단지안의 경비실은 요즘 택배가 쌓여 골칫덩어리입니다. 〈코로나 19 확진자가 발생한〉 쿠팡 직원의 직접 배송을 아파트 주민들이 거부하고 있기 때문입니다"

단지 〈코로나 19 확진자가 발생한〉이란 의미가 영상 메시지에서 빠져 있을 뿐이다. 영상을 먼저 논리적으로 구성한 뒤 화면에 걸 맞는 (때로는 반복 강조, 때로는 영상 의미 보충) 음성 기사를 제시하면 영상과 음성을 중복 제시해 전달력을 높일 수 있다.

이처럼 이중 부호화(중복제시) 가설을 활용해 뉴스를 제작하려면 먼저 화면을 구성한 후 기사를 작성하는 것이 바람직하다. 또 취재 과정에서 촬영된 화면을 충분히 보고 그 속에서 기사 표현을 찾아내는 것이 좋다. 기자 육성으로 표현되는 기사는 영상을 반복해 강조한다(이 경우 영상과 음성기사의 기의는 일치한다). 또 영상의 의미나 초점이 충분하지 않거나 애매할 경우는 음성 기사가 영상의 의미를 보충하거나 영상의 초점을 분명하게 제시하는 역할을 맡게 된다. 영상은 포괄적 정보를 가지고 있어 가급적 짧은 것이 좋다. 한 화면에는 한 개의 초점만이 부각되고 전달되도록 단순하게 편집 제작하는 것이 바람직하다. 음성기사도 화면에 맞춰 복문이나 중문보다는 단문 기사가 좋다. 결론적으로 기사의 구두점과 화면 영상의 구두점이 일치할수록 이중부호화의 효과가 크다.

3절 이중부호화와 카메라 출동

영상과 기사 내용을 본격적으로 중복 제시하며 TV 뉴스의 위력을 한 단계 높인 대표적인 뉴스 프로그램은 MBC의 카메라 출동이다. 카메라 출동은 1990년 4월 MBC 뉴스데스크에 처음으로 방송됐다. 첫 아이템은 불법 차선 위반 단속을 미끼로 돈을 뜯는 경찰들의 비리를 폭로하는 것이었다.

교통경찰관 단속을 미끼로 현금 수수
〈1990년 4월 30일 MBC 뉴스데스크 카메라 출동〉

택시처럼 빗금을 넘으면 단속됩니다. 경찰은 돈을 챙기는 데 여념이 없었습니다.

운전자가 돈을 찾느라 허둥댑니다. 5천 원짜리를 꺼내 건네줍니다.

사정하던 여성운전자가 지갑을 찾습니다. 만 원짜리입니다. 수첩의 용도가 기발합니다.

동그라미를 만든 손 모양이 노골적입니다.

　　멀리서 망원 렌즈로 단속 현장을 지켜보며 운전자로부터 돈을 받는 경찰 행태를 생생하게 촬영해 보도했다. 3분 분량의 뉴스 아이템이었지만 시청자 반응은 뜨거웠다. 누구나 한번쯤은 교통 단속과정에서 겪었을 법한 일을 TV 뉴스를 통해 직접 눈으로 확인하며 공감대를 느꼈기 때문이다.

　　카메라 출동은 이후 10년 넘게 MBC 뉴스 데스크의 킬러 콘텐츠로 역할했다. 담론을 배제한 채, 영상을 중심으로 현장과 사례를 제시해 설득력과 신뢰도를 높일 수 있도록 제작됐다. 일방적인 당위만을 내세워 억지로 설득하지 않고 있는 사실을 보이는 대로 영상으로 이어 붙였다. 보이는 대로 믿는다는 시각적 우월성을 토대로 TV 뉴스의 질을 한 단계 높였다는 평가를 받았다. 초기 카메라 출동은 몇 가지 제작 원칙을 지켰다.

1) 영상이 뉴스다.
2) 1화면, 1문장 원칙의 고수
3) 1화면, 1초점
4) 화면 길이는 5초 이내

첫째, 영상 화면 자체가 뉴스여야 한다. 또 화면 자체의 논리로 취재와 편집이 이뤄져야한다. 기자 육성(기사) 그리고 현장음은 보조적인 메시지이거나 영상으로 전달되는 정보를 강조하기 위한 수단이다. 실제로 카메라 출동의 아이템은 골프장 건설로 파괴되는 자연 환경, 학교폭력, 폭주족 등 영상자체가 충격적인 메시지를 던지는 아이템을 찾아 제작됐다.

골프장 건설 현장 고발	학교 폭력
광란의 폭주족	녹슨 수도관 실태 고발

둘째, 1화면 = 1문장 원칙의 고수다. 화면이 시작될 때 문장도 시작되고 화면이 끝날 때 문장도 함께 끝나는 것을 원칙으로 한다. 화면과 기사의 구두점을 일치시켰다. 화면이 A면 문장도 A다. 화면이 B면 문장도 B다. 이런 방법으로 영상과 문장을 일치 시키면 시청자는 무의식중에 기자가 리포트에서 주장하는 논리에 자연스럽게 동화되고 결론도 별다른 의문 없이 수용하게 된다. 현재도 상당수의 고발기사가 이런 식의 제작법을 따른다. 기사가 진행되는 중간에 의미 없는 화면이 수시로 바뀌면 시청자의 주의를 산만하게 만들 뿐이다. 이 원칙을 지키기 위해서는 사전에 촬영은 물론 기사작성까지 유념했다.

녹투성이 아파트 수도관 내부
〈1997년10월 26일 MBC 뉴스데스크 카메라 출동〉

싱크대 수도꼭지의 수도관입니다.

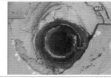 

관 테두리에 빨간 녹이 보입니다.

수도관을 반으로 쪼개 펼쳤습니다.

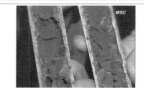

내부는 70%가 녹으로 막혀 있습니다.

녹슨 수도관 실태를 고발한 카메라 출동은 이 원칙을 그대로 따르고 있다. 영상은 싱크대 수도관 꼭지를 빼내 테두리를 보여주고 반으로 잘라 내부에 꽉 차있는 녹을 보여주고 있다. 1화면=1문장의 원칙에 따라 음성 기사는 영상의 편집 점에 맞춰 시청자가 무엇에 초점을 맞춰 시선을 둬야하는지 말하고 있다. 정확히 영상과 문장의 구두점이 일치한다. 이처럼 영상과 기사를 동시에 제시하면 영상은 기사가 말하는 것의 증거로서 작용하고 음성이 전하는 의미를 신뢰하게 된다. 마치 영상이 스스로 말을 하는 것 같은 착각에 빠질 정도다. 특히 클로즈 업 영상을 적극적으로 활용했다. 클로즈업은 시선의 움직임을 유도하고 의미를 진전시키며 스토리를 따라가게 만든다. 시청자의 생각은 자연스럽게 TV속 스토리에 의해 지배되고 동일시되는 것이다. 결국 시청자는 녹으로 가득 찬 수도관을 통해 식수가 공급된다는 사실에 경악할 수밖에 없다. 이어서 관련 인터뷰가 이어진다.

아파트 주민 :
"아휴- 이거 뭐 먹을 수 있는 물이 나오겠어요.
여기서 못 먹지"

셋째, 하나의 화면에 초점은 하나뿐이다. 화면의 초점과 또 다른 화면의 초점을 연결하면 자연스레 영상적 전달 수단 즉 영상 언어가 된다고 본 것이다. 따라서 본래 화면의 초점을 흐리는 편집이나 제작기법(정보를 담지 않은 자막 등)은 최대한 자제돼야 한다. 또 초점이 없는 화면에는 초점을 만들어야 한다. 화면의 초점이 없을 경우 사실성이나 객관성이 훼손되지 않는 것을 전제로 이를 인위적으로 표현해야 한다. 촬영, 편집 시에도 이를 유념해야 한다. 예를 들어 종이컵에 커피가 반이 남았다는 점을 부각하려면 그림처럼 커피에 초점을 두고 반이 남았음을 볼펜으로 가리켜 초점을 유도해야 한다는 것이다. 종이컵 안에 소형 조명을 넣으면 컵에 커피가 반이 남은 것이 더 분명히 초점에 잡힐 것이다.

또 〈A가 B를 때렸다〉고 했을 때 화면 초점은 A에서 B로 이동해야 한다. 화면 초점 이동이 불확실하면 사진정도의 효과밖에 거둘 수 없어 덜 TV적이다. 이와 관련해

초첨을 강조하기 위한 제작 기법으로 TV 영상은 클로즈업을 자주 활용했다. TV는 클로즈업의 매체다. 커다란 영화화면은 훨씬 압도적인 느낌을 준다. 하지만 TV화면은 영화와는 달리 어떤 장면의 세밀한 부분까지는 보여줄 수 없다. 화면이 작기 때문이다. 따라서 TV에서 한 부분의 강조는 다른 부분을 포기함으로써만 가능하다. 텔레비전의 이런 특성으로 인해 등장한 대표적인 샷이 클로즈업이다. 영화에서의 클로즈업이 관객에게 어떤 거리감을 만들어 낸다면 TV는 반대로 시청자에게 균형감과 친밀감을 유발해 사실감을 생산한다는 것이다. 그리고 클로즈 업의 단순함은 빠른 편집을 통해 보충하게 된다. 특히 이런 귀납적 클로즈업을 통해 영화를 볼 때의 단순히 바라보는(look at)태도와는 달리 텔레비전은 관찰하는(look into) 태도를 가지게 된다.

넷째, 한 가지 화면 영상의 길이는 〈5초 이내〉로 한다. 시청자의 관심이 이완되지 않도록 시각자극을 새롭게 이어가야 한다. 영상의 볼거리 가치가 충분하면 롱 테이크도 가능하다. 그러나 의미 없이 긴 영상은 초점을 분산시킬 위험이 있다. 너무 짧으면 영상 의미를 읽어낼 수 없지만 영상은 포괄적인 정보를 가지기 때문에 가급적 짧은 것이 좋다. 다시 말해 초점이 분명한 영상은 길지 않아도 영상 메시지의 전달력이 분명하다. 너무 짧으면 문제지만 길다고 좋은 것이 아니다. 화면 길이가 길면 영상이 가진 의미가 다의적이기 때문에 오히려 간섭효과가 생긴다. 예를 들어 기념식영상에서 첫 화면(설정 샷)이 너무 짧으면 무엇인지를 알 수 없다. 그러나 너무 길면 기념식과 상관없는 내용 즉 대머리 혹은 미녀 참석자 등이 눈에 띄고 뉴스 내용과 상관없는 메시지가 전달된다. 즉 지나치게 긴 영상은 기념식이구나라는 메시지 외에 시청자는 불필요한 메시지에 주목할 가능성이 높아진다. 결국 뉴스 전달 내용과는 전혀 관계없는 Noise 정보가 전달될 수 있다. 따라서 화면의 초점과 의미가 분명하면 되도록 짧은 것이 좋다.

이밖에 당시 카메라 출동 제작진이 지켰던 몇 가지 원칙이 더 있다. 정중동(靜中動)의 원칙으로 피사체가 안 움직이면 화면이 움직여야 한다는 것이다. 움직이는 화면과 클로즈 업은 텔레비전 화면의 본질이며 특기다. 움직임은 시각 포착에 가장 강력한 요소다. 그러나 뉴스의 화면은 지나치게 정적이다. 특히 정부, 관청, 검찰, 경찰 등의 건물, 간판화면은 천편일률적인 정지화면이 매일 반복해서 사용되고 있다. 되도록 자제해야 하고 굳이 사용하겠다면 드라마, 쇼 등에 사용되는 크레인을 빌려 다양한 각도에서 입체감 있는 화면을 여러 개 촬영해 사용해야 한다. 이와 함께 순수한 화면만의 논리, 순수한 기사만의 논리는 포기돼야 한다. 즉 화면은 부감으로 시작해서 점차 작은 사이즈로 가야한다는 영상 미학적 논리는 TV 뉴스와 맞지 않는다는 것이다. 기사도 기사만을 위한 자체의 고유논리가 포기돼야 한다. 대신 새로운 논리는 기사와 화면이 조화롭게 결합하기 위한 목적이라면 말이 안 돼도 좋고 화면이 이해되지 않아도 좋다는 것이다. 두 가지 기호가 가장 이상적이고 효과적으로 결합하는 것이 중요하다고 생각했다. 따라서 TV 리포트는 기자 육성만 들어서는 무슨 소리인지 알 수 없어야 오히려 마땅한 것이다. 시청자 입장에서는 기사만을 듣는 것이 아니라 화면과 현장음, 기자 육성을 총체적으로 받아들이기 때문이다. 하지만 아직도 많은 경우에 기사 논리만을 우선적으로 배려하는 경우가 텔레비전 뉴스에 많다.

또 역삼각형 기사 구조를 버렸다. 보도 기사의 기본적인 형태는 역삼각형 구조를 택해왔으며 이는 신문에서 편집의 용이성에서 출발했고 과거 스트레이트 중심의 텔레비전 뉴스에서도 원용돼왔다. 그러나 역삼각형 리포트는 뒷부분으로 갈수록 정보 가치가 떨어지고 시청자들의 집중력을 이완시키는 단점을 가진다. 역삼각형 구조의 리포트 제작은 폐기돼야 한다. 하지만 아직도 타성에 의해 계속되는 경우가 많다. 현재는 방송 뉴스는 물론 탐사, 심층 제작물은 일정 제작시간이 주워지기 때문에 리포트 전체에 정보가 골고루 배치되고 리포트 후반부까지 긴장감이 유지되며 시청자의 관심을 유도할 수 있도록 원형구조의 기사 제작 기법이 활용돼야한다. 이같이 원형 구조의 제작을 위해서는 화면 구성의 철저한 검토가 선행돼야 한다.

이런 원칙에 따라 1990년대 초반에 제작된 카메라 출동 아이템을 분석했다.

아파트 부실공사 현장
〈1991년 4월 1일 MBC 뉴스데스크 카메라출동〉

새 아파트가 천정에서 물이 새고 벽이 갈라져 있습니다.
그런데도 준공검사를 내준 시당국은
하자가 없는 완벽한 공사라고 말하고 있습니다.

물이 벽을 따라 떨어지고
있습니다.

안방 천정은

물에 흠뻑 젖어 있습니다.

화장실 천정에서 물이
쏟아져 나옵니다.

위층 화장실에서 새어나온
것입니다.

천정에 뚫린 구멍을 통해
물이 샌 것입니다.

11층 복도에서

방수효과를 실험해보기 위해

물을 부어봤습니다.

물을 붓자 마자

이처럼 아래층으로

물이 흘러내립니다.

첨부된 준공 필증엔	주택계장과 주택과장	안산시장의 직인이 찍혀있습니다.

학교 폭력 실상 취재
〈1997년 6월 17일 MBC 뉴스데스크 카메라출동〉

하교시간, 고교남녀학생들이 서성거리고 있습니다.	선배로 보이는 학생들이 하나둘씩 나타납니다.	학생들은 일제히 허리를 굽혀 깍듯한 예를 갖춥니다.

잠시 후 학생 3명이 교각 뒤로 불려갑니다.	엎드려뻗쳐 자세를 취합니다.	몽둥이 세례가 쏟아지기 시작합니다.

1인당 10여대씩 가해지던 매질은	행인이 나타나자 잠시 중단됩니다.	다른 학생이 매질을 다시 시작합니다.

위에 소개된 두 개의 아이템은 모두 영상만으로도 고발하는 내용이 무엇인지를 알아챌 수 있다. 철저히 영상 중심의 서사 구조를 가지고 있는 것이다. 기자 육성 즉

음성 기사는 영상의 내용과 의미를 반복적으로 중복해 제시하고 있다. 음성 기사는 영상 의미를 강조하거나 보완하는 역할에 머물고 있다. 또 화면 1컷 당 1문장의 원칙을 최대한 지키며 문장과 화면의 구두점을 일치시키는 원칙을 지키고 있으며 문장과 화면의 주어도 일치한다.

다만 부실공사 아이템은 아파트 내부 곳곳의 부실 공사 현장을 클로즈 업 화면으로 구체적이고 생생한 영상으로 고발하고 있다. 이른바 *심리적 사실주의에 입각한 제작법이다. 반면에 학교폭력 아이템의 영상은 롱 테이크(long take) 중심의 풀 샷으로 관찰자 입장을 시종일관 유지하고 있다. 줌인이나 팬 등 카메라 워킹도 최대한 자제해 *형식적 사실주의 입장을 견지하며 최대한 객관적이고 3자적 시점의 영상을 보여준다.

---

* 형식적 사실주의 VS 심리적 사실주의

형식적 사실주의 패러다임은 객관적 모사성을 강조한다. 시청자들이 능동적으로 영상 이미지를 해독하고 영상 이미지에 의해 투영된 사실을 파악하게끔 최대한 덜 조작적으로 영상을 구성해 제공하는 방식이다. "클로즈업의 사용을 최대한 자제하고 롱 테이크와 단절된 화면 편집보다는 연속적인 화면인 패닝, 트레킹을 선호하고 열린 이야기 구조 같은 양식적 특성을 가진다(최민재, 2005)." "카메라 조작도 극소화해 사건을 표상하는데 있어 인간의 인위적인 개입과 조작의 인상을 최대한 줄인다(김수정, 2003)." 편집에 있어서도 "분절된 쇼트의 연결 즉 연속편집방법(continuity)에 의해 제작자가 보여주는 영상구성방식이 아니라 카메라가 수용자 시각의 연장선상에서 현실을 중계하는 역할로 축소하고 수용자들은 카메라가 제공하는 영상을 이성적 관찰자의 입장에서 바라보게 된다(Bazin, 1998, 이창훈, 2008, 재인용)."

심리적 사실주의 패러다임은 뉴스영상제작자가 현실사건을 영상으로 재구성하는데 적극적으로 개입해 시청자가 영상을 시청하고 마치 사실인 것처럼 느끼고 현장에 있었던 것처럼 느끼게 하는 제작 방식이다. 사건을 한정된 뉴스시간에 맞춰 압축적으로 묘사하고 가능한 한 기사와 유기적으로 일치시켜 언술에 대한 시각적 증거를 보여주는 듯 한 구성을 추구한다. 외적 사실성의 확보보다는 응축된 몇 개의 클로즈업과 같은 감성적인 영상을 리듬감 있게 편집해 심리적인 사실성을 추구한다.

이는 제작자가 의도하는 바를 수용자에게 효과적으로 전달할 수 있고 수용자의 주목도를 높일 수 있는 영상구성방식이지만 수용자는 제작자에 의해 제공된 시선의 의도성을 느끼지 못하고 영상 이미지 그 자체를 사실로 받아들이는 수동적인 입장으로 존재하게 된다(이창훈, 2008, p25).

4절 영상 중심 뉴스의 확대

　카메라 출동은 이후 TV 뉴스의 영상 제작법에 큰 영향을 미친다. 그때까지 TV 기자들은 영상에 대한 고려 없이 기사만을 작성한 후 오디오를 읽어 편집자에게 넘겼다. 편집자는 기자 오디오에 관련 영상을 붙여 리포트를 완성한 뒤 뉴스 시간에 방송하는 것이 통상의 리포트 제작 루틴이었다. 그러나 카메라 출동의 등장이후에는 영상중심의 뉴스 스토리 제작이 활발해졌다. 영상으로 뉴스의 스토리를 구성한 뒤 기자 육성과 배경음 등으로 스토리 구조를 보완, 강화하는 제작법이 점차 확대됐다.

　영상 즉 시각 정보의 전달 효과를 높이기 위해 영상만의 서사 구조가 드러나도록 제작됐다. 여기에 자막, 현장음 등을 추가 활용해 영상만으로는 불가능한 서사적 요소를 보강하면 TV 영상 뉴스만이 가능한 영상중심의 완결적인 스토리가 완성되고 강력한 사실적 전달력을 갖게 되는 것이다. 특히 언어적 텍스트인 음성 기사의 도움 없이도 논리적인 서사구조를 가진 영상 중심의 뉴스 스토리를 완성할 수 있게 된 것이다.

태풍 루사 제주, 부산, 남해, 강원 강타 20여명 사망·실종
〈2008년 8월 31일 MBC 뉴스데스크〉

강풍에 월드컵 경기장 지붕 막이 날아가고 도로표지판도 힘없이 부러졌습니다.

담벼락이 무너져 차들이 부서지고 모델하우스 유리창도 산산조각이 났습니다.

전국 곳곳에서 길거리 간판이 떨어지고 전신주도 부러져 정전사태가 속출했습니다.

태풍이 몰고 온 집중호우는 강릉 일대를 물바다로 만들었습니다.
강릉 시내 도로 대부분이 물에 잠겼고 농경지도 침수됐습니다.

2002년 태풍 루사의 상륙으로 전국에서 피해가 속출했다. 이 리포트는 철저하게 영상 중심으로 태풍의 피해를 증거하고 있다. 기자 육성은 영상의 의미를 다시 확인시킬 뿐이다. 오히려 약간 격앙되고 빠른 톤의 긴박한 기자육성은 사실의 전달보다는 태풍 피해의 심각성을 전하는 분위기 조성 사운드처럼 들린다. 또 영상과 기사의 구두점이 일치해 영상과 기사가 일대일로 정확히 만난다. 1분 37초 즉 97초 길이의 이 리포트에서 45개의 컷이 사용됐다. 한 화면의 길이가 2초 남짓의 짧은 영상으로 구성돼 있다. 영상은 수시로 위아래와 좌우로 앵글이 움직여 긴박한 느낌을 멈추지 않는다. 또 줌인과 아웃도 빈번하게 등장한다. 앵글이 고정돼있을 때는 화면 속 대상이 움직인다. 시청자가 한번 보기시작하면 시선을 돌릴 틈을 주지 않는 것이다.

이런 뉴스 제작법은 뉴스의 완성도를 높이면서 동시에 시청자가 이해하기 쉬운 친절한 제작방식이라고 할 수 있다. 그러나 이는 TV 뉴스에 몰입과 흡인력을 극대화하는 방법으로(이재경, 2002) 시청자가 객관적으로 정보를 획득해 이성적인 판단을 내리기보다 빠른 뉴스 흐름 속에서 쏟아지는 정보를 그냥 수용할 수밖에 없어 제작자가 의도한대로 이끌려갈 수밖에 없다는 문제점이 있다는(최민재, 2005) 비판을 받는다.

그럼에도 불구하고 영상 중심의 뉴스 관행은 빠르게 확산됐다. 영상만으로 리포트 대부분을 구성한 사례도 빈번해졌다. 2004년 3월 12일 국회에서 당시 다수당을 차지하던 한나라당이 노무현 대통령에 대한 탄핵안을 표결하는 과정을 리포트로 제작했다. 새벽부터 정오까지 8시간 넘게 진행된 노대통령에 대한 탄핵안 가결 과정을 3분 40초 길이로 정리한 아래의 TV 뉴스 리포트에서 기사는 단 3문장에 불과하다. "열린우리당이 농성 중인 본회의장에 야당 의원들이 진입하면서 상황은 시작됩니다." "야당은 이미 늦었다며 일축했습니다." "탄핵안이 처리된 국회, 한쪽은 만세삼창, 한쪽은 통곡이었습니다." 이렇게 3 문장뿐인 기사만으로는 무슨 상황인지 알 수 없다. 물론 국회의장과 청와대 대변인 등의 사운드 바이트와 상황을 정리한 자막의 도움이 있었지만 리포트는 철저한 영상 중심의 스토리 구조를 가지고 있다. 기자의 음성 기사와 자막은 시간이나 맥락을 보충하는 역할을 할 뿐이다. 다만 리포트 내내 몸싸움 과정에서 들리는 비명과 고함 등이 현장음으로 사운드 공백을 메우며 긴장감을 유지하고 현장의 생생함을 살리고 있다.

국회 노무현 대통령 탄핵안 숨가빴던 표결 과정
〈2004년 3월 12일 MBC 뉴스데스크〉

오늘 새벽 열린우리당이 농성 중이던
본회의장에 야당 의원들이 진입하면서 상황은 시작됩니다.
"비켜~~ 몸싸움 소음"

야당은 이미 늦었다며 일축했습니다.
의장석을 확보하기 위한 여야 몸싸움 소리~~

이어지는 비명 소리
(그림설명 : 다수인 야당의원들이 여당의원들을 본회의장 밖으로 끌어냈다.)

박관용 국회의장 : "제2차 본회의를 개회하겠습니다"

〈투표 관련 소음과 이를 항의하는 여당의원들의 고함소리~~〉
(그림 설명:탄핵안 투표가 여당의 항의 속에 신속히 진행됐다.)

박관용 국회의장 : "대통령 노무현 탄핵소추안은 가결되었음을 선포합니다"
(그림 설명 : 가결 순간 여당 의원들이 항의하고 있다.)

(그림 설명 : 의장이 경호 속에 퇴장하고
여당의원들은 울거나 기물을 부수며 분노를 표출했다.)

탄핵안이 처리된 국회, 한쪽은 만세삼창, 한쪽은 통곡이었습니다.
(그림 설명 : 한나라당은 탄핵안 처리 후 만세를 부른 반면 열린 우리당은 무릎을 꿇고 사과했다.)

이처럼 영상중심의 스토리 구조를 지닌 TV 뉴스는 시간이 지날수록 경쟁력 있는 TV 뉴스 제작 관행으로 확산돼갔다. 조금이라도 더 텔레비전적인 뉴스, 다시 말해 영상을 최대한 활용해 인쇄 매체와는 차별되는 뉴스가 경쟁력이 있고 잘 만든 TV 뉴스라는 생각이 많아졌다. 따라서 현장 취재를 다녀온 기자들은 찍혀있는 영상을 반드시 리뷰하고 영상 속에서 기사 표현을 찾고 스토리를 이어가려고 고민했다.

영상 중심 뉴스는 강력한 사실성, 시각적 증거 그리고 분노와 놀라움, 두려움 등 정서적 메시지가 강한 충격적 영상이 대부분이다. 2009년 방송된 마약 확산 실태도 영상중심뉴스다.

강남 클럽 '마약' 실태
〈2009년 6월 4일 MBC 뉴스데스크〉

서울 삼성동에 있는 한 클럽 (배경음 : 시끄러운 클럽 음악 소리)
젊은이들과 외국인들로 가득 차 있습니다.

클럽 밖에는 외제 차들이 즐비합니다. 몸을 제대로 가누지 못하고 휘청거립니다.

춤을 추기도 하고, 괴성을 질러댑니다.

도로 위에 쓰러져 있는가 하면,
싸움이 붙기도 합니다.

클럽 안과 밖의 모습을 담은 영상은 젊은이들이 뭔가에 취해 흐트러진 모습을 생생하게 보여주고 있다. 이상 행동들이 여기저기서 발견된다. 영상만으로는 술에 취한 것인지 아니면 마약을 한 것인지는 알 수 없다. 그러나 마약과의 연관성은 클럽 고객의 인터뷰가 뒷받침한다.

클럽 고객:
"가기 전에 미리 기분을 업 시켜야 되니까
가기 전에 보통 많이 하고요. 또 가서도 이제 약기운이
좀 떨어지니까 또 계속 복용하는 경우도 있고요."

영상 중심 뉴스는 그에 걸 맞는 영상의 확보가 관건이다. 먼저 현실성, 사실성이 강한 영상이 필요하다. 더욱이 사실성이 있는 영상이 정보적 가치까지 있다면 금상첨화다. 두려움, 분노, 놀라움 등의 정서적 메시지가 담긴 영상도 중요하다. 또 서사적 구성이 가능할 정도로 충분한 양의 영상을 확보할 수 있느냐하는 문제도 영상 중심 뉴스 제작에 현실적 조건이다. 이와 관련해 CC‑TV, 블랙박스 영상, 스마트 폰 카메라 등에서 무한대로 영상이 생산되고 있다. 특히 과거엔 볼 수 없었던, 우리 사회의 감춰

졌던 부조리가 생생한 영상으로 기록되는 시대가 됐다. 아래의 리포트는 한진 그룹 총수 부인의 갑질 행태가 기록된 CC - TV가 결정적이었다.

'침 뱉고 욕설' 이명희 유죄 … 세 번째 집행유예
〈2020년 7월 14일 MBC 뉴스데스크〉

지난 2014년 한 호텔 공사장,
이 씨가 안전모를 쓴 여직원을 세워놓고 손가락질하며 질책을 시작합니다.

화가 덜 풀린 듯 팔을 잡아채고 등을 거칠게 밀기도 합니다.

들고 있던 서류 수십 장을 바닥에 내동댕이칩니다.

또 2020년 9월 방송된 〈붕괴 30초전, "건너지 마세요"〉는 TV 뉴스에서 이미 핵심적인 역할과 기능을 맡고 있는 외부 제공 영상의 소중함을 보여준다.

남성이 다리를 건너려는 차량의 진입을 극구 말립니다.

다리를 건너던 운전자가 비상등을 켠 채 급히 후진했는데,
불과 30초 뒤 다리 중간이 갑자기 아래로 폭삭 내려앉았습니다.

한 시민의 기지가 참사를 막은 겁니다.
[박광진(CCTV 속 시민)]
"이렇게 딱 보니까 다리 상판이 'V자' 식으로 살짝 내려앉았어.
딱 낌새가 다리가 무너질 것 같더라고. 내려가 봤죠. 차들 막 다니면 사고 날 것 같아서 …"

　　최근의 외부 제공 영상은 여러 개의 시점에서 촬영된 사례도 늘고 있다. 위의 뉴스에서도 2대의 CC - TV가 다리 붕괴 상황을 다른 각도에서 보여주고 있다. 정면 샷과 부감 샷이다. 다리 붕괴 장면이 분명하지 못한 정면 샷과는 달리 부감 샷은 붕괴 순간을 사실적이고 입체적으로 보여준다.

　　CC - TV와 블랙 박스 영상 등 외부 제공 영상은 대부분 이른바 충격적 영상이다. 그만큼 메시지의 뉴스 가치가 높은 것은 물론 전달 능력이 뛰어난 영상이다. 아래의 뉴스는 보는 것만으로도 사고가 치명적인 이유를 시각적으로 확인할 수 있는 것이다.

오늘 또 '폭설' 예보 ··· 고속도로 2차 사고 주의보
〈2021년 1월 28일 KBS 뉴스광장〉

갓길에 서 있던 화물차를 또 다른 화물차량이 추돌합니다.

탁송차, 보행자 덮쳐 3명 사망 ··· 화물차-승용차 충돌로 10대 4명 숨져
〈2021년 7월 20일 KBS 뉴스 9〉

차 6대를 실은 탁송차량이 우회전하다 앞서가던 차 3대를 잇따라 들이받습니다.

이처럼 TV 뉴스는 영상 중심의 제작이 확대되고 있다. 방송사에서 직접 ENG 카메라로 제작 방송할 때도 영상만으로도 스토리를 전달할 수 있도록 영상 취재 단계부터 최대한 꼼꼼하게 촬영하는 관행이 일반화됐다. 아래는 노동 현장에서 질식 사고를 막기 위한 안전기술을 소개하는 뉴스 리포트이다.

"산재 고리 끊자" ··· '스마트 안전 기술' 속속 등장
〈2021년 5월 11일 KBS 뉴스 9〉

질식 위험이 높은 밀폐 공간, 공 모양의 장비를 안으로 던집니다.

  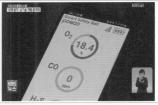

가스가 감지되자 즉시 스마트 폰에서 경보음이 울립니다.
"삐~~삐릿 삐릿~~삐" (경보음 소리)

추락 사고를 막는 데도 활용됩니다.
떨어지는 마네킹이 바닥에 닿기 직전에 안전 조끼가 에어백처럼 부풀어 오릅니다.

조끼에 달린 센서가 0.2초 만에 목과 가슴 부분의 에어백을 터뜨리는 겁니다.
"퍼퍽(바람 터지는 소리)"

영상의 설명력을 높이기 위해 계획적으로 상황을 연출했다. 의도적으로 연출시켜 영상 논리만으로 쉽게 이해할 수 있도록 제작됐다. 홍보성 영상이지만 정보성이 높다는 점에서 뉴스로서 가치가 있다. 엄밀한 의미에서 TV 저널리즘에 걸 맞는 영상은 아니지만 영상 중심의 제작관행이 확대되고 있는 것을 보여주는 좋은 사례이다.

4장. TV 뉴스 속 영상의 재평가

영상 중심 뉴스의 확대로 TV 뉴스 속 영상의 역할을 재평가할 필요가 있다. TV 뉴스의 생생한 영상은 인쇄매체 등 다른 미디어를 압도할 수 있는 가장 큰 경쟁력이다. 특히 영상도 적지 않은 정보전달력을 가지고 있으며 영상의 의미가 언어기사의 의미를 능가하는 소구력을 가지고 있다는 생각도 늘어났다. 나아가 정서적 메시지 등 특정한 의미를 전달함에 있어 영상이 언어보다 더 용이하다. 영상은 말로 설명하기 어려운 현장의 모습이나 복잡한 사물의 형상을 눈으로 확인시켜줌으로써 사실성을 확보할 수 있기 때문이다. TV 뉴스가 기사 즉 언어 중심의 틀을 뛰어넘어 점차 영상중심의 제작 관행으로 옮겨 간 이유이다.

1절 시각적 증거

TV 뉴스에서 가장 중요한 영상의 역할은 시각적 증거일 것이다. 뉴스로 전달되는 정보가 틀림없는 사실이라는 확신을 가져다주는 역할이다. 보이는 것은 믿을 수 있다는 것을 의미한다. 범죄 현장을 찍은 사진은 현장 진술보다 법정에서 여전히 강력하고 신뢰할 만한 증거로 채택되고 있다.

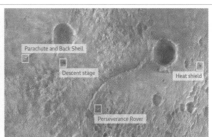

미 항공우주국(NASA) 화성 탐사선 '퍼시비어런스'가 촬영한 화성 사진

(출처: NASA 유튜브)

박근혜 대통령 탄핵촉구 촛불집회

지구에서 4억8천만㎞ 떨어진 화성의 메마른 토양을 찍은 나사의 탐사선 퍼시비어런스의 영상은 화성이 실제 존재하는 시각적 증거를 보여주고 있다. 또 촛불집회 영상은 국정농단을 규탄했던 시민들의 숫자가 백만 명이 넘는다는 사실을 시각적으로 증명하고 있다.

2019년 4월 강원도에서 대형 산불이 발생해 엄청난 피해를 입었다. 국가재난사태를 부른 산불은 어디서 어떻게 시작된 걸까? 당시 발화지점 근처 CC - TV가 이를 증명했다. 도로변 전신주의 개폐기 부근에서 불꽃이 튄 다음 산불이 시작된 것이다.

 고성 산불 최초 발화 순간은?
〈2019년 4월 5일 YTN 뉴스속보〉
(CC - TV영상)

비슷한 광경은 부근을 지나던 차량의 블랙박스에서도 확인된다. 주행 중 멀리서 보이던 불꽃이 섬광을 일으키며 터진 후 불길로 치솟는 영상이 찍힌 것이다. 산불의 시작이 시각적 증거로 기록된 것이다.

"발화 지점은 전신주 개폐기" 〈2019년 4월 5일 YTN 뉴스〉 -블랙 박스 영상-

이처럼 조작되거나 인간의 의도가 전혀 개입되지 않은 채 사실적으로 생산된 영상은 현실을 증거하는 능력을 가진다. 누구도 의문을 제기하지 않는다. 카메라는 기계적이고 자동적으로 이미지를 생산한다. 이에 따라 시청자들은 TV 뉴스를 통해 매일 발생하는 사건들의 재현 영상을 사실로 받아들이고 암묵적으로 신뢰한다.

TV 저널리즘은 실제 존재하는 현실을 소재로 이를 사실적으로 전달해야 한다. 시청자들도 허구를 다루는 드라마를 볼 때와는 달리 뉴스 내용이 사실이라고 믿는다. 이 과정에서 영상은 시청자의 기대감을 충족시켜주는 시각적 증거로서 작용하는 것이다. 시각적 증거로 쓰이는 영상은 대부분 형식적 사실주의에 입각한 영상 제작기법이 많이 사용된다. 그러나 시각적 증거 기능으로 작용하는 영상도 영상기법이 가미된 제작 영상이라는 사실을 부인할 수는 없다. 외양적 사실주의 개념은 많은 도전을 받았지만 아직도 지배적이고 일반적인 믿음으로 남아있다(Winston, 1995, pp130-137). 형식적 사실주의 기법은 시청자 시각의 연상선상에서 현실을 중계하는 역할로 카메라의 기능을 축소시킨다. 따라서 외부세계를 될 수 있으면 있는 그대로 반영, 전달하고자 한다. 객관적으로 관조하듯 벌어지는 사건을 있는 그대로 지켜보는 기법으로 영상화한다. 이 경우 프로그램 제작자는 영상 이미지의 표현적, 상징적 측면보다는 기록적 성격을 강조하게 된다.

"사막 모래바람이 덮친 듯" … 2km 상공까지 '자욱'
〈2019년 1월 15일 MBC 뉴스데스크〉

위성사진을 보시면, 한반도 상공은 온통 붉은색이었습니다.

오후에 북풍이 불면서 최악의 미세먼지는 차츰 걷히기 시작했습니다.

　　이 뉴스는 앵커 멘트 배경 화면부터 미세먼지에 대한 시각적 증거를 제시하며 리포트를 시작한다. 한반도 상공이 미세먼지로 꽉 찬 붉은 색의 위성 영상을 보여준다. 영상 색깔이 붉을수록 미세먼지의 농도가 심한 것이다. 이어 오전에 미세먼지로 흐릿하게 보이던 한강의 다리가 오후에는 사라지기 시작했음을 영상을 통해 증거하고 있다.

오늘 오후 한 시, 김포공항 상공은 미세먼지로 둘러싸여 있습니다.
관제탑은 물론 공항 청사도 모두 희미하게 보일 뿐입니다.

오전까지 성산대교 너머로 아무것도 보이질 않더니 오후가 되자
여의도 고층빌딩들이 보이고 파란 하늘 아래로 관악산도 모습을 드러냅니다.

위의 리포트는 미세 먼지의 심각성을 시각적으로 확인하기 위해 헬기를 타고 김
포공항과 영종도 상공을 오전과 오후 1차례씩 촬영해 이를 비교함으로써 미세먼지가
얼마나 심하게 꼈는지 생생하게 증명했다. 또 고도 2km까지 헬기를 상승시켜 미세먼
지 층의 두께를 확인했다(리포트 영상 참조). 이와 함께 한강변에 미속 카메라를 설치
해 하루 동안 한강다리에 끼어있던 미세먼지의 변화를 한눈에 볼 수 있다. 영상은 다
각적으로 미세먼지의 시각적 증거를 제시하고 있다.

 朴대통령 "책임소재 철저히 규명 … 지휘고하 막론 강력 처벌"
〈2014년 4월 21일 MBC 뉴스데스크〉

박근혜 대통령은 세월호 참사가 발생한 지 5일 후인 21일 청와대 수석비서관 회
의에서 사고 원인과 책임 소재를 철저히 규명하고 지위고하를 막론하고 강력히 처벌
하겠다고 밝혔다. 박대통령이 참석한 회의는 당일 TV 뉴스에서 보도됐다. 당일 수석
비서관회의 영상과 그 자리에서 박대통령이 지시한 음성은 세월호 참사에 대해 청와

대가 본격적으로 대응하기 시작했음을 보여주는 증거로서 작용했다.

그러나 이 날 촬영된 회의 장면의 TV 영상은 국정 농단 사건이 본격화된 후, 전혀 예상하지 못한 사건의 주요 증거 화면으로 활용됐다. 3백 명이 넘는 고등학생이 희생된 참사 전후에도 박대통령이 성형 시술과 피부 관리에 매달렸다는 사실이 드러난 것이다.

청와대 회의 당시 박대통령의 턱 주위에 있는 주사 바늘 흔적
〈2014년 4월 21일 JTBC 뉴스〉

특히 세월호 참사 당일 7시간동안 박대통령의 행적이 묘연했다. 결과적으로 참사 과정에서 대통령의 리더십은 어떤 곳에서도 발견되지 않는다는 지적들이 나오고 있는 상황에서 영상으로 확인된 미용 시술 흔적들은 정권의 도덕성에 치명타가 됐다. 박대통령의 얼굴에 남아있는 시술 흔적 영상 역시 당시 비판적 기사를 뒷받침한 시각적 증거로 기능했다.

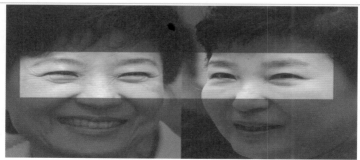

2004년 3월 24일 ➡ 2016년 11월 10일
박근혜 대통령의 얼굴

이런 의혹이 터지자 박근혜 대통령의 얼굴 변화는 국민적 관심사로 변했다. 그 이전에는 아무도 몰랐고 또 관심도 갖지 않았다. 그러나 박대통령이 오랜 기간 주기적으로 얼굴 주름을 없애기 위해 성형 시술을 받았다는 의혹으로 번졌고 이 과정에 비선 실세 조직이 관여했다는 의심으로 확대됐다. 종전까지는 박대통령의 얼굴은 의례적인 것에 불과했다. 그러나 이후부터는 미용 시술의 흔적을 보여주는 증거로 제시되면서 언론과 국민의 관심을 끌었고 국정농단 사건 속에 여론이 등을 돌리는 결정적인 영상이 됐다.

2절 사실적 설명력

영상은 본질적으로 보는 사람마다 다르게 해석하기 때문에 독립적인 서사 구조를 가지기 힘든 소통 수단이어서 언어의 도움을 받아야만 의미가 완성된다는 생각이 지배적이었다. 하지만 영상만으로도 적지 않은 정보를 전달할 수 있다. 오히려 영상이 언어의 설명력보다 한층 강력할 때도 많다. 백 마디의 설명보다 보는 것이 확실하게 의미를 전달하는 경우도 많다. 특히 TV 뉴스는 정보 전달이 목적이기 때문에 사실적 설명력의 힘은 뉴스의 목적을 달성하는 데 큰 효과를 발휘한다.

〈강물에 휩쓸린 버스, 굴착기가 팔 뻗어 구했다〉 최근 중국에서 발생한 홍수피해 기사의 제목이다. 언어적 설명만으로는 정확한 상황을 생각해 내기 쉽지 않다. 그러나 주민이 스마트 폰으로 찍은 짧은 영상은 당시 상황을 쉽게 설명한다.

중국 후난성 롄위안시 - 중국 〈2020년 7월 30일 인민망〉

강을 가로지르는 제방도로에서, 불어난 강물에 갇혀 떠내려가려는 버스를 굴착기가 팔을 뻗어 지탱해주고 그 사이에 시민 14명이 탈출하는 과정이 영상 속에 찍혀 있었다. 말과 글로는 아무리 자세히 설명해도 발생 순간의 영상 기록만큼 생생하지도, 쉽게 이해되지도 않는다. 백번 들어도 한번 보는 게 낫다.

이는 TV 영상이 도상적 사실성을 갖기 때문이다. 영상 기호학자 크리스티앙 메츠(Christian Metz)에 따르면 텔레비전이나 영화는 도상적 기호로 구성돼 쉽게 이해된다는 것이다. 도상성은 텔레비전 화면에 이미지화된 기표가 그것이 의미하는 바인 기의와 같다는 말이다. 문자 같은 조건적 기호는 메시지를 이해하려면 규칙에 대한 사전 지식이나 약속이 필요하다. 하지만 도상적 기호는 기표와 기의가 같기 때문에 사전 지식이 필요 없이 보면 알 수 있는 것이다. TV나 영화, 사진 등 시각 이미지들은 모두가 이런 도상적 기호이다. 영상의 이런 도상성이 영상 매체를 통해 생생한 현실성을 즉각적으로 받아들이게 한다. 기표와 기의를 동시적으로 전달하는 영상 이미지의 도상성에 의해 강한 현실성 구성이 가능해진다고 할 수 있다.

5층 건물 철거중 순식간에 '와르르'…9명 사망
〈2021년 6월 9일 KBS 뉴스 9〉

달리는 차량 앞으로 순식간에 무너져 내리는 건물! 일대가 흙먼지에 뒤덮입니다.

붕괴 순간 시내버스 한 대가 무너진 건물에 깔리는 모습이 포착됐습니다.

광주에서 재개발을 위해 철거중인 건물이 도로 쪽으로 무너져 내리면서 지나가던 버스 승객 등 시민 9명이 깔려 숨졌다. 사고 원인으로 지적된 '밑둥 파기'는 건물 밑 부분을 먼저 해체하면 큰 건물이라도 한 번에 무너뜨릴 수 있는 철거 공법이다. 말이나 글로는 설명이 확 와닿지 않지만 영상을 보면 분명하게 이해된다.

해체계획서 있으나 마나 … 철거 현장 곳곳에 '학동참사' 닮은 꼴
〈2021년 6월 14일 KBS 뉴스 9〉

2019년, 주택재개발 사업 철거현장입니다. 건물을 중장비가 아래층부터 부수고 있습니다.

시간이 지나자, 밑이 파인 건물은 중심을 잃고 기울어져 버렸습니다.
건물의 저층부터 철거하는 이른바 '밑동파기' 방법입니다.

밑둥 파기 방법의 철거 영상을 보면 위험한 방식임을 한눈에 이해할 수 있다. 그리고 철거업자들이 불법으로 금지 됐는데도 밑둥 파기 철거를 고집하는 이유도 알 수 있다. 너무나 쉽고 간단하며, 무엇보다 빨리 철거해 비용을 줄일 수 있는 것이다. 도로에 바로 인접한 건물을 철거하는 데 이토록 위험한 철거 방법을 왜 썼는지 안타까운 생각이 든다. 이처럼 밑둥 파기 철거 영상은 별다른 설명이 없더라도 광주에서 일어난 재개발 건물 붕괴 사건의 원인을 분명하게 설명하고 있는 것이다.

2011년 동 일본 대지진 당시 쯔나미의 위력(출처: AP 연합뉴스)

2011년 동 일본을 강타했던 쯔나미의 위력을 한눈에 보여주는 영상들이다. 거대한 파도가 마을을 덮치고 차량들이 힘없이 뒤집어졌다. 공항은 터미널 지붕만 남기고 모두 바닷물에 잠겼다. 쯔나미가 얼마나 가공할 만한 힘을 가졌고 이런 자연의 위력에 맞설 힘은 인간에게 없다는 점을 한눈에 느낄 수 있는 영상이다. 어떤 말로도 설명할 수 없는 두려움을 느낀다.

이처럼 영상은 문자나 언어 같은 소통 수단으로는 설명하기 어려운 사실도 너무 쉽게 표현하고 정확하게 전달한다. 또 개인의 학습정도나 국가, 언어, 문화적 차이가 있어도 누구나 쉽게 공유하고, 이해할 수 있는 특성이 있다. 일정한 관습이 공유되는 집단 안에서는 영상이 훨씬 보편적이고 의미 교환이 용이한 소통의 도구로서 매력을 가진 것이다. 그 만큼 쉽게 설명할 수 있는 수단이고 또 어렵지 않게 보기만 하면 이해할 수 있는 것이다. 물론 이미지도 기호이다. 따라서 관습 속에서 훈련된 시각 경험이 없다면 인지될 수 없는 것이다. 그러나 문자나 언어처럼 정교한 교육이 반드시 필요한 것은 아니다. 예를 들어 아이들, 문맹인들, 미개인, 심지어 동물들도 이해할 수 있다는 사실은 이미지가 자연적 기호라는 증거로 여겨졌다. 이처럼 이미지도 정보를 정확하게 설명하고 전달하는 보편적 의사소통의 수단의 하나인 것이다.

3절 정서적 메시지의 전달력

뉴스는 기본적으로 정보 전달을 주목적으로 한다. 하지만 정보 전달은 말처럼 드라이한 개념이 아니다. 정보에는 기쁨과 슬픔, 분노와 좌절 등 정서적 메시지가 녹아 있으며 이는 소통 과정에서 단순 정보 전달보다 훨씬 큰 비중을 차지하는 경우도 많다. 뉴스 역시 마찬가지다. 이런 정서적 메시지를 전달하기 위해 때로는 화려하고 때로는 진솔한 언어적 표현이나 음악 등이 소통수단으로 활용되지만 영상 또한 정서적 메시지를 전달하는 강력한 수단임을 간과할 수 없다. 일반적으로 TV 뉴스에서 언어 기사는 이성적 정보를 영상은 감성적 정보를 전달하는 역할을 맡는다.

속초 시내를 덮치고 있는 고성 산불 〈2019년 4월 MBC 뉴스〉

2019년 4월 시청자들은 산불이 관광 리조트를 덮친 뒤 속초 시로 빠르게 확산되는 과정을 TV 뉴스를 통해 지켜봤다. 영상은 도시를 집어 삼킬 듯 무섭게 확산되는 산불의 기세를 보여준다. 그러나 TV 뉴스의 영상을 본 시청자들은 자연 재해의 공포 속에 말로 설명하기 어려운 두려움과 불안감을 느꼈다. 이런 감성적 메시지는 대부분 영상의 역할이다.

숭례문 화재 현장과 안타까워하는 시민들 〈2008년 2월〉(출처: 연합뉴스, 중앙일보, 오마이뉴스)

2008년 한밤중에 방화로 불에 타 무너지는 숭례문을 TV를 통해 지켜본 시민들은 마치 나이든 부모님을 잃은 듯 허탈함을 느꼈다. 숭례문 화재는 시민들에게 단순한 화재 사건이 아니었다. 600년을 지켜온 서울의 상징이 불타 버린 것이다. 시민들은 국보

1호를 잃었다는 박탈감을 느꼈다. 시민들은 날이 새자 화재 현장을 찾아 처참하게 망가진 숭례문을 보며 눈물을 흘렸고 조문객처럼 조화를 받치기도 했다. 숭례문 화재 영상이 얼마나 시민들의 마음에 충격과 함께 감성적 영향을 미쳤는지 알 수 있다.

박근혜 대통령은 세월호 참사가 발생한 지 한 달쯤 지난 후 대국민 담화를 발표했다. 당시 뉴스 기사는 박대통령이 희생자들의 이름을 부르며 눈물을 보였다고 언급했다.

세월호 참사이후 국민담화에서 눈물을 보인 박근혜 대통령 〈2014년 5월 MBC 뉴스〉

국정의 최고 책임자로서 안타까움을 느껴 울컥 눈물을 보였다고 생각하는 시청자가 있는 반면 정치적 효과를 노린 악어의 눈물이란 시청자 반응도 많았다. 박대통령은 2004년 4월 총선을 앞두고 TV연설 중 흘린 눈물로 노무현 대통령에 대한 탄핵역풍에 침몰하던 한나라당을 구해낸 경험이 있다. 이처럼 감정을 담은 영상은 보는 사람에 따라 해석이 다를 수 있다. 따라서 언론이 대통령의 눈물을 긍적 혹은 부정적으로 단정해 보도할 수는 없는 노릇이다. 악어의 눈물인지 아니면 안타깝고 괴로운 눈물인지 판단하고 단정할 객관적 근거는 없다. 보는 사람의 자의적 판단에 맡길 수밖에 없는 정보이고 메시지이다. 그래서 당시 대부분의 미디어는 눈물을 보였다는 사실만을 언급한다. 박대통령의 눈물이 긍정적일 수도, 부정적일 수도 있다. 하지만 눈물 흘리는 대통령의 모습이 정치적, 사회적 메시지를 가지고 있으며 이런 메시지가 시청자 개개인에게 전달돼 당시 정치상황과 여론에 영향을 끼쳤다는 점은 분명하다. 영상만이 전달할 수 있는 정서적 메시지인 것이다.

4절 현실성과 즉각성

현실은 있는 그대로의 현실, 그 자체로서 객관적 사실이다. 변형과 가공 없는 1차 현실이다. 현실은 즉시적 지각 대상이며 시간과 공간을 뛰어넘어 존재할 수 없다. 그러나 TV 영상에서 현실적이라는 것은 1차 현실을 바탕으로 현실을 가공한 이미지다. 따라서 1차 현실에 대한 2차 현실이며 매개된 현실(Media Reality)을 의미한다. 하지만 TV 속 현실은 현실 자체가 아닌데도 또 다른 현실이라고 느낄 정도로 우리 주변에 머문다. 때로는 TV속 현실이 진짜보다 더 진짜 같다. 시청자들은 TV를 보며 기뻐하고, 화내고, 울기도 한다. 그러나 TV 속 현실은 제작자가 선택해 구성한 가짜 현실이다. 그런데도 TV 속 현실에 마음을 빼앗기는 이유가 무엇일까? 첫째는 도상적 매체이기 때문이다. 앞서 설명대로 도상은 기표와 기의가 같아 높은 사실성을 속성으로 한다. 더욱이 TV 뉴스의 영상은 다루고 있는 소재마저 '사실'이어서 사실성을 한층 높여주고 현실성을 갖는다. 또 제작방법도 최대한 형식적 사실주의에 입각해 사실을 최대한 사실처럼 제작한다. 시청자들은 TV 뉴스 영상을 구성된 것으로 이해하지 않고 현실 자체라고 여긴다.

도상성이 영화 등 영상 매체 모두가 똑같이 갖는 속성이라면 TV는 현재성과 즉시성이 추가된다. 즉 TV 속 현실은 지금 이 시각에 진행되는 것으로 이해된다는 것이다. 대표적인 것이 생방송 뉴스다. Ellis(1982)는 텔레비전만이 갖는 직접 언술의 화법을 통해 TV의 즉시성과 현재성이 구현된다고 주장했다. 텔레비전은 바로 지금 실재하는 것으로서 스스로를 표현한다. 텔레비전은 방송되고 있는 것이 실제 상황이며 지금 일어나고 있는 것이라고 주장한다. 그만큼 시청자에 대한 영상의 영향력도 강력하다. 생방송되는 스포츠 중계를 보면서 환호하거나 실망하고 우주선 발사장면이나 장례식을 보면서 감동하거나 슬퍼하는 것 모두가 이 순간 진행되는 동시성의 효과라고 볼 수 있다. 뉴스도 마찬가지다.

박근혜 대통령 탄핵 촛불집회 당시 방송사 현장 중계 화면

광화문 촛불 집회 때 각 TV 뉴스는 어려운 여건 속임에도 현장 생중계를 고집했다. 이유는 시청자들에게 지금 이 자리에서 진행된다는 느낌을 주려는 의도다. 시청자들은 단지 TV를 볼 뿐이지만 마치 광화문 집회 현장에 있는 느낌을 갖게 만드는 것이다. 따라서 시청자들은 뉴스 영상 속 화면으로 빨려 들어가는 듯 몰입감을 느낀다. 그만큼 시청자들에게 미치는 TV 뉴스의 영향력은 커지는 것이다. 때문에 모든 TV 뉴스는 생방송으로 진행된다는 점을 강조한다. 그러나 사실 생방송으로 진행되는 것은 앵커 멘트의 진행이나 현장 중계차 연결 등에 불과하고 대부분의 리포트는 사전에 녹화 제작된 영상을 송출할 뿐이다. 그런데도 시청자들이 즉시적이고 동시적인 정보로 받아들인다.

음주 '줄행랑' 스포츠카 … 강남 한복판 추격전
〈2019년 5월 13일 MBC 뉴스 데스크〉

위의 리포트는 2019년 5월 MBC 뉴스 데스크에 〈음주 '줄행랑' 스포츠카…강남 한복판 추격전〉이란 제목으로 방송된 아이템이다. 음주 운전 중인 스포츠카 한 대가 골목길에서 갑자기 뛰쳐나가더니 건널목에 정차된 차량을 들이받고 뺑소니치는 장면이 생생하게 담겨있다.

저녁 종합 뉴스를 통해 이 장면을 보는 시청자들은 밝은 화면을 보고도 사고가 낮에 일어났다는 사실을 잊은 채 지금 막 발생한 현장을 보는 듯 착각한다. 이런 생생함은 마치 생방송을 보는 듯 영상과 동시성을 느낀다. 동시성은 사건 발생과 같은 시각이라는 의미지만 현장 발생의 순간을 본다는 의미도 있다. 뉴스는 대부분 영상 속 사건이 발생한 이후 방송된다. 하지만 발생 순간이 찍힌 영상이 TV 뉴스로 방송되면 시청자는 마치 지금 발생하고 있는 일처럼 동시성을 경험한다. 이런 생생함은 날 것 그대로라는 생동감, 사전에 계획되지도 않고 구성되지도 않았다는 느낌을 갖게 한다.

정리하자면 TV 뉴스 속의 영상은 뉴스의 시각적 증거로 기능하고 사실적 설명력을 높여주며 감정적, 정서적 메시지 전달력을 강화시켜 주는 역할을 맡는다. 또 무엇보다 뉴스의 현실성을 뒷받침해 신뢰도를 높여주는 것이다. 그러나 뉴스영상의 사실성과 현실 모사성은 뉴스의 객관성 신화만큼이나 불안한 위치에 처해있다. 뉴스 영상의 현실성 논란은 전반적으로 영상이나 사진 이미지가 갖고 있는 반 현실적인 인식에 따른 것이다(이종수, 1999, p220).

5장. 언어 중심 뉴스의 재발견

1절 뉴스는 언어가 중심이다

언어 중심의 뉴스는 영상 논리보다 언어의 논리에 종속되는 뉴스다. 뉴스의 핵심 정보를 언어가 전달한다. 또 영상 중심의 뉴스가 확산 추세지만 지금도 언어 중심 구조가 가장 보편적인 TV 뉴스 제작 관행이다.

해운업계에 금융 지원 강화
〈1987년 2년 18일 MBC 뉴스데스크〉

정부는 세계적인 불황 때문에
운영난을 겪고 있는 해운 업계를 돕기 위해서
대책을 내놓았습니다.

정부는 부채가 늘고 있는 해운 선사를 살리기 위해
부채의 상환기간을 연장해 주고 금리를 내리기로 하는 등 해운 산업 합리화 대책을 마련했습니다.

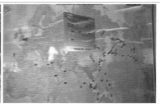

예를 들어 위의 뉴스에서 언어기사가 메시지 정보의 대부분을 전달하고 있다. 해운선사 사무실 스케치와 선박 항로 일정이 표시된 세계지도 영상은 뉴스 정보의 의미를 전달하는 데 어떤 역할도 수행하지 못하고 있다. 이처럼 언어를 중심 구성요소로 놓고 뉴스 리포트를 제작하는 방법은 과거에는 물론 현재도 지배적인 관행이다. 언어가 정보전달과 소통에 있어 가장 효과적이기 때문이다. 바르트의 지적처럼 언어는 가

장 정교한 기호다. 특히 정보 전달에는 가장 강력한 수단이다. 영상은 볼거리가 좋아 시각적 관심을 끈다 해도 정보로서 의미와 가치가 떨어지면 선정적일 뿐이다. 또 금세 지루해지고 주목할 이유가 사라진다. 뉴스가 최종적으로 수용자의 관심을 잡는 것은 뉴스의 정보적 가치다. 이런 의미에서 볼 때 뉴스는 기본적으로 언어 중심적일 수밖에 없다.

　　TV는 시청각 매체이기 때문에 정보의 시각화가 필요하고 영상의 중요성이 강조되지만 언어만으로도 정보 전달력이 충분한 경우도 많다. TV 뉴스는 관련 영상이 없어도 언어만으로 전달이 가능하지만 반대로 언어 없이 영상만으로 뉴스를 전달하기는 어렵다. 시청각 매체인 TV의 특성 때문에 영상의 역할을 강조할 뿐 뉴스에서 더 중요한 것은 정보이고 팩트다. 그래서 영상 보다는 언어가 더 용이한 전달 수단일 수밖에 없다. 특히 충격적인 사실이나 중요한 정보는 그 자체로 인간의 생각을 휘어잡는다.

　　그러나 아무리 언어 중심적 기사라도 TV 뉴스가 시각매체인 만큼 정보를 보다 시각적으로 표현하려는 노력 자체가 부족한 것은 문제다. 영상매체인 TV의 장점을 스스로 포기할 필요는 없다. TV는 시각과 청각의 두 가지 통로를 통해 정보를 전달한다는 측면에서 라디오보다는 진일보한 대중 매체이다. 따라서 TV 뉴스는 태생적으로 음성 등 사운드에 조응하는 영상이 필요하다. TV 뉴스에서 언어와 영상은 어떤 식으로든 연관성을 가질 수밖에 없는 것이다. 또 TV 뉴스에 쓰는 영상은 영화나 드라마와는 달리 사실을 다루는 것으로 필요할 때마다 창작할 수는 없는 노릇이다. 영상 확보가 전제돼야 하는 것이다.

　　그러나 과거에는 사실적 영상은 절대적으로 부족했다. 현재도 시간적, 공간적 혹은 현실적 제약 때문에 영상 확보가 불가능하거나 제때에 사용할 수 없는 경우는 얼마든지 있다. 또 뉴스 정보는 추상적, 관념적일 가능성이 높아 적절한 영상 표현이 가능한 화면을 확보하기도, 구성하기도 쉽지 않다. 영상으로는 표현이 불가능한 언어적 기의가 따로 있는 것이다. 이렇듯 TV 뉴스라도 언어 기사와 영상의 복합적 구성이 반드시 필요하거나 언제나 가능한 것이 아니다.

2절 로케이션 샷과 자료화면

　TV 뉴스에서 언어와 영상의 의미가 가장 느슨하고 불안정하게 결합된 것은 로케이션 샷과 자료화면이다. 로케이션 샷은 검찰이나 경찰청사 등의 외경 혹은 정부 부처 사무실 등을 찍은 영상이다. 보통 스트레이트 기사에서 당장 사용할 수 없는 영상이 마땅치 않을 때 관련 기관 등의 건물 외경을 미리 찍어놓은 것을 사용한다. 시청자가 로케이션 샷과 함께 기사를 들으면 '아! 경찰서 혹은 검찰청에서 진행된 사건이구나!', 혹은 '경찰이나 검찰과 관련된 기사구나!' 하는 것 이외에는 영상에서 얻을 수 있는 정보는 없다. 영상의 기의와 언어 정보의 의미가 일치하는 수준이 상당히 낮은 단계다. 또 기업 관련 경제 기사가 나올 때 별다른 영상이 없으면 관련 대기업의 건물이나 기업 로고 등의 로케이션 영상이 사용되는 것을 너무나 쉽게 볼 수 있다.

검찰청 외경	경찰청 외경

　〈4대강 사업 참여 건설사 압수수색〉이란 제목의 TV 뉴스 단신 기사이다. 기사의 핵심 정보는 모두 언어가 전달하고 있다. 언어 기사만으로도 정보가 완벽하게 전달되고 있음을 알 수 있다. 반면 영상은 논리적 연속성을 확보하지 못하고 정보성이 떨어져 보완적 기능만을 맡고 있다. 영상 이미지만으로는 무슨 정보를 전달하려하는지 알 수가 없다. 검찰이 대형 건설사들을 수사한다는 정도를 추측할 수 있을 뿐이다. 결국 영상의 기능은 부차적이다.

"서울중앙지검 특수 1부는 오늘
4대강 건설에 참여했던 건설사 16곳과 설계업체 9곳을 압수수색 했습니다"

"현대건설과 삼성물산, GS건설과 대우건설 등
대형 건설사들이 압수수색 대상에 포함됐습니다"

자료화면도 비슷하다. 예컨대 물가의 전체적인 동향을 언급하는 기사는 미리 찍어둔 대형 마트의 식료품 코너나 재래시장의 스케치성 자료화면을 사용한다. 과소비기사엔 백화점의 양주 매장이 배경 영상이 되는가 하면 수출관련 기사는 수출 화물의 선적 부두나 대형 콘테이너 선박이 자료화면으로 등장한다. 〈소비자 물가 두 달째 상승〉이란 제목의 TV 기사다. 별다른 시각적 고려 없이 언어중심으로 뉴스가 작성됐다.

소비자 물가 두 달째 상승

"지난달 소비자 물가 지수는 1년 전보다 1.3% 올랐습니다."
"여덟 달 만에 가장 많이 올라 두 달째 1%대 상승률을 기록했습니다."

"신선채소 물가가 42%나 상승하면서
신선식품 지수는 15.4%나 급등해 2년 3개월 만에 가장 많이 뛰었습니다."

반면에 영상은 기사의 내용과 서사적 관련이 없는 백화점이나 시장의 표정이다. 영상은 정보 전달에는 아무런 역할도 기여하지 못하고 언어적인 내용을 시각화하기

위해 정해진 장르 관습에 따라 기계적으로 보여 지는 것이다. 즉 언어적인 것의 보충적인 역할로서 영상이 첨가된다는 것이다(강명구, 1994, 149-150).

하지만 시청자의 입장에서 보면 언어기사의 의미와 영상의 기의가 정확히 일치하지 않더라도 시청자들은 이미 영상만을 보고도 '물가 뉴스구나' 혹은 경제, 정치, 국회, 마약 등 뉴스 소재를 빠르게 파악할 수 있다. TV 뉴스의 오래된 영상 관행 때문이다. 이런 관행적인 영상 즉 이미 관습적으로 의미가 굳어진 영상은 그러나 메시지 전달을 왜곡하거나 의미를 오도하는 결과를 낳을 가능성이 높다.

예를 들어 북한의 미사일 발사 뉴스영상은 북한이 제 영상을 공개하기 전에는 확보할 수 없다. 그런데도 TV 뉴스 시간에는 과거 자료 그림을 활용해 미사일 발사 뉴스를 전달한다. 또 미국이 이라크나 아프가니스탄에 미사일을 쐈다는 TV 뉴스도 대부분 자료화면이다.

"北 단거리 미사일 2발 발사"… 안보리 제재 '위반'
〈2021년 3월 25일 MBC 뉴스〉

합동참모본부는 북한이 오늘 오전
동해상으로 단거리 미사일 2발을 발사했다고 발표했습니다.

발사 시각은 각각 오전 7시 6분과, 7시 25분.

함경남도 함주 일대에서 동해상으로 발사됐으며,
비행거리는 약 450km, 고도는 약 60km로 탐지됐습니다.

북한이 미사일 2발을 발사했다는 기사와 함께 방송된 영상이다. 화면 우측 상단에 자료화면이라는 자막이 있다. 그러나 시청자가 자료화면으로 인식하기는 쉽지 않다. 따라서 자료화면을 쓰려면 화면의 시제, 즉 자료화면에 찍힌 미사일 발사 일시와 장소가 자막으로 명확히 제공돼야한다. 그러나 현실에서는 이런 안전장치가 없이 마구잡이로 자료화면이 남발되고 있다. 자료화면이라도 시청자에게 미치는 영상의 메시지는 강하고 몰입도도 크다. 따라서 과거 영상이 아니라 오늘 새벽 발사된 실제 영상으로 받아들일 가능성이 있다. 또 2발을 발사했다는 기사와는 달리 영상은 다른 장소에서 잇따라 여러 발을 쏜 것으로 과장, 왜곡된 메시지가 전달될 수도 있다. 물론 북한의 미사일 도발은 우려할 만한 사안임에는 분명하다.

그러나 습관적이고 반복적으로 미사일 발사 때마다 이처럼 과장된 영상 메시지가 계속돼온 점은 문제가 아닐 수 없다. 자료화면으로 기사의 현장감과 전달력은 커졌을지 몰라도 마치 곧 전쟁이 잃어날 것 같은 위기감을 조성하거나 지나치게 상황을 과장하는 것은 사실 전달을 기본으로 하는 뉴스 영상으로는 부적절하다. 관행적으로 사용하는 자료화면은 이미 오염된 영상으로 커뮤니케이션을 왜곡할 가능성이 크기 때문이다. 특히 자료화면은 영상 효과와는 상관없이 결정된 뉴스 내용에 영상을 맞춰 구성한다는 오해를 받기 쉽다. 즉 실제 사건 순간을 포착하지 못해도 관습화된 숏과 편집기법을 이용해 시각적으로 흥미를 이끌어 낼 수 있는 스토리를 만들어 낸다는 것이다. 이는 TV저널리스트가 강조하고 주장하는 영상 중심성에도 반하지만 뉴스가 세상을 표상하는 방식, 즉 현실에 대한 지식과 인식을 생산해내는 방식을 통해 상징적 권력을 행사하는 것이라는 비판을 받게 된다(이종수, 1994, pp224-226; 2004).

자료나 로케이션 화면은 현재도 전체 뉴스 영상의 30% 내외를 차지하는 것으로 파악된다. 자료나 로케이션 영상을 사용하는 가장 큰 이유는 뉴스 내용과 일치하는 현장 영상이 없기 때문이다. 특히 과거에는 사건사고는 물론 행사 현장마저도 영상 취재가 힘들 정도로 영상 카메라가 부족했다. 당연히 생산되는 영상의 절대량이 적었다. 또 영상은 편집 제작이 반드시 필요했기 때문에 시간이 필요하다. 따라서 상황 발생 즉시 방송해야하는 TV 뉴스는 현장 영상이 도착할 때까지 자료화면을 대신 이용하는 사례가 많은 게 현실이다.

뉴스 현장에서 취재된 영상이더라도 서사적 기능을 갖도록 편집, 제작하지 않는다면 자료화면과 비슷한 효과밖에는 기대할 수 없다. 예를 들어 1980년대 뉴스 리포트의 대부분은 현장 영상인데도 서사적 기능은 배제된 채 사용됐다. 그 결과 뉴스의 의미와 정보 전달은 음성 언어가 전적으로 담당했고 영상은 보완적이고 부차적인 기능에 머물게 됐다.

서울·중부지방, 폭우로 엄청난 피해
〈1987년 7월 27일 MBC 뉴스데스크〉

새벽잠을 덮친 집중 호우로 도로가 침수되고
산사태와 축도가 무너지면서 가옥붕괴와 도로 유실 등으로
엄청난 피해가 발생했습니다.

서울과 중부지방에 쏟아진 집중 호우로
사망 73명, 실종 13명 등 86명의 인명 피해가 났습니다.

지역별로 보면 서울이 사망 31명, 경기가 사망 30명으로 실종 11명,
인천은 사망 12명으로 집계되었습니다.

서울 시흥동에서 오늘 새벽 산사태가 발생해
20명이 숨지는 등, 이번 호우로 가장 큰 피해가 났습니다.

위의 리포트 영상은 산사태로 큰 피해를 본 서울의 한 산동네를 찍은 것이다. 당연히 태풍 직후에 촬영된 현장 영상으로 피해 현장의 생생함 등을 느낄 수는 있지만 언어 기사의 의미와는 일치하지 않는다. 사건 당일 영상인데도 리포트에서는 자료화면과 유사한 보완적 기능에 머문 것이다. 언어 중심구조로 제작한 때문이다. 결론적으로 언어 중심 뉴스에서는 이처럼 제대로 된 영상이 있어도 영상의 역할은 제한적이다.

로케이션 샷이나 자료화면은 기사의 의미와 영상의 기의가 거의 일치하지 않고 따라서 의미 전달에 크게 도움이 되지 않는다. 이처럼 낮은 연관성에도 불구하고 현재까지 TV 뉴스에서 많이 사용되고 있다. 속보성이 중요한 TV 뉴스에서는 어쩔 수 없이 자료화면을 써야하는 상황이 많다. 그러나 로케이션이나 자료화면은 TV 뉴스의 강점을 죽이고 메시지의 왜곡 현상을 자초하기 쉬운 만큼 최대한 자제하는 것이 옳을 것이다.

TV 뉴스의 보도영상 유형
① 스튜디오 화면 ② 기자 스탠드업 (stand-up) ③ 사운드 바이트 (sound bite)
④ 사건화면 (field report) ⑤ 구성된 화면 (corroboration shot)
⑥ 로케이션샷 (location shot) ⑦ 자료화면 (file-footage)

(출처: 이종수, 1999, p230)

3절 정보의 시각화

위에서 설명했듯이 언어 중심 뉴스는 관련 영상이 없거나 영상으로 표현할 수 없는 관념적, 추상적 성격의 정보일 경우가 많다. 또 굳이 영상으로 보완할 필요가 없을 정도로 언어가 강력한 정보성을 가질 경우에도 해당된다. 그러나 이 같은 경우에도 TV 뉴스는 여러 가지 형태로 영상을 구성해 전달력을 강화한다. 가장 많이 쓰는 영상 제작 방법이 정보의 시각화로 문자를 통한 자막과 CG, 삽화, 재연, 동영상 애니메이션 등이 동원된다.

1. 문자를 통한 시각화

1980년대 TV의 언어중심 뉴스에서 기사를 시각적으로 표현한 것은 문자다.

국사교과서 개편 방향 시안의 주요 내용
〈1987년 3월 25일 MBC 뉴스데스크〉

오늘 발표된 국사교과서 개편방향 시안의 주요내용도
전해드리겠습니다.

먼저, 고조선 초기 무대를 요령지방으로 고치고, 신화로만 기술되어 있는 단군신화를 역사적 사실로
반영하기로 했으며 기자조선의 존재를 부인하기로 했습니다.

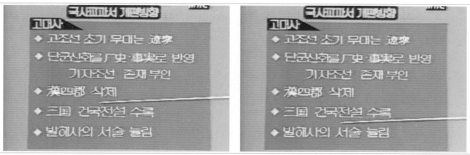
또 한사군의 위치를 삭제했고 신라, 고구려, 백제의 건국 실화를 추가하며
설명이 미흡한 발해사의 서술을 늘리기로 했습니다.

TV 정보가 청각과 시각을 통로로 전달된다고 볼 때 가장 낮은 단계의 시각화는 정보의 문자화일 것이다. 기자의 멘트를 문자로 적어 눈으로 보게 함으로써 청각과 시각, 2가지 채널을 통해 정보가 전달된다. 음성뿐인 라디오에 비해 소통 능력이 배가됐다. 위의 뉴스에서는 해당 내용이 설명될 때 스틱으로 해당 글자를 가리킴으로서 시선을 주목하게 하는 방법을 썼다. 그러나 문자로 시각적 자극을 줬을 뿐 영상 효과를 기대할 수는 없다.

그럼에도 문자를 통한 시각화는 최근에도 폭넓게 활용되고 있다. 아래와 같이 프로젝션을 이용한 경우도 문자를 통해 음성 언어기사의 의미를 시각화했다는 점에서 본질적으로는 같다. 다만 영상기술의 발전으로 화면구성이 세련되게 표현됐을 뿐이다. 또 과거에는 신문과 유사한 문어체였던 TV 문자도 최근엔 방송 언어답게 간략하고 세련되게 디자인돼 시각적으로 이해하기 용이하도록 구성됐다.

렘데시비르 누가 맞나…치료 효과·비용은?
〈2020년 7월 1일 MBC 뉴스데스크〉

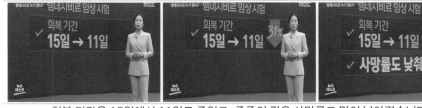
회복 기간은 15일에서 11일로 줄었고, 중증의 경우 사망률도 많이 낮아졌습니다.

폐렴소견이 나오고, 산소포화도가 낮은 환자부터 투약됩니다.
중증환자에게 먼저 쓰입니다.

음성 기사를 문자로 시각화했을 뿐이지만 음성 기사의 구두점과 시각화된 문자 표현의 구두점을 정확히 일치시켜 전달력을 극대화시키는 것이 특징이다. 특히 화면에서 의미와 맥락에 맞게 순차적으로 문자에게도 움직임을 부여해 음성과 결합되도록 편집한다. 문자의 움직임으로 시청자의 시선을 포획하는 것과 동시에 음성 정보를 결합하는 것이다. 이렇게 청각 요소와 시각요소를 일치시키는 이유는 전달력을 높이고 정보 전달의 신뢰성을 강화하려는 국내 TV 뉴스의 제작 기법이기도 하다.

이와 함께 문자를 통해 정보를 시각화하는 또 다른 대표적 사례는 유명인사의 발언이나 중요 취재원의 증언 그리고 법원 판결 등이 있다. 말 자체가 강력한 정보여서 음성기사로 옮기는 것과 함께 문자, 즉 시각적 수단을 함께 표출해 정보의 의미를 반복해 강조하는 것이다. 최근에 들어서는 당사자의 음성 인터뷰가 있더라도 내용을 자막으로 화면하단에 표출하는 경우가 대부분이다. 정보와 의미의 정확성을 높이겠다는 것이 목적이다.

한은 연내 금리 인상 공식화 ⋯ "1~2회 올려도 긴축 아냐"
⟨2021년 6월 24일 KBS 뉴스 9⟩

한국은행이 기준금리를
올해 안에 올리겠다는 계획을 공식화했습니다.

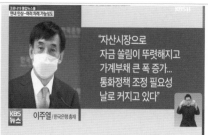

자산시장으로 자금 쏠림이 뚜렷해지고 가계부채도 큰 폭으로 증가하고 있어
통화정책을 조정할 필요성이 날로 커지고 있다고 이주열 총재는 강조했습니다.

금융 통화정책을 결정하는 한국은행 총재의 발언은 뉘앙스까지 전달되도록 정확하고 구체적인 표현까지 전달되는 것이 바람직하다. 문자는 음성언어보다 훨씬 의미전달의 정확성이 두드러진다.

이와 함께 법원의 판결 취지, 정부의 발표, 제보자의 증언 등도 말의 내용이 가감없이 또 정확히 전달되는 것이 중요하다. 특히 말소리는 그냥 흘러간다는 느낌이 강한반면 문자적 표현은 일종의 각인 효과까지 기대돼 강조하는 의미가 크다고 할 것이다. 제보자의 증언도 뉴스의 핵심 근거로서 중요한 TV 뉴스의 구성요소다. 제보자의 말을문자로 시각화함으로써 정확성과 중요성을 부각하고 전달력을 강화했다.

강호순 1심 사형 선고 … 부인·장모 살해도 유죄
〈2009년 4월 22일 MBC 뉴스데스크〉

재판부는 "강호순이 살인 자체를 즐겨 사회로부터 영원히 격리시킬 필요가 있으며,
개선 교화의 가능성을 찾기는 어렵다"고 밝혔습니다.

2. 문자+자료 영상을 통한 시각화

이후에 문자를 통한 정보의 시각화는 아래의 뉴스 리포트처럼 영상을 첨가하는 방식으로 발전했다. 그러나 사용되는 영상은 뉴스 내용을 설명하고 전달하는 데는 크게 기여하지 못했다. 아래 뉴스 리포트에서 영상은 부동산과 관련된 뉴스라는 분위기만을 전달할 뿐이다. 국유지 불하 조건 등을 요약한 문자 정보에 시각적 요소를 추가했다는 점에서 진일보한 제작법이다.

영세민 점유 국유지 시중보다 싸게 불하
〈1987년 2월 18일 MBC 뉴스데스크〉

정부는 영세민들이 점유하고 있는
소규모 국유지를 시가보다 싸게 불하해 주기로 했습니다.

재무부가 마련한 국유재산법 시행령 개정안에 따르면
지난 81년 4월 말 무허가 주택 등으로 무단점유 하고 있는 소규모 국유지를
감정원 감정가격으로 불하해주기로 했습니다.

문자판을 이용한 정보의 시각화는 2000년대 이후까지도 TV 뉴스에서 자주 볼 수 있었다. 해당 내용을 설명할 때 자막이나 문자가 화면 위에 나타나는 방식으로 시선을 주목하게 하는 방법을 사용해 가독력을 높였다.

열통, 서울 사상최고 기온 38.4도
〈1994년 7월 24일 KBS 뉴스 9〉

38.4도까지 오른 서울의 하늘은
구름 한 점 보이지 않았습니다.
시민들은 수영장과 공원으로 그늘을 찾아 나섰지만은
시원함은 느낄 수가 없었습니다.

숨쉬기조차 고통스러운 하루였습니다.
폭염의 기세에 모든 것이 움츠러들었습니다.

이처럼 TV 뉴스 초기에는 정보의 시각화 차원에서 등장했던 문자는 점차 사용 범위가 확대된다. 문자는 속성상 정확도가 높고 전달력이 강하기 때문이다. 최근에는 TV 소리를 줄이고 보더라도 문자나 자막을 통해 내용을 충분히 파악할 정도로 자막이나 문자가 많이 사용된다. 특히 온라인 콘텐츠의 경우 서사적인 설명 기능의 대부분을 사운드보다는 자막이 맡고 있다.

TV 화면에서도 문자나 자막의 중요성이 커지고 있다. 영상은 언어적 설명이 없을 때 의미 해석을 고정할 수 없다. 반면에 영상과 함께 표출되는 문자나 자막은 분명하지 않은 영상의 의미에 최소한의 서사적 질서를 제공한다. 그 결과 영상이 가진 정보적 가치를 높여준다. 즉 자막이 함께 표출되면 설명 능력이 없던 영상도 최소한의 스토리 기능이 부활되는 것이다.

또 자막도 영상의 도움으로 사실감과 현장감을 가져 정보 전달력을 향상 시킬 수 있다. 영상과 자막이 서로 상호적으로 사실 설명과 정보 전달 효과를 보강해주는 것이다.

수도권 델타 변이, 알파 보다 2배 이상 검출
〈 2021년 7월 11일 KBS 뉴스 9〉

지금까지 국내에서 확인된
주요 4종 변이 바이러스 가운데 가장 높은 비중을 차지한 건 알파 변이였습니다.

예를 들어 위의 뉴스는 코로나 변이 바이러스의 확산 비중을 표로 제작해 공항입국장을 배경 화면으로 설명했다. 당시 알파 변이는 국내 전염으로, 델타 변이는 해외 유입으로 확산된다고 판단하고 있는 상황이었다. 따라서 마스크를 쓰고 귀국하는 공항 입국장을 배경영상으로 제시함으로써 해외 유입 차단의 중요성을 암묵적으로 표현하고자 했던 제작자의 의도를 읽을 수 있다.

'마약 청정국' 옛말–'국내 소비용' 마약 밀반입 급증
〈2014년 7월 15일 MBC 뉴스데스크〉

6kg, 시가 1백80억 원어치로 20만 명이 동시에 투약할 수 있는 양입니다.

〈마약 밀반입 급증〉 뉴스도 6kg의 필로폰을 단순히 보여주는 것이 아니라 20만 명이 동시에 투약할 수 있는 엄청난 양이라는 사실을 문자로 표현함으로써 뉴스의 가치를 높이고 정보 전달력을 배가하는 효과를 시각화했다.

3. CG(Computer Graphic)를 통한 시각화

컴퓨터 그래픽 중에서 가장 많이 활용되는 것이 인포그래픽(Infographics)이다. 인포그래픽은 정보나 데이터, 지식을 시각적으로 표현한 것으로, 정보를 빠르고 알기 쉽게 전달하기 위해 사용된다. 인포메이션과 그래픽의 합성어다. 그래픽을 기반으로 패턴과 경향을 파악하는 인간의 시각 시스템을 이용해 정보를 전달할 수 있다. 따라서 신문 등 인쇄 매체도 오래 전부터 사용해왔다. 다만 TV 뉴스에서는 시선을 사로잡아 주목도를 높이기 위해 모션 그래픽을 많이 사용한다.

'중독의 늪' 마약사범 최대, 해외 밀반입 급증
〈2016년 12월 6일 MBC 뉴스데스크〉

최근 3년간 의원급 병원에서
중독성이 강한 향정신성 의약품 처방은 꾸준히 증가하고 있습니다.

CG를 이용한 인포그래픽은 강렬한 인상과 함께 직관적으로 정보를 파악할 수 있도록 구성돼야 한다. 특히 막대나 원을 이용한 단순 그래프에서 벗어나 약물과용은 약을, 통화량은 화폐를 이용해 그래픽으로 형상화하는 등 비주얼적 요소를 강화하는 것이 추세다. 또 최근엔 스토리가 담겨 관심과 주목도를 끌어올리려 한다.

취업난 스트레스에 '청년탈모' 급증···평균 31세 시작
〈2011년 12월 11일 MBC 뉴스데스크〉

한 대학병원의 연구 결과, 탈모가 시작되는 나이는
2006년 서른네 살에서 지난해 서른한 살로 4년 만에 3년이나 빨라졌습니다.

인포그래픽 이외에 언어나 사실적 영상만으로는 설명하기 어려운 정보를 컴퓨터 그래픽을 이용해 쉽게 설명하는 사례도 크게 늘어나고 있다. 최근에는 컴퓨터 그래픽이 2D를 넘어 3D, 혹은 3D 애니메이션으로 발전해 가상현실(VR)이나 증강 현실(AR)로 확장되고 있다. 그러나 뉴스는 정보전달을 쉽고 빠르게 전달하는 것을 주 목적으로 하기 때문에 2D 그래픽으로 충분할 때가 더 많다. 무엇보다 2D 그래픽은 속보성이 중요한 TV 뉴스에서 가성비가 최고이다. 3D 이상의 그래픽은 제작시간이 오려 걸려 속보성 뉴스에 사용하기엔 부적절할 때가 많다.

"살인고의 있었다" ··· '아동 가방 감금 살해' 징역 25년 확정
〈2021년 5월 11일 KBS 뉴스 9〉

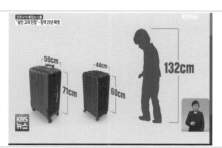

A군이 거짓말을 한다며 여행용 가방 2개에 잇따라 가둔 겁니다.
키 130cm가 넘는 A군은 물도 못 마신 채 7시간 가량 갇혀있었습니다.

인천공항, 마약거래 경유지? '출발지 세탁' 필로폰 운반
〈2013년 11월 6일 MBC 뉴스데스크〉

쉘러씨는 지난달 10일, 케냐를 출발해 부르키나 파소에서 필로폰을 받은 뒤,
에티오피아와 프랑스를 거쳐 지난달 21일 우리나라로 들어왔습니다.

〈살인고의 있었다〉 뉴스의 CG를 보면 시청자는 피해 아동이 비좁은 가방에 갇혀 죽을 수밖에 없는 상황을 만든 비정한 엄마의 범죄를 한눈에 알 수 있다. 또 〈마약 경유지〉 뉴스 CG도 마약 밀수의 통로를 숨기기 위해 다단계의 출발지 세탁이 진행됐음을 감각적으로 확인할 수 있다.

〈블로우 업〉 뉴스의 CG는 아스팔트 도로와 시멘트 도로의 특성과 차이를 보는 즉시 파악할 수 있다. 유독 시멘트로 포장된 고속도로만 돌출돼 어긋나면서 치명적인 교통사고로 이어지는 이유를 시각적으로 이해할 수 있게 도와주고 있다.

꺼지고 솟아오르고…도로 '블로우업' 사고 위험
〈2021년 7월 24일 KBS 뉴스 9〉

2018년 여름 전국의 고속도로에서
블로우 업 현상이 발생해 차량 22대가 파손되고, 5명이 다쳤습니다.

열을 받으면 아스팔트 포장은 넓게 퍼지면서 일그러집니다.

반면 시멘트 포장은 다른 판과 부딪히면 깨지면서 허공으로 치솟습니다.
이른바 '블로우업' 현상입니다.

4. 삽화, 재연 등 그 밖의 시각화

그 밖의 시각화 방법으로는 삽화와 재연, 그리고 CG 애니메이션 등이 있다. 삽화는 CNN 등 외국 언론도 영상 취재가 어려운 법정 스케치 등에서 자주 활용됐다. 삽화와 재연 등은 국내에서는 사실을 다루는 TV 뉴스 형식에 어울리지 않는다는 비판이 많아 사용 빈도가 적다. 작위성이 강하고 사실성이 떨어지기 때문이다.

(가) 삽화

직장 내 성희롱, 남녀고용평등 위한 교수 모임회 주최 세미나
〈1994년 11월 9일 MBC 뉴스데스크〉

혐오감을 주는 성적 농담이나 외모 평가, 술자리에서 여자 직원을 옆에 앉히거나
술을 따르도록 강요하는 경우 등이 직장 내 성희롱의 대표적 유형입니다.

스파이더 맨, 배관 타고 100억 절도
〈2008년 7월 3일 MBC 뉴스데스크〉

실제로 장 씨는 4일 새벽, 아파트 가스배관을 타고 9층까지 올라간 뒤,
베란다 창문이 열린 집만 골라 한번에 5집을 털었습니다.

〈배관타고 절도〉의 뉴스 리포트에서 볼 수 있듯이 도둑이 아파트 벽을 타고 오르내리는 재연 삽화 영상이 의도치 않게 코믹하게 표현돼 있어 뉴스의 현실성은 크게 떨어진다. 범죄 사실의 설명력을 높일 수는 있었지만 리포트의 전체 분위기와 전혀 어울리지 않는 영상 구성으로 뉴스의 신뢰도에는 긍정적이라고 할 수 없다.

(나) 재연

재연을 통한 시각화는 영화나 드라마에서 비슷한 상황과 장면을 발췌해 쓰는 경우가 많다. 그러나 사실적 영상이 아니어서 메시지를 왜곡할 위험성이 높다. 따라서 재연 영상의 사용도 뉴스 제작 현장에서는 최대한 자제한다.

모든 것 다 빨아들인다는 '블랙홀' … 지구인에 첫 선
〈2019년 4월 11일 MBC 뉴스데스크〉

인류의 생존을 걸고 떠난
마지막 우주비행에서 주인공들이 거대한 블랙홀과 조우하는 (영화)장면입니다.

(다) CG 애니메이션

이와 함께 동영상 애니메이션을 활용한 시각화는 사실감과 현장감 등 영상적 장점을 그대로 유지한 채 마치 실제로 발생한 현장을 보는 듯 착각할 정도다. 특히 날로 발전하는 디지털 영상 기술로 최근에는 가상 현실과 증강 현실을 토대로 한 버츄얼 현실이 인간의 시지각 경험에 새로운 지평을 열고 있다.

공군 KF-16 이륙중 비상탈출 … 전투기 전 기종 비행중지
〈2021년 6월 8일 KBS 뉴스 9〉

전투기가 이륙 중에 화재가 발생한 장면을 컴퓨터 그래픽 애니메이션으로 제작해 뉴스로 방송됐다. 사고 당시를 직접 보는 것같이 사실감 있게 표현돼 있다. 조종석까지 연기와 화재가 번지자 조종사는 비상 탈출해 무사히 낙하산으로 활주로에 안착한다. 동영상 애니메이션은 탁월한 영상 능력에도 불구하고 TV 뉴스에 쓰기에는 아직여러 제약이 따른다. 우선 제작에 시간이 걸린다. 신속성이 생명인 TV 뉴스에서 당일발생한 사건을 애니메이션으로 재현하기엔 아직 시간이 부족하다. 또 제작에 투여한노력과 비용을 고려할 때 애니메이션이 뉴스에서 요구하는 사실성과 현실감을 충족시켜 줄 정도로 압도적인지는 아직 의문이다. 더구나 완벽하게 현실을 재현하더라고사실이 아닌 만큼 사실을 다루는 TV 뉴스에 걸 맞는 영상인지 의구심이 남는다.

6장. 동시화 구조 vs 분리화 구조

동시화 구조란 TV 뉴스에 나오는 앵커 멘트와 기자 육성, 그리고 자막 등 언어적 요소의 전달 효과를 높이기 위해 언어적 기의와 최대한 같은 의미를 가진 영상을 동시에 표출해 시청자에게 제시하는 것을 뜻한다. 기사와 영상의 의미를 중복 제시함으로써 시·청각적 요소를 결합해 메시지의 전달과 기억 효과를 높인다는 측면에서 이중부호화 이론과 기본적으로는 다르지 않다.

이에 반해 분리화 구조는 뉴스 속 언어와 영상의 의미가 겹치지 않고 영상은 영상의 의미를, 언어는 언어의 의미를 각각 전달해 시청자가 종합적으로 해석해 인식할 수 있도록 개방적인 구조의 뉴스에서 발견된다. 만화나 영화 등이 대표적인 분리화 원칙에 충실한 콘텐츠다. 언어와 영상이 연계와 상승, 차단 기능을 보일 때도 두 가지 기호는 분리된다.

우리나라의 초기 TV 뉴스는 낮은 단계의 분리 구조가 지배적이었다. 80년대 말까지 취재 기자와 영상 기자의 협업 구조가 약했다. 기사는 기사 논리에만 충실하게 작성해 라디오 뉴스 기사와 비슷했다. 영상은 영상 논리대로 취재되고 제작됐다. 양자는 서로 결합돼 방송되지만 서로 겉돌아 분리될 수밖에 없는 구조였다. 그러나 90년대 중반이후 TV에 걸 맞는 뉴스 제작이 활발해졌다. 영상의 역할이 강화되고 강조됐다. 최근으로 올수록 영상의 역할을 중요시하는 동시화 구조가 크게 늘었다. TV 뉴스의 강점인 영상을 최대한 활용하겠다는 생각이 컸다. 사실을 반영하는 영상이 뉴스의 객관성을 높여준다고 판단했다. 영상의 역할에 기대어 시청 경쟁력을 강화하고 신뢰도도 높여보겠다는 생각이 깔려있는 것이다.

하지만 미국 등 영미 문화권에서는 분리화 구조가 더 일반적이다. 영상으로 표현된 객관적 현실을 주관성이 강한 기자의 음성으로 고정시키는 것은 잘못이라는 생각이 강하다. 즉 시청자가 스스로 영상을 해석하도록 맡기고 기자의 음성 기사는 영상과 분리돼 영상으로는 알 수 없거나 부가되는 정보를 전달하는 데 주력한다는 것이다. 이런 태도가 TV 뉴스의 객관성을 담보한다고 생각하는 경향이 강하다.

비운의 사고…10년 만에 재도전
〈2014년 8월 20일 KBS 월드뉴스〉

낙하산을 타고 높은 다리에서 뛰어내리는 것을 즐기다 발생한 사고로 하반신이 마비된 남성이
10년 만에 비운의 사고를 이겨내고 재도전에 나섰습니다.

이 뉴스는 당초 미국 ABC News가 제작한 것을 KBS가 번역해 다시 제작·방송됐다. 양쪽의 리포트를 비교하면 한국은 동시화 구조를, 미국은 분리화 구조에 따라 제작됐음을 확인할 수 있다. 먼저 KBS가 동시화 구조로 재구성해 만든 뉴스 리포트이다. 10년 만에 휠체어를 타고 다시 찾은 다리에서 뛰어내리는 부분의 영상과 기사다.

사고 지점에서 휠체어를 탄 채 앉아있는 비소네트씨!

휠체어 바퀴가 다리 아래로 자연스레 내려가고
낙하산이 성공적으로 펴지면서 10년만에 완벽한 점프에 성공했습니다.

영상은 휠체어 장애인이 다리에서 뛰어내린 후 낙하산이 펴져 점프에 성공하는 순간을 완벽하게 보여주고 있다. 영상만으로 스토리를 구성한 영상 중심 뉴스다. 음성 언어는 이런 영상의 의미를 강조하듯 똑같이 중복 설명하고 있다. 영상과 언어 기사의 의미가 거의 100% 일치하고 있다. 동시화 구조이다.

반면에 미국 ABC News는 분리화 구조로 뉴스 리포트를 제작했다. 해당 부분이다.

비운의 사고···10년 만에 재도전 〈2014년 8월 ABC 뉴스〉

비소네트씨 : "Exactly 10 years to the day of my accident.
I'll be on that bridge and stepping off again."
("정확히 10년만이다. 나는 다리에 올라가 다시 뛰어내릴 것이다")

One can question his sanity. (우와~~함성)
No one can doubt his great.
(무모하다고 할지 몰라도 아무도 그의 위대한 도전을 의심할 수는 없습니다.)

ABC News에서는 영상의 내용과 언어의 기의는 100% 분리돼 있다. 두렵지만 다시 점프하겠다는 남성의 말과 위대한 도전이라는 음성 기사는 영상 내용과 일치되는 것이 없다. 물론 영상과 결합돼있는 만큼 위대한 도전이 휠체어를 탄 채 점프하는 것을 지시하는 것이다. 그러나 명시적으로 영상과 언어는 잉여의 의미 없이 분리돼 복합적으로 구성돼있다.

3D 프린터 전기자동차 공개 ··· 〈2014년 9월 KBS〉

미래형 전기 자동차가 시민들의 박수 속에 움직입니다.

3D 프린터 전기자동차 공개 … 〈2014년 9월 CNN〉

'The race to the future in auto-making took off at a walking pace
(자동차 산업의 미래를 향한 레이스가 서서히 시작되었습니다.)

　　미국에서 3D 프린터를 이용해 생산한 전기 자동차가 처음으로 공개됐다는 뉴스다. KBS 뉴스는 "전기 자동차가 움직인다"는 음성 기사가 영상을 다시 설명하는 동시화 구조다. 똑같은 내용이 영상과 음성으로 일치돼 시청자에게 중복 제시되는 것이다. 반면에 CNN 뉴스는 "미래를 향한 레이스가 시작됐다"고 포괄적인 의미로 표현해 분리화 구조를 택했다. 영상은 포괄적이고 추상적인 음성기사의 의미를 첨단 자동차로 미래를 개척할 수 있다는 의미로 고정하는 역할로 기능했다.

　　이처럼 영미권은 분리화 구조가 일반적인 반면 한국은 동시화 구조를 훨씬 많이 활용하는 관습을 가지고 있다. 이런 차이는 TV 뉴스 영상의 객관성을 구현하는 방법에서 비롯됐다. 영상은 인간의 개입 없이 자동적으로 현실을 반영해 TV 뉴스의 객관성을 담보하는 구성요소라는 생각에서 시작한다.

　　영미권의 언론 실무자와 언론학자들은 '영상 속에 구현된 세계'를 '객관적 사실'로 보는 반면 이를 전달하는 기자의 목소리는 주관성의 매개체로 인식한다. 그리고 두 기호 간의 분리를 통해 객관성을 구현해야 한다고 주장한다(김수정, 2003). 다시 말해 영상으로 표현된 객관적 현실의 의미를 주관성이 강한 음성 기사로 한정시키는 것은 잘못이라는 생각이다. 따라서 영상 해석은 시청자의 몫이고 언어는 영상을 통해 알 수 없는 부가적인 정보로 이루어져야 함을 의미한다. 즉, 영상 안에 존재하는 기의를 시청자들에게 전달하는 데에 있어서 기자의 개입이 최소화되어야 하는 것으로 풀이할 수 있다(정나영, 2016, p44-45). 결국 언어와 영상 두 기호 간의 의미가 중복되는 것을 최소화시키는 것이 객관성을 최대한 보장하는 핵심이라는 것이다.

반면 한국은 영상 속에 구현된 세계를 '객관적 사실'로 보지만 음성 기사 역시 객관적 사실에 대한 객관적 진술로 본다. 또 영상이 가진 객관성의 힘을 빌려 음성 기사의 객관성을 확보해야 한다고 주장한다(김수정, 2003; 이종수, 1999). 이는 보도의 객관성을 확보하기 위해서는 영상 속 내용을 객관적으로 언급하는 음성 기사를 함께 송출하여야 함을 의미한다. 이 때 영상은 음성기사의 시각적 증거로서 기능하게 된다. 이런 영상화 구성의 목적은 시청자들이 듣고 있는 것이 바로 사실이라는 것을 보여주고 시청자들이 직접 목격하는 것과 같은 효과를 얻으려는 데 있다. 따라서 기자가 말하는 것은 주관적 진술이 아닌 사실을 말하는 것으로 객관성을 획득하게 된다(정나영, 2016, p45). 더 나아가 영상과 언어의 동시성 즉 결합 정도가 강할 경우 영상이 스스로 말을 하는 것 같은 비매개 현상까지 느낄 수 있다. 결국 동시성은 TV 뉴스가 효과적으로 전달되고 강력하게 기억되는 학습효과를 노린 제작법이다. 또 TV 뉴스가 전하는 정보가 사실이고 객관적이며 틀림없는 진실이라는 생각을 갖게 함으로써 TV 뉴스의 경쟁력과 신뢰도를 높인다고 기대한다. 종합하면 TV 뉴스 영상이 보도의 객관성을 높여준다는 사실은 영미권과 한국의 언론학자들이 동의하지만, 언어 기사를 통해 영상의 객관성을 구현하는 방법과 관련해 영미권은 '분리화 규범'을, 그리고 한국은 '동시화 규범'을 가지고 있다(정나영, 2016, p45)는 것이다.

1절 TV 뉴스 속 동시화 구조

동시화는 앞에 설명한 대로 영상과 언어 기사의 의미가 일치하도록 중복 제시하는 것이다. 그러나 TV 뉴스 제작 방법으로서 동시화 원칙은 근본적으로 이중부호화 이론과는 다르다. 이중부호화 이론은 영화적 제작방법에서 시작된 것으로 영상 중심의 서사 이론이다. 따라서 영상과 언어의 의미가 거의 100%일치한다.

그러나 동시화는 영상과 언어가 일치하는 정도가 느슨한 낮은 단계부터, 100% 일치하는 높은 단계까지 포괄적이고 보다 일반적인 개념을 지칭한다. TV 뉴스가 언어와 영상의 일치를 추구하더라도 항상 가능한 것이 아니기 때문이다. TV 뉴스에서 언어와 영상의 상호 연관성은 느슨하고 불안정할 수밖에 없는 경우가 많다.

1. 현장 화면을 통한 동시화

언어기사와 영상의 일치도가 높은 것은 현장 화면을 활용하는 경우다. 리포트 앞부분에 2~3 문장의 기사와 영상의 의미를 일치시키면서 제작하는 기법으로 현재 많은 TV 뉴스 리포트에서 활용하고 있다. 현장 화면은 2가지로 나뉜다. 첫째는 영상이 사건의 결과만을 보여주는 사례다. 둘째는 영상이 사건의 원인과 발생 과정 그리고 결과까지 설명하는 경우다. 현장 화면은 대부분 사건이 끝난 이후에 확보되는 경우가 많다. 화재나 시위 현장과 같이 일정시간 동안 지속되는 경우를 제외하고는 대부분 카메라 기자가 현장에 도착하면 상황은 마무리돼 치워져있거나 사고의 결과만이 남는 경우가 대부분이다. 그러나 사건 사고의 현장 영상은 결과만을 보더라도 어떤 과정과 원인을 거쳤는지 시청자들이 정확하지는 않지만 짐작할 수는 있다. 이를 영상도 시간성을 가지고 있다고 말한다(*영상의 시간성 참고).

전북 정읍 감곡면 효도 관광 길 나선 일가족 4명 교통사고 사망
〈2006년 11월 7일 MBC 뉴스데스크〉

효도 관광에 나섰던 일가족 4 명이 교통사고로 숨졌습니다.
효심 깊은 딸이 보내드린 여행길에 당한 참변이었습니다.

15톤 화물차가 도로 옆 5 m아래 언덕에 처박혀 뒤집혔습니다.

화물차와 충돌한 승합차 앞도 심하게 일그러졌습니다.

오늘 오전 전북 정읍의 국도에서 화물차와 승합차가 충돌했습니다.
이 사고로 효도 관광에 나섰던 일가족 4명이 숨졌습니다.

위의 뉴스 첫 번째와 두 번째 단락에서 언덕 밑에 뒤집어져 처박힌 화물차와 앞부분의 형체가 사라진 승합차의 영상은 기사와 정확히 의미가 일치한다. 이렇게 기자가 말하는 내용이 영상과 일치하면 시청자의 집중도는 확 높아진다. 또 기자의 말이 사실이구나 하는 생각을 갖게 만든다.

이렇듯 기사와 영상의 동시화는 마치 영상이 스스로 말을 하는 것 같은 착각이 들게 한다. 또 결과만을 보더라도 과정을 유추하게 한다. 영상은 결과의 의미만을 전달하는 게 아니다. 시청자에게 이런 결과를 낳게 하는 과정을 너무 쉽게 연상시킨다. 파손된 차량 영상만으로도 국도에서 트럭과 승용차가 충돌했고 트럭이 도로 옆으로 굴렀다는 사실을 읽을 수 있다. 인명피해를 예상할 수도 있다. 시청자가 자주 보던 영상은 경험적으로 어떤 원인으로 이런 결과가 생겼는지 짐작할 수 있다. 같은 문화권 내에서는 특정 영상은 별도의 설명 없이도 관습적 의미를 보유한다.

그러나 3번째 부분부터는 기사 내용과 영상은 일치하지 않는다. 영상의 의미를 기사로 쓰면 '충돌사고가 난 곳은 (전북 정읍의) 국도이다' 라고 말해야 맞다. 그러나 기사는 '두 차량이 충돌했다' 이다. 더욱이 '4명이 숨졌다'는 의미는 영상에서 찾을 수 없다. 하지만 1,2번째 기사와 영상의 동시화 돼 뉴스 내용에 몰입된 영향으로 시청자는 3번째 기사와 영상의 의미가 분리돼 있더라고 자연스럽게 기사와 영상의 전달 내용을 받아들인다. 동시화의 영향이다.

태풍 가자 물고기 '떼죽음'… 가공할 적조 덮친다
〈2019년 9월 9일 MBC 뉴스데스크〉

경남 남해군 앞바다의 가두리 양식장,
떼죽음 당한 물고기들이 하얀 배를 드러낸 채 물위로 떠올랐습니다.

어민들이 죽은 물고기를 건져 올려보지만 끝이 보이지 않습니다.

태풍으로 방제작업이 어려운 틈을 타, 적조가 연안 안쪽 양식장을 덮쳤습니다.
추석을 맞아 출하를 앞두고 있던 성어 대부분이 폐사했습니다.

이 리포트도 1,2번째 단락은 기자의 말과 영상의 의미가 정확히 일치한다. 기자는 영상이 보여주는 대로 - 적조로 죽어 떠오른 엄청난 양의 물고기, 그리고 이를 끝없이 수거하는 어부들 - 기사로 설명하고 있다. 이처럼 영상과 기사의 내용이 일치해 동

시에 표출됨으로써 리포트의 도입부는 사실에 입각한 객관성을 확보하는 것이다. 그러나 3번째 기사는 태풍 때문에 적조 방제 작업이 불가능해 명절을 앞두고 피해가 커졌다는 내용을 담고 있는 반면 영상은 1, 2번째 화면의 연속선상에 있는 화면을 이어붙였을 뿐 기사와 일치하지는 않는다. 그런데도 시청자는 이미 객관성을 얻은 기자의 말을 믿는데 별다른 근거를 요구할 이유가 없는 것이다.

더욱이 영상이 결과만을 제시할 때보다 사건의 과정까지 담겼다면 시청자들이 느끼는 객관성과 신뢰도는 더욱 높아진다. 또 사건의 발생 순간을 눈으로 직접 보는 것 같아 생생함과 즉각성을 느낀다. 현장감과 임장감은 물론 몰입도도 한층 배가 되는 것이다. CC-TV나 블랙박스, 스마트 폰 영상 등 외부로부터 제보된 영상은 종종 사건의 초기 영상이 담겨있어 사건의 원인과 과정 그리고 결과까지 영상 속에 고스란히 기록돼 있다.

소방 헬기 광주 도심 추락 ⋯ 5명 사망·1명 부상
〈2014년 7월 17일 KBS 뉴스 9〉

광주의 도심 한복판,
헬기 한 대가 수직에 가깝게 도로로 추락합니다.

사고 현장은 순식간에 불길에 휩싸입니다.

2014년 7월 광주광역시 도심에 소방헬기가 추락해 조종사 등 탑승자 다섯 명이 모두 숨지고, 시민 한 명이 다쳤다. 갑작스런 헬기 추락 순간은 아무도 볼 수 없었지만 차량 블랙박스 영상에 기록돼 있었다. 영상만으로도 사고 순간을 생생히 읽어 낼 수 있다. 이 뉴스 리포트에서 기사는 영상의 내용을 그대로 반복해 설명하고 있다. 영상과 기사가 정확히 동시화돼 일치하는 것이다.

공포의 '역주행·10중 추돌' … "운전자 만취상태"
〈2019년 1월 15일 MBC 뉴스데스크〉

승용차가 신호 대기 중이던 택시를 치고 중앙선을 넘어 달아납니다.

10여초 뒤, 이 승용차는 역주행으로 질주하다
신호를 기다리던 흰색 승용차를 정면으로 들이받습니다.

그리고는 오른쪽 방향으로 팅기면서 주차된 차량 열대에 잇따라 부딪힙니다.

이 리포트는 음주운전 차량이 얼마나 위험하고 비극적인 결과를 낳는 지를 보여주는 생생한 영상기록이다. 먼저 중앙선을 침범한 승용차가 신호대기중인 차량들을 밀어붙인다. 이어 10여 초 뒤에 과속으로 역 주행하던 승용차는 정면 충돌사고를 일으켜 차량들이 튕겨나가면서 10중 충돌로 이어졌다. 이 과정이 담겨있는 여러 대의 CC-TV 영상을 확보해 리포트에 담았다. 1, 2, 3번째 영상은 지금까지의 사례와 마찬가지로 동시화 효과가 잘 나타난다. 이 리포트의 영상은 발생 순간을 담고 있다. 발생 순간의 영상은 과정을 보여줄 뿐 아니라 시청자에게 이 사고가 지금 발생하고 있는 것 같은 착각을 들게 한다. 이런 생생한 현장감과 즉각성 등은 시청자들을 몰입하게 만든다. 다만 기자는 1분 35초 길이의 리포트에서 충돌당시의 충격적 장면을 무려 9번이나 반복적으로 사용했다. 음주운전의 비극적 결말을 충격적으로 전달한다는 목적은 좋지만 볼거리에만 매달렸다는 비판을 피하기 어려워 보인다.

다만 신문은 공간적 크기와 위치에 따라, 즉 편집을 통해 뉴스의 중요도를 결정한다. 반면에 텔레비전 뉴스의 중요도는 흔히 시간적 서열에 따라 구분된다. 중요한 뉴스는 헤드라인으로 먼저 소개되고 스토리도 길게 리포트로 배치된다. 이와 함께 뉴스 가치가 높으면 반복되기도 한다. 특히 영상이 볼거리 가치가 클 경우 TV 뉴스는 상대적으로 중요하게 처리되며 특히 반복적으로 영상을 사용해 시청자에게 사실감과 몰입도를 높인다. TV 영상이 뉴스로서의 가치가 높은 경우 반복은 뉴스 중요도의 표현일 수밖에 없다.

대부분의 TV 뉴스에서 리포트 초반에 영상과 기사의 일치 정도가 높은 구성을 배치한다. 이른바 초두 효과를 기대하는 것이다. 리포트 초반에 동시화 현상이 강할수록 시청자의 집중도가 높아진다고 보기 때문이다. 또 리포트 중반에 같은 화면이 나타나더라도 의미 전달의 배경적 설명력을 가진다.

2021년 2월 건설현장에 일을 구하러 갔다가 허탕 친 노동자 12명이 탄 승합차가 집으로 돌아가던 중 비 내리는 나들목 커브 길에서 미끄러지면서 전복돼 7명이 숨졌다. 리포트는 고속도로 CC-TV에 잡힌 승합차 모습을 묘사하는 것부터 시작된다. 그러나 영상에서는 흰색 승합차가 분명히 보이지도 않고 영상 속 차량이 사고 차량인지도 불분명하다. 그런데도 제작자는 빨간 동그라미까지 표시하며 사고 직전의 차량임을 강조한다. 리포트의 사실감을 극대화시키기 위한 제작법이다.

인력시장 나섰다가 … '승합차 전복' 7명 사망
〈2021년 2월 1일 MBC 뉴스데스크〉

고속도로를 달리다 나들목 출구 방향으로 급히 차선을 바꾸는 흰색 승합차.

잠시 뒤 이 차량은 중심을 잃고 뒤집어졌습니다.
안에 타고 있던 사람들이 도로 여기저기 쓰러져 있습니다.

남세종 나들목으로 향하던 12인승 승합차가 안내판을 들이받고 전복된 겁니다.

두 번째 단락은 현장 소방대원들이 찍은 영상이다. 사고 직후 모습으로 동영상이 아니라 스틸 사진이다. 그러나 나들목을 빠져나오면서 차량이 뒤집힌 과정이 충분히 상상될 정도로 현장의 모습은 처참하다. 영상들은 기사의 내용과 정확히 일치되며 마치 영상이 스스로 상황을 설명한다는 느낌을 받기에 충분하다.

세 번째 단락의 영상은 현장이 모두 치워진 상태에서 뒤늦게 도착한 카메라 기자가 찍은 영상이다. 상황이 정리돼 밋밋한 영상이 담겼지만 기사를 뒷받침하는 데 전혀 부족함이 느껴지지 않는다. 이미 1-2번째 영상과 기사 구성으로 사실성과 현장감을 시청자에게 충분히 전달된 상태이기 때문이다.

365일 포구에만 머무는 '가짜' 어선 … "보상금 줄줄"
〈2019년 1월 15일 MBC 뉴스데스크〉

어촌 주변에서 진행되는
여러 가지 개발 사업의 보상금을 노린
가짜 어선과 가짜 양식장 등이 잇따라 적발되고 있습니다.

포구는 물론, 길에도 어선들이 가득 찼습니다.

외지 사람들이 어업 피해 보상금을 타기 위해 등록한 가짜 어선입니다.
어민: "사람은 서울에서 직장 다니면서 배는 여기 사놓고 항만 복잡하게 해놓고…"

보상금을 노린 가짜 어선이 항구에 즐비하다는 위의 뉴스 리포트도 영상중심의 동시화 원칙으로 제작된 뉴스다. 영상은 많은 어선들이 항구에 정박해있다는 점을 보여주고 있다.

그러나 '조업을 나가지 않는 배' 라는 음성기사의 근거는 영상에서 발견되지 않는다. 따라서 보상만 노린, 무늬만 어선이라는 점을 영상으로 뒷받침하려면 배의 내부를 촬영해 어선의 엔진이 없거나 심하게 녹슨 흔적 등을 제시해야 '조업하지 않는 배' 라는 음성 기사와 동시화 되는 것이다. 영상 취재가 부족했다고 봐야한다. 다만 이 리포트에서 가짜 어선이라는 근거는 어민의 증언이다. 또 보상금을 노린 가짜 어선이라는 경찰 수사 발표도 이를 뒷받침한다.

2. 사례 얹기를 통한 동시화

'사례 얹기' 는 리포트의 도입 부분에 뉴스 주제와 관련된 '짧은 사례' 가 들어가는 기사 틀이다. 사례는 대부분 짧은 스토리의 일화를 소개한다. 기사는 사례를 통한 스토리 소개가 끝난 뒤 장면 전환이 일어나고, 기사가 제시하고자 하는 핵심 내용은 후반부에 자리하는 방식으로 구성된다. 사례 얹기는 2천 년대 이후 영상 중심의 뉴스 제작이 강조되면서 지배적인 리포트 제작법으로 자리 잡았다.

사례 얹기의 하나로 소개된 아래 뉴스 리포트의 핵심정보는 50대 주부의 일자리는 늘어난 반면, 20대 청년의 일자리는 줄고 있다는 통계수치이다. 통계 정보는 CG 그래픽을 제작해 설명하는 경우가 많았다. 신문이나 잡지 등도 통계 뉴스는 인포 그래픽을 즐겨 사용한다. 하지만 TV 기자들은 보다 텔레비전적인 전달 수단으로 사례 얹기 방법을 자주 활용한다.

일터 찾는 '50대 엄마' 늘었다 ⋯ 20대 추월
〈2011년 7월 19일 MBC 뉴스데스크〉

일터로 나서는 주부가 늘고 있습니다.
생활비와 자녀 교육비를 벌기 위해서지만, 정작 20대는
제대로 직장을 구하지 못하는 게 현실입니다.

올해 52살인 안 현주씨는 대형 마트에서 판매원으로 일합니다.

안 씨의 일은 상한 야채를 골라내고,
손님들에게 적당한 양을 포장하는 것입니다.

안현주/하나로마트 판매원:
"바깥 아저씨가 회사에서 나오고,
아이들 학원비에 보탬이 될까 해서 일을 시작했는데…
알바하다가 정식으로 일하게 됐죠."

사례로 제시된 주부의 상황은 통계 정보가 전달하는 내용을 시청자가 이해하기
쉽게 전달해 주는 역할을 하고 있다. 특히 사례 얹기 속 영상과 음성 기사는 정확히 일
치해 동시화 구조를 띠고 있다. 건조한 통계정보가 아니라 생활 속에서 체감되는, 살
아있는 정보로 변한다. 이어서 사례를 일반화시킬 수 있는 통계 그래픽이 이어진다.
통계 내용은 50대 주부의 고용률이 20대보다 높다는 것이다.

50대 여성 10명 가운데 6명은
일을 하고 있는 것으로 조사됐습니다.

사회에 첫발은 내딛는 20대보다도 높은데,
1983년 이후 처음입니다.

이처럼 사례 얹기는 통계 같은 건조한 정보에 스토리텔링 기법을 가미해 시청자에게 정보의 현실적 의미를 체감할 수 있게 해준다. 또 사례 얹기를 취재하는 과정에서 관련 영상까지 확보할 수 있어 보다 텔레비전적인 제작이 가능해진다.

다음 리포트도 사례 얹기를 통한 동시화 원칙으로 제작됐다. 자영업자의 몰락을 보여주는 뉴스 리포트의 영상은 손님이 없어 텅 빈 식당을 주인 부부가 직접 어렵게 운영하고 있는 모습을 보여주며 시작한다. 식당 주인의 인터뷰에 이어 주변 상점들이 잇따라 폐업해 빈 가게가 늘고 있음을 보여주고 있다. 식당 주인 부부의 사연과 텅 비어가는 먹자골목 영상은 기사 내용과 정확히 일치해 동시화 됐다.

가난에 내몰린 나 홀로 사장님들 … 소득 최하위층에 100만 명
〈2019년 10월 9일 KBS 뉴스 9〉

종업원을 모두 내보내고 부부 둘이 손님이 뚝 끊긴 식당에서 일합니다.

음식점 자영업자:
"설거지하시는 분이라도, 파트 타임이라도 5시간짜리 쓰고 싶은데 … 임금 주고 나면 우리가 남는 게 있어야 쓰지."

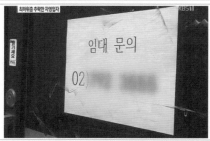 

폐업을 택해 비어있는 가게가 여기저기 늘어 거리는 썰렁합니다.

올해 들어 소득 하위 20%인 1분위에서
자영업자의 비중이 늘고 있습니다.

이 같은 현상은 소득 하위 20% 즉 가난한 사람 중에서 자영업자가 차지하는 비중이 15%에서 16%로 조금씩 늘고 있다는 통계로 증명된다. 사례를 통해 구체성을 확보하고 통계로 일반적인 근거를 증명하는 전형적인 사례 얹기 뉴스 리포트이다. 또 식당 주인의 생생한 인터뷰도 사례 얹기를 통한 동시화 효과를 강화시킨다.

그러나 사례 얹기 제작기법에서 사례를 잘못 선택해 구성할 경우 형식만 현장 제작일 뿐 뉴스 내용을 왜곡할 위험이 있다. 가장 흔한 실수가 논리적 비약이다. 특별한 사례를 일반화시키는 오류이다.

 '등록금' 집단 소송 ···"40만 원? 100만 원 돌려 달라"
〈2020년 7월 1일 MBC 뉴스데스크〉

부실한 수업이 계속됐던 이른바 '코로나 학기',
대학생 3천 5백명이 등록금을 돌려달라며
집단 소송을 냈습니다.

예컨대 위의 리포트는 코로나 유행으로 대학 수업이 부실해져 학생들이 집단소송을 내는 등 반발하고 있다는 것이다. 따라서 적절한 사례는 부실한 수업이 어느 정도인 지를 보여줘야 논리적으로 인과 관계가 성립한다.

대학 2학년인 전 모군은 보습학원에서 아르바이트로 학비를 벌고 있습니다.
힘들게 벌어 등록금 350만원을 냈지만 수업은 부실했습니다.

그러나 제시된 사례는 수업료를 벌기 위해 얼마나 고생하고 있는 지를 설명한다. 힘들게 번 돈으로 수업료를 냈기 때문에 화가 날 수 있다. 그러나 부실수업은 학생의 일방 주장이다. 부실수업이 얼마나 일반적인 현상인지, 또는 심각한 부실 수업 사례가 어떤 정도인지 제시해야 한다. 부실한 수업 사례를 촬영하기는 현실적으로 어려웠을 것이다. 대신에 수업료를 벌기 위해 고생하는 사례는 제보자 입장이었기 때문에 상대적으로 쉬웠을 것으로 판단할 수 있다. 이 뉴스가 보다 설득력을 가지려면 부실 수업의 증거사례를 찾아 설득력 있게 제시하는 것이다.

3. 사운드 바이트를 통한 동시화

경험은 가장 강력한 메시지다. 보고 듣고 경험한 것을 말하는 인터뷰 즉 사운드 바이트는 증거하는 사운드로 메시지의 신뢰도가 높은 TV 뉴스의 구성요소다. 당사자가 직접 말하는 경험담은 언어에 불과하지만 특별한 영상이 없더라도 신뢰성과 전달력만큼은 강력하다. 따라서 뉴스 리포트 앞부분에 인터뷰를 구성해 강력한 메시지를 주고 리포트를 시작하는 경우가 종종 있다. 말하자면 인터뷰로 동시화 효과를 보는 제작법이다.

마약 중독 무차별 확산 심각
〈2007년 5월 8일 MBC 뉴스데스크〉

10대 때 호기심으로 처음 마약을 접한 강 모 양은 마약을 끊기까지 10년이 걸렸습니다.

강모양(마약 중독 경험자) :
"솔직히 안 하고 싶지는 않지만, 깨면 그만큼 더 힘들거든. 내가 했던 만큼, 다 돌아온단 말예요. 몸으로, 정신도 그렇고…그걸 뻔히 아는데 끊기가 어려워요"

리포트는 20대 여성이 17살에 시작한 마약을 끊기 위해 10여 년간 힘들었던 증언을 말하는 것으로 시작한다. 끊을 수 없는 마약의 중독성 그리고 이를 증언하는 사운드 바이트는 이 뉴스 리포트의 핵심이고 근거로 작용한다. 또 증언은 영상이자 곧 사운드로 같은 공간에서 일치하고 있다. 이후 마약 사범 대부분이 마약 전과를 가지고 있다는 점을 설명한다.

2019년 4월 강원도 산불 피해를 특보에서 방송된 리포트다. 산불 피해 상황에 이어 방송된 피해 주민들의 반응을 담은 것으로 시작은 공포에 떨었던 주민들의 인터뷰로 시작된다.

거대한 불길 아파트 '엄습' … 삶의 터전 '잿더미'
〈2019년 4월 5일 MBC 뉴스데스크〉

"엉~엉~ 어떻게 해야할지 모르겠어요. 지금 마음도 불안하고…"
"갑자기 이만한 불덩어리가 날아오더니 이게 다 쑥대밭이 된거죠. 한 순간에… 5분만 늦었으면 죽었어요. 몸만 살리려고 뛰쳐나온거죠."

최초 발화지점 근처에 있는 한 마을입니다. 아직도 마을 곳곳에선 흰 연기가
계속 솟아오르고 있는데요. 백여가구 가운데 2/3 이상이 불에 탔습니다.

감각적이고 생생한 인터뷰에 이어 산불로 전소된 마을 상황을 영상으로 보여주는 제작방법을 택했다. 때로는 생생한 증언의 효과가 훨씬 강력하다. 화마와 싸우며 공포와 고통 속에 하룻밤을 보내고 잿더미로 변한 집과 마을을 둘러보는 피해주민의 생생한 증언에 시청자들은 강한 공감을 느낀다. 말의 내용뿐만 아니라 말하는 사람의 표정, 말투까지도 시청자에게 강력한 메시지를 전달한다. 현장의 사운드 바이트는 이처럼 TV 뉴스만이 갖는 또 다른 강력한 무기다. 목격자들은 말을 하고 있는 것이지만 시청자는 들으면서 한편으로는 끔찍했던 상황을 이미지로 떠올렸을 것이다. 또 정서적 공감대를 느꼈을 것이다. 영상과 언어의 동시화 효과는 생생한 증언으로도 가능한 것이다.

4. 자막을 통한 동시화

자막과 문자는 TV 뉴스의 구성 요소 중 음성 언어와 의미가 가장 일치하는 표현 수단이다. 음성언어와 자막, 문자의 일치화 정도는 언제나 100%에 가깝다. 그러나 자막이 시각적 전달 수단이기는 하지만 영상은 아니다. 따라서 아무런 영상효과를 기대할 수는 없다. 그럼에도 불구하고 관련 영상과 자막이 결합하면 강력한 동시화 효과가 나타난다. 특히 자막은 아무런 의미 없이 배열된 영상이라도 최소한의 서사적 능력을 갖게 만든다. 따라서 영상과 음성 기사의 의미가 분리되더라도 자막이 두 기호 사이에 끼어들어 종합적으로 동시화 효과를 생산할 수 있다.

"외국도 못 가는데 차나 바꾸자" … 상위 20% '보복 소비'
〈2021년 5월 11일 MBC 뉴스데스크〉

코로나19가 덮친 2020년.
월 소득 천만 원이 넘는 부자들은 차를 바꿨습니다.
반면 저소득층은
식료품을 사는데 지출을 늘린 것으로 나타났습니다.

이 뉴스 리포트는 기사 문장과 그림이 일대일로 조응한다. 의미가 일치하지는 않지만 그 의미 공백을 자막이 채워 넣고 있다. 자막을 통해 음성 기사가 시각적 언어로 재 강조되며 영상과 자막 그리고 음성 기사가 복합적으로 결합된다는 느낌을 갖게 한다. 더욱이 2~3초 길이의 짧고 간략한 단문 기사가 영상과 함께 제시되면서 군더더기 없이 깔끔하게 정보가 총체적으로 전달되고 있다.

한 대 2억 원이 넘는 슈퍼카 람보르기니

| 지난해 3백 대 넘게 팔렸습니다. | 1년 만에 2배 가까이 늘었습니다. |

영상은 단순히 람보르기니의 운행 모습이다. 하지만 영상에 3백대 넘게 팔렸다는 음성 언어가 표현되는 순간 303대가 판매됐다는 자막이 동시에 표출된다. 판매량이 1년 만에 두 배 늘었다는 의미도 마찬가지다. 시청자는 이렇게 복수의 다른 기호가 동시에 중복 전달되는 순간 동시화 현상을 경험한다. TV매체의 강력한 무기이자 위험 요소이기도 하다.

포르쉐도 8천 대 가까이 팔아, 기록을 갈아치웠습니다.

| 아우디는 두 배, | BMW도 30% 판매량이 늘었습니다. |

현대차의 고급 브랜드 제네시스는 처음으로 10만 대 넘게 팔렸습니다.

과거에 자막은 뉴스 내용을 포괄적으로 짧게 압축해 설명하는 역할 정도에 머물렀지만 최근엔 위의 리포트 사례처럼 화면과 음성을 복합적으로 결합시키는 매개 역할이 강조되고 있다. 자막의 독자적 역할이 강조되고 있는 셈이다.

5. 동시화 구조의 문제점

한국 TV 뉴스의 일반적인 제작 관행으로 자리 잡은 동시화 원칙은 영상 이미지가 기사의 사실적 증거로서 역할하게 한다. 즉 시청자들에게 지금 듣고 있는 것을 바로 시각적 사실로 확인시킴으로써 기사 자체를 사실의 지위로 격상시켜 뉴스가 객관적임을 표상해 내려고 한다는 것이다(김수정, 2003, p378). 요컨대 사실성이 강한 영상의 힘에 의지해 기사의 형식적 객관성을 추구하는 것이다. 이와 함께 동시화 기법은 기자가 의도하는 바를 시청자에게 효과적으로 전달할 수 있고 주목도도 높일 수 있는 영상구성방식이다. 특히 탐사보도나 고발 기획보도에서 많이 사용한다. 하지만 시청자는 제작자에 의해 제공된 시선의 의도성을 느끼지 못하고 영상 이미지 자체를 사실로 받아들이는 수동적인 태도를 갖게 한다. 영상 이미지는 본질적으로 현실이 아니고 객관적이지도 않다. 단지 현실을 재현한 이미지일 뿐이다. 영상이 가지고 있는 현실 모사성 때문에 시청자는 마치 현실을 보는 것처럼 느낄 뿐이다. 결과적으로 영상 이미지의 강렬한 사실감을 통해 객관적 인식을 위해 필요한 비판적 거리를 유지 못하게 하는 문제점이 있다(김본수, 2007, p16). 이에 따라 시청자는 이성적 판단을 내릴 틈도 없이 TV 뉴스가 쏟아내는 정보를 기자의 의도대로 받아들이는 결과를 초래한다.

이에 대한 일부 언론학자들의 비판은 신랄하다. 한국의 TV는 자의반 타의반으로 오랫동안 정권의 핵심적 홍보 기구였지만 사회가 민주화되면서 TV 뉴스는 상실된 신뢰를 회복해야 했다. 또 사회 개혁의 주체로서의 역할을 수행하고자 했다. 그동안 누적된 사회적 부패의 고발자로, 스스로의 역할을 규정하고 새로운 이미지를 형성하고자 했다. 그러나 문제는 TV 뉴스 스스로 근본적 개혁 없었다는 점이다. 공정하고 공평한 보도를 위해 상반된 견해를 찾아 나선다든지, 주어진 견해를 검증하려는 객관적 자세의 고민과 내용적 추구보다, 탐사보도 형식을 많이 사용함으로써 독립적이고 객관적이며 능동적인 사회 감시자이며 고발자로서 자리 매김하고자 했다. 이런 상황에서 빠른 카메라 움직임과 많은 컷 등 극적인 효과를 자아내는 영상 이미지 구성들은 생생한 현장감으로 사실성 느낌을 강화시켜 줌으로써 능동적 사회적 감시자라는 언론의 이미지에 부합했던 것으로 보인다. 뿐만 아니라 이런 영상화의 관행은 뉴스의 선정성을 통해 시청률을 올리려는 방송사간의 경쟁에 의해 더 공고하게 된 것으로 보여진다(김수정, 2003, p380).

요컨대 근본적인 언론개혁 없이 형식적으로 탐사보도 형식을 빌려 마치 TV 뉴스가 형식적으로나마 사회의 비리 고발자인 척, 개혁의 주체 세력인 척 해왔으며 이런 배경에서 동시화 기법의 뉴스 제작 관행은 TV 뉴스의 새로운 대안으로 빠르게 정착됐다는 것이다. 이런 비판은 상당부분 설득력 있는 것이 사실이다. 그러나 영상 중심의 동시화 구조가 TV 뉴스의 강점을 최대한 부각시켜 TV 저널리즘의 영향력을 키워준 것도 부인할 수는 없다. 다만 사실이 진실이 아니듯 현실을 모사한 영상이 항상 객관적이라는 증거는 어디에도 없다고 봐야한다. 따라서 시청자의 시각을 사로잡는 영상만으로 TV 저널리즘이 가진 객관성의 위기를 극복했다고 말할 수는 없다.

2절 TV 뉴스 속 분리화 구조

분리화 구조는 뉴스 속 언어와 영상의 의미가 겹쳐 중복되지 않는 것을 말한다. 영상은 영상의 의미를, 언어는 언어의 의미를 각각 전달해 시청자가 종합적으로 해석해 인식할 수 있도록 개방적인 구조의 뉴스에서 발견된다. 그러나 현실적으로 완벽한 분리화 구조의 뉴스는 구성하기 어렵다. 다만 영상과 언어, 두 기호사이에 일정한 거리를 두고 의미 중복을 최소화한 채 서로 보완, 보충적인 역할을 하는 경우 분리구조로 볼 수 있다.

분리 구조는 언어 중심 뉴스에서 많이 나타난다. 또 영상 중심 뉴스에서도 영상으로는 표현 불가능한 부가 정보를 언어가 보충해 줄 때 언어와 영상의 기의는 분리된다. 이와 함께 영상 언어의 조화적 구조에서 영상이 가진 특정한 구체적 의미를 뛰어넘어 언어가 포괄적이고 추상적인 의미를 표현할 때도 분리구조가 나타난다.

1. 언어 중심 뉴스와 분리 구조

언어 중심 뉴스에서 영상이 별다른 서사적 역할 없이 결합돼 보완적인 역할을 하는 경우다. 이미 설명했듯이 언어중심 뉴스는 전달 정보를 시각화하기 위해 CG 등 다양한 방법을 강구한다. 그러나 마땅한 관련 현장 영상이 없이 자료화면이나 로케이션 샷으로 대체할 때도 많다. 이럴 경우 언어와 영상은 의미가 분리된다.

수입 개방 실태, 국내 대응 현황
〈1987년 5월 13일 MBC 뉴스데스크〉

오는 7월, 수입 자유화율은 93.6%로 높아지고,
면도기, 만년필, 자동차 등 새로운 외국상품이 들어오게 될 것입니다.

이처럼 광범위한 경제개방은
국내 산업전망에 영향을 미치고 있고 국민의 소비생활을 변형시키고 있습니다.

위의 뉴스 리포트의 영상은 자료화면이다. 언어 기사는 포괄적인 상황을 설명하고 있다. 대신 영상은 구체적인 대상을 보여주고 있다. 형식적으로는 분리 구조를 띠고 있다. 그러나 시청자들은 영상을 통해 수입 개방되는 구체적인 물품들을 보며 보완적인 정보를 얻을 수 있다. 이런 형태는 초기 TV 뉴스부터 요즘까지 광범위하게 발견되는 유형이다.

2. 영상 중심 뉴스와 분리 구조

영상 중심 뉴스에서 분리 구조는 영상이 표현할 수도, 전달할 수 없는 부가정보를 언어가 전달하는 경우에 나타난다. 유죄 확정으로 이명박 전 대통령이 집에서 구치소까지 다시 수감되는 과정을 보여주는 영상 중심 뉴스 리포트다.

'전직 대통령' 대신 '수형번호' … 끝내 사과는 없었다
〈2020년 11월 2일 MBC 뉴스데스크〉

이 씨는 구속 집행정지로 풀려났던 동부구치소로 251일 만에 돌아왔습니다.

남은 수형기간은 16년, 사면 등 조치가 없다면 95세가 되는 2036년에 풀려납니다.

'251일 만에 재수감됐다' 든지, '남은 형기가 16년' 이라는 등의 내용은 영상으로는 전달하기 불가능하고 언어가 전달할 수밖에 없다. 이런 경우 두 기호의 의미는 당연히 분리된다. 속성 자체가 아예 다른 기호이기 때문이다.

아래 뉴스도 분리구조다. 영상은 충돌사고로 엉망이 된 화물차량 2대를 보여주고 있다. 하지만 사고 시점과 장소, 피해 정도와 사고원인 등 대부분의 정보는 언어의 도움 없이는 영상이 전혀 전달할 수 없는 분리된 정보다. 리포트 초반은 화물차량의 형체를 알아볼 수 없다는 음성 기사로 시작해 동시화 원칙을 따랐지만 영상의 정보 전달력은 그것으로 소멸된 셈이다. 영상 중심 뉴스임에도 뉴스에서 언어의 절대적인 기능을 확인할 수 있는 사례다. 언어만이 누가, 언제, 어디서 등 뉴스의 6하 원칙을 효과적으로 전달할 수 있다.

잇단 교통사고 3명 사망
〈2007년 5월 23일 뉴스데스크〉

어제 저녁 88고속도로에서 마주오던 1톤 화물차와 5톤 화물차가 정면 충돌했습니다.
차량들은 형체를 알 수 없을 정도로 부숴 졌습니다.

이 사고로 화물차 운전자 등 2명이 숨졌습니다.
경찰은 1톤 화물차가 중앙선을 넘어 사고가 난 것으로 보고 있습니다.

아래 리포트에서 전반부는 이미 기술한대로 사고 과정의 CC - TV영상으로 생생한 사고 당시를 보여줬다. 그러나 후반부는 영상과 기사의 내용이 분리돼있다. 기사는 음주운전자 마저 숨져 피해자 유가족은 아무런 보상금도 받을 수 없다는 내용이다. 담당 취재 기자는 전반부의 영상 효과에 따라 후반부는 해당 영상이 없더라도 리포트 제작에는 문제가 없을 것이라고 판단했을 것이다. 그러나 피해자 사연을 리포트에 담으려면 추가로 영상 취재를 했어야 했다. 그랬다면 시청자에게 음주운전의 폐해를 더욱 설득력 있게 전달할 수 있었을 것이다.

공포의 '역주행·10중 추돌' … "운전자 만취상태"
〈2019년 1월 15일 MBC 뉴스데스크〉

경기도 구리에서 음주 운전자가 몰던 승용차가
과속으로 역주행을 하다가 차량 열 대를 들이 받아서 두 명이 숨졌습니다.

〈중간생략〉

운전자 정씨가 이미 숨져 경찰은 사건을 공소권 없음으로 종결했고, 정씨의 음주 차에 치여 숨진 47살 차 모씨의 유가족은 형사합의금도 받지 못하게 됐습니다.

3. 언어·영상 조화적 뉴스와 분리 구조

세 번째 분리 구조의 유형은 언어와 영상 조화적 뉴스에서 볼 수 있다. 언어 기사가 포괄적이고 추상적이며 일반적인 의미를 표현하는 반면 영상은 구체적인 대상을 지시할 때 나타난다. 다의적이고 포괄적인 언어 기사의 의미를 영상이 고정시키는 역할을 수행하기도 한다.

시간을 거스르는 '복원의 세계'
〈2007년 3월 24일 MBC 뉴스데스크〉

옛 것을 되살리는 작업. 시간을 거슬러 역사를 복원하는 일이기도 합니다.

문화재 복원 작업을 뉴스 소재로 잡은 위의 리포트에서 클로징 멘트는 옛것을 되살리는 작업은 역사를 복원하는 일이라고 설명하고 있다. 영상은 리포트 전반부에서 보여줬던 문화재 복원작업 영상의 일부다. 시청자들은 영상의 의미가 문화재 복원작업이라는 사실을 알고 있다. 따라서 영상은 언어 기사의 포괄적인 의미(역사 복원)를 고정시키는 역할(문화재 복원)을 수행하고 있는 것이다. 반대로 언어기사는 구체성을 가진 영상을 포괄적으로 묶어 추상화하고 일반화시키고 있다.

새 힘으로 내년 설까지 … "연휴 끝 일상 시작"
〈2018년 9월 26일 MBC 뉴스데스크〉

연휴 막바지 차분히 일상으로의 복귀를 준비한 하루였습니다.

긴 추석 연휴 마지막 날의 표정을 헬기 영상으로 스케치한 뉴스 리포트이다. 전형적인 영상 중심 뉴스인데 클로징 멘트는 '일상으로 복귀를 준비한 하루'라는 말로 연휴 마지막 날을 포괄적으로 설명했다. 이 부분 역시 영상은 리포트 앞부분에서 사용한 전국 곳곳의 표정을 특별한 서사구조 없이 보여주고 있다.

분리화 구조는 영상 이미지에 대한 해석을 시청자에게 맡기고 음성기사도 영상 해석에 도움을 주는 부가 정보 전달 기능으로 축소한다. 최대한 음성기사와 영상의 의미를 분리해 시청자가 스스로 정보를 받아들여 해석하고, 판단하도록 배려한다. 따라서 영상구성 방법도 형식적 사실주의를 중시한다. 그럼에도 불구하고 객관성 문제가 해결된 것은 아니다. 여전히 TV 뉴스의 영상은 선택돼 제작된 구성물이자 현실을 재현한 2차 현실일 뿐이기 때문이다. 따라서 분리화가 객관성을 담보하는 것은 아니다. 객관성은 제작기술로 확보되는 것이 아니라 끊임없는 사실 확인과 진실 추구 과정에서 시청자에게 전달되는 것이다. 오히려 분리 구조에서 음성기사는 주관성이 높은 잔소리나 훈계조 멘트, 더 나가서는 특정 사례에 불과한 의미를 일반화시키는 오류 등이 나타날 위험성이 크다. 또 사실을 사실 그대로 무미건조하게 전달만 한다고 그것이 진실은 아니다. 최근 문제가 많이 되는 따옴표 저널리즘이나 양비론, 양시론은 저널리즘에서 극복해야할 당면과제이다.

III부.
TV 뉴스 속 사운드

# 1장. TV 뉴스 사운드의 역할

TV 뉴스는 듣는 것이다. TV 뉴스를 본다고 하지만 사실은 듣는 뉴스 매체에 가깝다. 소식이란 원래 말로 전하고 듣고 아는 것이다. 충격적이거나 희귀한 영상 화면이 방송될 때를 제외하면 TV 뉴스는 대부분 듣기만 해도 충분히 이해된다. TV 종합 뉴스는 라디오로 동시 생방송할 정도다. 시각 매체인 TV 뉴스를 영화처럼 영상 중심의 텍스트로 제작했다면, 듣는 것만으로는 무슨 내용인지 알 수 없어야 마땅하다. TV는 영화보다는 라디오에서 발전한 매체이다. 따라서 태생적으로 소리의 역할이 크다. 특히 TV 뉴스는 사운드의 역할 비중이 높다. 정보전달이 주목적이기 때문이다. 영상이나 사진 없는 기사는 있어도 기사 즉 소리가 없는 사진이나 영상 뉴스는 자막 뉴스를 빼고는 없다고 해도 좋다. 결국 TV 뉴스는 사운드, 그 중에서도 특히 말이 중심 텍스트를 구성한다고 볼 수 있다.

이처럼 말과 언어가 중요함도 불구하고 TV 뉴스가 현실성을 확보하고 신뢰를 얻는데 영상이 주도적인 역할을 담당한다(Graber, 1988, p172-173; 여기영, 2009, 재인용)고 여긴다. 그래서 TV 뉴스는 시각 이미지인 뉴스 영상에 집중한다. 특히 영상은 현실을 있는 그대로 즉각적으로 재현한다고 믿는다. 하지만 현실세계와 그 재현인 뉴스 영상은 일치하지 않는다. 그런데도 많은 시청자들은 TV 뉴스를 통해 현실을 볼 수 있다고 생각한다. 이런 생각을 가능하게 해주는 데는 뉴스 사운드의 적극적인 역할 덕분이다. 시옹(chion, 2003; 윤경진 역, p6~7)은 텔레비전 중계방송의 예를 들면서, 아나운서의 "말이 시각을 구축한다(Text structures vision)"고 말했다. TV 뉴스의 사운드(음성언어, 현장음 등)가 뉴스 영상을 바라보는 시각을 통제한다는 것이다. 예를 들어 파란 하늘에 비행기 3대가 보이는 영상을 보면서 아나운서가 '작은 비행기 3대가 있다'고 말하면 시청자들은 비행기를 볼 것이다. 하지만 '오늘은 날씨가 좋다'고 말하면 시청자는 파란 하늘을 보게 된다는 것이다. 시각적 제시물에 불과한 뉴스 영상을 현실의 재현으로 인식하고 믿게 되는 것은 뉴스의 사운드가 우리의 시각 경험을 유도하고 조정하기 때문이다(여기영, 2009, p2). 즉 뉴스의 중심축은 음성 언어 즉 말이라는 결론이다.

TV 뉴스가 현실을 전달한다는 믿음을 주는 것과 동시에 추구하는 목적은 시청자와의 원활한 소통과 커뮤니케이션이다. TV 뉴스는 시청자에게 정보를 전달하고, 정보의 신뢰성을 높여야한다. 따라서 뉴스는 효율적인 정보 전달을 위해서 다양하게 해석될 가능성이 있는 뉴스 영상의 의미를 제한하고 고정해야 한다. 이를 위해 반드시 필요한 것이 뉴스의 사운드(특히 음성언어)이다. 바르트(Barthes, 1984)에 의하면 "시각 이미지는 독자적으로 그 의미를 고정할 수 없고 언어적 텍스트에 의해 규정받는다"고 말한다. 뉴스의 사운드는 영상을 시청자가 이해 가능하도록 만들어 정보 전달의 효율성을 높이는 것이다.

이와 함께 TV 뉴스에서 사운드가 맡고 있는 중요한 임무는 시청자의 관심을 유인, 유지, 강화시키는 것이다. TV는 보다 많은 시청자를 끌어들이고, 시청 상태를 유지시키기 위해 독특한 사운드 전략을 구사한다. TV 뉴스도 예외가 아니다. TV를 시청하는 공간은 가족 구성원들이 활동하는 거실 혹은 집안이다. 따라서 가족 간의 대화, 전화 통화음, 부엌에서 나는 소리 등 생활 속에서 발생하는 소리들과 경쟁 끝에야 TV 사운드는 시청자를 붙잡을 수 있다. 또 소리뿐 아니라 생활 속 다른 관심, 예를 들어 독서, 청소, 요리, 식사 등에 머물러있는 시청자의 관심과 주의를 TV로 옮겨와야 한다. 시청자가 TV에 주목하도록 성공했다고 해도 그것으로 끝나는 것이 아니다. 시청자의 눈과 관심을 붙잡아 놓기 위해 계속 다른 생활 속 환경과 경쟁해야 한다. 이 과정에서 TV 뉴스의 사운드는 큰 역할을 맡고 있는 것이다.

2장. 뉴스 사운드의 종류

TV 뉴스 속에서는 다양한 소리가 들린다. 절대적으로 많은 양을 차지하는 것은 음성, 즉 말이다. 앵커나 프리젠터의 멘트, 기자의 리포팅과 인터뷰 등이 음성 언어다. 두 번째로 많이 사용되는 소리는 배경음 혹은 현장음이다. 초기 TV 뉴스는 영상과 사운드를 동시에 녹화, 녹음할 수 있는 장비도 없었다. 따라서 뉴스 영상도 현장음이 없는 경우가 대부분이었다. 그러나 현장음의 효과를 확인한 이후엔 사용비율이 급격히 늘고 있다. 말소리라도 의미 전달의 중심적 역할이 아닐 때는 소음이나 현장 배경음으로 역할이 바뀐다. 이밖에 시보와 화면 전환의 효과음, 또 뉴스 속 배경음악과 프로그램의 타이틀 음악 등이 뉴스의 사운드를 구성한다.

TV 뉴스 사운드의 종류

음성언어	현장음	효과음	음악
앵커 멘트 기자 리포팅 인터뷰	취재 현장의 수많은 소리	시보 화면전환 효과	타이틀 음악 배경 음악

1절 음성 언어

TV 뉴스에서 음성 언어 즉 말은 다른 사운드보다 우월적 지위를 갖는다. 연극이나 영화에서 대사가 절대적이듯 TV 뉴스에서 들리는 어떤 소리도 음성 언어의 듣기를 방해하지 않는다. 다른 소음과 섞여도 음성, 말소리는 분명하게 의미가 전달되도록 설계, 제작된다. 뉴스 정보 전달의 대부분을 목소리가 담당하기 때문이다. 그 외의 사운드 즉 소음 같은 현장음은 전달력을 높이거나 사실감, 현장감 등 표현을 풍부하게 하는 역할에 머문다. 그리고 이런 사운드는 시청자가 갖고 있는 청각 경험에서 벗어나지 않는다. 음성언어가 중심이 되고 현장음, 효과음, 음악들이 동시에 제공되거나, 사이 사이 끼어든다. 어떤 경우에도 시청자들이 경험적으로 자연스럽게 받아들이도록 구성된다. 현장음과 효과음, 때로는 음악이 뉴스 사운드의 중심이 될 때에는 음성언어는 사라지거나 음성이 배경음으로 역할이 바뀐다. 정보 전달을 통한 시청자와의 커뮤니케이션을 성공적으로 수행하기 위해서 뉴스의 사운드는 구성되는 것이다(여기영, 2009, p8).

TV 뉴스 제작자 입장에서 중요한 것은 말이 곧 이벤트를 구성한다는 점이다. 대부분의 TV 영상은 소리가 없으면 죽은 그림이며 단순한 시각적 제시물에 불과하다. 소리가 덧붙여질 때 비로소 영상은 생명을 얻는다. 특히 뉴스 속 영상은 이런 현상이 더욱 두드러지게 나타난다. 말이 없다면 영상의 내용을 알 수 없을 뿐 아니라 영상만으로는 어떤 사건의 발생으로 느껴지지 않는다는 점을 의미한다.

"노무현 대통령 탄핵안이 가결됐습니다."

엄기영 앵커가 무언가 말을 하고 있지만 영상만으로는 아무런 사건도 느낄 수 없다. 그러나 "노무현 대통령 탄핵안이 가결됐습니다. 국회가 대통령의 권한을 정지시킨 것입니다"라고 말하는 순간 비로소 시청자들은 사건의 발생으로 느껴진다. 아무런 의미도 없던 영상은 말소리가 어우러져야 비로소 맨 오른쪽의 자막화면과 같이 사건 즉 이벤트로 기능하는 것이다. 옹(Ong, 1982)에 의하면 "말(sounded word)은 소리이며, 말은 발생된 것이자 사건이다(They are occurrences, events)"라고 한다. 그래서 소리 내어 말을 하는 행위 즉 "발화(Speech)는 곧 힘(power)이며 행위(action)"라는 것이다(임명진 역, 1996, pp52-3). 어떤 사건이 발생하는 느낌, 어떤 사건이 일어났다는 것을 알게 하는 것이 발화되는 말, 뉴스의 음성언어라는 것이다. 그래서 앵커와 기자의 목소리는 사뭇 단호하고 긴장되며 높은 톤(tone)을 유지한다. 말의 이런 특성 때문에 특히 TV 뉴스에서 말소리는 절대적으로 중요한 위치를 점할 수밖에 없다.

이와 함께 TV 뉴스 속 음성 언어는 반복된다. 말은 소리다. 소리는 공간 속에서 시간에 따라 흘러가다가 사라지기 직전에 완성된다. 하지만 곧 사라질 수밖에 없다. 완성과 함께 소멸되는 것이다. 소리는 시간 속에서 존재한다. 영상은 정지시킬 수 있지만 소리는 멈출 수 없다. 이런 특징은 기억을 어렵게 한다(여기영, 2009, p32). 이 때문에 TV의 소리는 반복이라는 관습을 활용해왔다.

소비자 물가 9년여 만에 최고 상승률 … "하반기 안정"
〈2021년 6월 3일 KBS 뉴스광장 1부〉

지난달 소비자물가가 9년여 만에 가장 큰 폭으로 뛰었습니다.
기름 값이나 먹거리 가격이 특히 많이 올랐는데요,
정부는 지난해 워낙 물가가 떨어졌기 때문에 상승률이 높았고
하반기로 갈수록 안정될 것으로 보고 있습니다.

기름값은 4주 연속 오르고 있습니다.
1리터에 평균 1,500원 중반대인 휘발유 가격은 운전자들에게 부담입니다.

소형환/경기 고양시 : "영업직에 있다 보니까 기름 값이 오르는 것에 대해선 조금 부담감은 있죠. (리터당) 50원, 100원 차이면 가득 넣으면 벌써 그것만 해도 금액이 몇 천 원 차이 나니까."

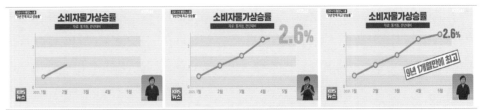

지난달 소비자물가는 1년 전보다 2.6% 올라 두 달째 2%대 상승률을 기록했습니다.
오름폭으로 보면 9년 1개월 만에 최고치입니다.

이런 반복성은 TV 뉴스의 음성언어에서 두드러지게 나타난다. 앵커는 뉴스의 핵심을 요약해 먼저 제시하고, 기자는 리포트에서 풀어서 다시 말하고 인터뷰이는 이를 반복해 증언한다. 위의 리포트에서도 물가가 오르고 있다는 말이 형식을 바꿔 가며 연쇄적으로 반복해 등장한다. 소리로 정보를 전달하기 때문에 시청자 기억의 정도를 높이려는 관습이다.

또 음성언어가 반복되는 동안 음성언어가 지시하는 영상이 동시에 제시된다. 이와 함께 영상 속 자막과 문자도 의미의 중복에 가세한다. 의미가 같은 말과 영상이 동시에 중복 제시되는 것도 반복의 연속이다. 말과 영상이 동시에 즉시 제공됨으로써 시청자는 보다 정확하게 정보를 전달받고 훨씬 용이하게 기억할 수 있는 것이다. 이처럼 음성언어 사용의 반복 관습은 TV 뉴스의 생산조직이 정보전달의 확실성과 효율을 높이기 위해 발달시킨 사운드 형식인 것이다.

이렇듯 TV 뉴스 속의 말은 가장 중요하면서도 강력한 소통 도구이다. 그러나 말의 과잉 사용은 경계할 필요가 있다. TV가 영상매체인데도 말이 지나치게 과잉돼 사용되고 있다. 의미 없는 반복은 불필요한 중복일 뿐이다. 엄밀하게 말하면 TV 리포트 제작물은 말만 들어서는 무슨 내용인지 몰라야하는 것이 맞다. 말도 맥락 구성의 한 요소에 불과하기 때문이다. 말의 과잉 사용은 오히려 커뮤니케이션을 왜곡할 가능성도 있다. TV 뉴스에서 앵커와 기자의 말은 현실 재현이 아닌 구성물의 결과다. 뭔가 의도적이고 목적성을 가졌음을 부인할 수 없다. 말의 과잉사용으로 시청자가 의도성을 눈치 채는 순간 신뢰도는 바닥으로 추락하는 결과를 초래한다. 따라서 TV 뉴스의 음성언어는 최대한 절제해 드라이하게 사실만을 전달하도록 노력하는 것도 중요하다.

결국 말과 영상이 각자 가질 수 없는 의미와 표현을 서로 채워줘, 말과 영상이 어우러질 때 추가적 의미를 생산하고 전달하는 기능을 가져야 한다. 그러나 현실의 TV 뉴스는 말이 모든 것을 설명하려한다. 이 경우 영상은 말의 증거 자료일 뿐이다. 반대로 말이 영상의 의미를 중복해 설명하는 것으로 그칠 때도 많다. 비 오는 거리를 보여주면서 비가 내린다고 하거나 많은 인파 영상과 함께 거리가 인파로 가득 찼다고 설명하는 것은 유치하다. 일례로 슬픔에 가득 찬 표정을 보여주며 운다고 말하는 것보다 아무런 언급 없이 표정을 서서히 클로즈업하는 것이 보다 설득적이고 효과적이다. 그런 의미에서 공백의 힘이 과잉보다 크며 묵음이나 소리의 공백이 갖는 표현적 무게감이 상당하다고 할 수 있다. 결론적으로 말과 영상이 서로 부족한 부분을 채워 현실을 최대한 왜곡 없이 재현하고 정보전달의 효과를 극대화시킬 수 있는 방법이 무엇인지 고민해야 한다.

1. 앵커 멘트

(가) 신의 목소리(Voice Over) 전통

초기 TV 뉴스는 뉴스를 읽는 아나운서의 모습이 TV에 나왔을 뿐이다. 보이는 라디오 뉴스였다. 그러다 뉴스와 관련된 영상이 아나운서의 육성과 함께 방영됐다. 아나운서의 육성은 정확한 발음 그리고 세련된 음색과 톤을 유지했다. TV를 통해 전해지는 아나운서 육성은 틀림없고 객관적이며 사실일 것 같은 분위기를 유지했다. 때론 굵은 남성의 육성으로 권위적이며 절대적인 신뢰감을 준다. 이를 통해 TV 뉴스는 신뢰감을 강화할 수 있다고 믿었다. TV 뉴스의 아나운서 육성은 마치 신의 목소리처럼(Voice Over) 모든 논쟁을 뛰어넘어 전지적인 것처럼 행세한다.

이런 사운드는 논 다이제틱(Non - diegetic)사운드 혹은 오프 사운드(Off Screen Sound)로 분류한다. 다큐멘터리에서 가장 효과적인 사운드 양식이다. 마치 모든 것을 아는 양 전지적 태도를 유지하며 화면 밖(Voice Over) 하늘에서 도도하게 말한다. 영상 화면보다 상위의 역할을 맡는다. 영상 화면은 단지 육성 언어로 전해지는 뉴스의 시각적 증거를 보여주거나 배경 분위기를 맡는 정도의 보조적 기능에 머물렀다.

(나) 앵커와 신뢰도(On Screen Sound)

TV의 음성 사운드가 아무리 도도하게 말한다고 권위나 신뢰가 생기는 것이 아니다. TV 커뮤니케이션 기술이 발전하면서 TV 뉴스는 신뢰도를 높이기 위해 현장감과 친밀감 등을 강화했다. 특히 1970년대 중반이후 한국 TV 뉴스는 미국에서 유행 중이던 앵커 시스템을 도입됐다. 엄기영, 박성범 등으로 대표되는 초기 앵커부터 국정 농단 국면에서 신망을 받던 손석희까지, 앵커들은 시청자들에게 친숙하게 다가가며 신뢰도를 높였다. 셀럽으로서 각인효과를 얻었다.

| MBC 엄기영 앵커 | KBS 박성범 앵커 | JTBC 손석희 앵커 |

뉴스 영상 속 음성 언어는 2가지다. 말하는 사람의 모습이 화면에 보일 때(on screen)와 사람 없이 말소리만 들릴 때다(off screen). 전자 즉 음원=소리일 때 영상(음원)은 소리의 맥락적 배경이 된다. 이를 화용적 관계라고 부른다(이성만, 2013, p178-179). 즉 보이는 도상기호와 들리는 언어기호가 같은 경우다. 특히 영상이 사람일 경우 말의 의미는 말하는 사람 즉 영상에 크게 영향을 받는다. 예컨대 개그맨이 말하면 웃기거나 가볍게 받아들이겠지만 대통령이 말하면 권위 있고 중요하게 받아들일 가능성이 큰 것이다. 따라서 앵커 멘트의 경우 앵커의 이미지가 중요하다. 국정농단 뉴스에서 굳혀진 손석희 앵커의 신뢰도는 곧바로 JTBC 뉴스의 신뢰도와 같은 것이 된다. 화면 속의 사람이 말하는 언어 정보의 진실성과 설득력은 말하는 사람에 대한 신뢰성에서 드러난다. 신뢰성은 발성법, 몸짓언어, 외모 등에도 영향을 받게 된다. 아무튼 오랫동안 TV 뉴스는 앵커의 신뢰도와 설득력에 의지하게 된 것이 사실이다.

> 반대로 영상 화면에 소리의 음원이 없으면 Off-Screen Sound라고 한다. 이 경우 말소리는 영상과 의미적 관계가 형성된다. 영상엔 말하는 사람은 보이지 않고 말과 관련된 대상이 보여 진다. 영상 속의 대상이 영상에서 말해진 언어의 지시 대상이 되는 것이다(이성만, 2013).

이에 따라 TV 뉴스 속 앵커의 시각적 모습은 언제나 당당하고 권위를 갖춘다. 또 정치, 경제는 물론 사회, 국제, 스포츠 등 모든 방면에 있어 이슈를 꿰뚫고 있는 전문가로 표현된다. 이를 위해 앵커는 뉴스 시작 전 기사의 전체적인 내용이나 사전 지식을 충분하게 습득하는 등 철저히 준비한다. 또 감정을 좀처럼 드러내지 않고 공정과 사실성을 바탕으로 냉정하고 객관적인 뉴스를 전달한다는 이미지를 유지한다. 하나의 아이템을 처리하는 기자와는 다르게 앵커는 각기 다른 분야의 모든 뉴스 아이템을 물 흐르듯 자연스럽게 큰 틀에서 벗어나지 않으면서 지루하지 않게 이어나간다. 앵커는 뉴스의 결정체이며 뉴스 스튜디오의 중심으로 권위와 신뢰의 이미지를 한 몸에 받는다.

그 결과 앵커의 화면 구성도 앵커의 이미지 구축에 맞춰진다. 앵커의 얼굴 모습이 화면의 절반이상을 차지하는 영상을 구성했다. 뉴스 내용을 아주 간단히 요약한 '어깨걸이'(DVE-Digital Video Effect)는 화면의 1/4에 불과하다. 어깨걸이는 사실상 해당 리포트의 내용을 한눈에 볼 수 있는 핵심정보다. 당연히 화면 구성 요소중 가장 중요하고 따라서 시청자의 눈길을 확 끌 수 있도록 배치해야 한다. 그럼에도 불구하고 '어깨걸이'가 앵커 얼굴보다 작다. 뉴스에서 얼마나 앵커의 이미지를 중요하게 생각했는지 알 수 있다.

(다) 앵커 멘트와 화면 구성의 변화

박근혜 대통령 당시 국정 농단 보도로 국민 신뢰도 1위의 명예를 얻은 JTBC의 손석희 앵커 이후, 본래 의미의 앵커는 사실상 모두 사라졌다고 볼 수 있다. 유명세를 타거나 권위 있는 이미지가 바로 신뢰로 연결되는 시대가 더 이상 아니다. 젊고 신선한 이미지의 앵커들이 대거 등장했다. 또한 여성 역할의 확대에 따라 젊고 활기찬 여성 앵커들도 등장해 활발히 활동 중이다.

MBC 뉴스데스크   KBS 9시 뉴스   SBS 8시 뉴스

젊고 밝아진 앵커들의 모습은 시대를 반영한 것이다. 대신 앵커의 이미지에서 권위를 기대할 수는 없게 됐다. 앵커의 얼굴표정이나 의상 색도 밝아지고 무표정의 차가운 얼굴보다는 친근한 표정과 동작 표현을 자주 한다. 앵커가 말하는 것이 모두 맞다고 기정사실화하지도 않는다. 시청자에게 기사내용을 좀 더 편안하고 쉽게 이해시키고 어려운 기사 내용을 친절하게 풀어 설명하는 역할로 다가서고 있다. 앵커가 뉴스의 중심 역할을 수행하지만 앵커 이미지만으로 뉴스의 신뢰성을 보장해주지 않는다. 앵커의 역할과 영향력이 점차 줄고 있는 것이다. 앵커라고 부르기보다는 뉴스 프리젠터로 불리는 게 더 어울릴 정도다. 대신 신뢰와 설득을 여전히 중요시 하는 TV 뉴스는 뉴스 내용을 요약한 '어깨걸이'를 크게 확대해 화면을 구성했다. 앵커의 이미지 보다는 뉴스 내용을 보다 이해하기 쉽도록 시각화하는 방법을 택한 것이다.

앵커의 이미지 보다는 '어깨걸이'를 강조한다. 과거에 '어깨걸이'는 '화면의

1/4'에 불과했고 앵커 이미지를 넘보지 않았다. 그러나 최근에는 화면의 3/4이상, 어떨 때는 앵커의 배경 전부를 관련 영상으로 채워 넣어 앵커 이미지보다는 뉴스의 내용 영상으로 첫 화면을 구성하는 것이 대세로 변했다.

앵커 멘트는 앵커의 이미지나 신뢰도에 의존하는 것에서 탈피해 앵커 멘트의 메시지 즉 의미를 영상으로도 동시에 제시하는 방식으로 바꾸고 있다. 다시 말해 앵커의 말도 듣는 동시에 보이거나 읽히도록 영상을 구성한다. 결국 앵커 멘트라는 사운드도 영상과 동시화 시키고 있는 셈이며 앵커 멘트와 영상은 화용적 관계에서 지시 관계로 변하고 있다. 더 이상 앵커의 이미지만으로는 권위도 신뢰도 충분히 기대할 수 없다는 것을 의미한다. 전달되는 의미가 중요한 것이다.

사고조짐 '차고 넘쳤다' … 안전조치 위반 '1천건'
〈2019년 1월 15일 MBC 뉴스데스크〉

고 김용균씨가 일했던 태안 화력 발전소에 대해
노동부가 특별근로 감독을 실시해보니 총체적 난국이었습니다.
모두 1029건의 안전조치 위반사항이 적발됐고 사법 처리 대상이 7백 건,
과태료만 해도 6억 원이 넘는 것으로 나타났습니다.

과거엔 앵커 자신의 캐릭터에 의존했다면 요즘은 앵커 멘트의 의미를 영상으로 동시에 중복 제시함으로써 전달력과 이해도를 높이는 방식으로 변했다.

AI 파동에 닭값 '폭락', 달걀값은 급등
〈2016년 12월 7일 MBC 뉴스데스크〉

고병원성 AI가 영남권으로 확산돼 발생 3주 만에 전국으로 확대됐습니다.
피해가 컸던 2년 전보다 폐사 속도가 빠릅니다.

위의 뉴스 아이템은 앵커가 누구인지 화면만으로는 알기조차 힘들다. 앵커 멘트 화면구성은 AI가 빠르게 전국으로 확산되고 있다는 뉴스 내용 즉 음성 기사를 시각적으로 보여준다. 앵커 멘트의 의미와 정확히 일치하는 영상을 구성한 것이다. 앵커의 이미지는 전혀 중요한 고려대상이 아니다. 앵커는 시각을 사로잡는 대상이 아니며, AI의 확산 추세가 전국으로 확대되는 노란색 CG의 움직임이 시각을 포획하고 있다. 이처럼 앵커의 이미지와 역할이 축소된 데는 앵커의 권위와 역할이 사라진 영향도 있지만 TV가 고화질로 바뀌고 대형 화면이 등장한 것과도 관련 있다. 고화질 대형화면의 등장으로 앵커의 얼굴 보다는 뉴스 내용이 세련되게 시각화된 어깨걸이(DVE)가 시청자의 눈을 자극하고 시선을 사로잡았다.

사랑제일 압수수색… 화염방사기·LP가스통 '우르르'
〈2020년 12월 1일 MBC 뉴스데스크〉

사랑 제일 교회, 법원의 철거 강제 집행에 맞서 화염병을 던지고 화염 방사기를 쏘아댔죠.
교회 압수 수색에서 가스와 석유통이 발견됐습니다.

특히 CG 구성화면 이외에 위의 리포트처럼 현장의 생생한 화면을 앵커의 배경으로 이용하는 사례도 늘었다. 리포트 안에 들어있는 영상 중에 충격적인 메시지가 포함된 영상은 과감히 앵커의 배경으로 먼저 시청자에게 보여줌으로써 생생한 현장감을 살리려고 노력하고 있다.

아래는 7~80년대 초기 TV 뉴스에서 볼 수 있던 앵커 어깨걸이 모습이다. 현재의 어깨걸이와 비교해보면 큰 차이를 확인할 수 있다.

1970년대 앵커와 어깨걸이

석유는 생명줄입니다.
석유를 아끼기 위한 방법을 알아봅니다.

중소기업의 수출이
대기업에 비해 저조한 실적입니다.

흑백 TV시대엔 어깨걸이가 없거나 크로마키 화면에 글자나 간단한 상징물 같은 시각 요소를 표현했다. 80년대 초 컬러 TV가 도입됐지만 화질도 떨어지는데다 영상기술도 낮은 단계여서 어깨걸이도 크게 발전하지는 못했다.

1980년대 앵커 어깨걸이 사례

승용차가
북한강에 떨어져
일가족 5명이 숨졌습니다.

최전방 애기봉에
크리스마스트리가
설치됐습니다.

전두환 대통령은
연말 치안에 최선을 다하라고
지시했습니다.

(라) 앵커 멘트와 스토리텔링 강화

최근에는 리포트를 간략하게 요점만 축약해 전달하는 것에서 벗어나 앵커 멘트 자체가 하나의 완결성이 있는 스토리가 되도록 구성된다. 시각적 요소도 스토리텔링의 충분한 근거가 되도록 화면구성에 공을 들이고 있다. 즉 단순 리드 멘트를 넘어 스토리텔링형 앵커 멘트가 크게 증가하고 있다.

일하다 죽지 않게 … 공사장 추락만 막아도 260명 살린다
〈2020년 7월 16일 KBS 뉴스 9〉

지난 일주일 동안 일하다 숨겨 간 노동자는 13명입니다.

어제도 경력 25년의 50대 노동자가 집으로 퇴근하지 못했습니다.

〈중간생략〉

"2019년 일터에서 사고로 숨진 노동자 855명,
이 중 절반인 428명이 건설현장에서 난 사고 때문이었습니다"

"간단한 안전장치만 했어도 막을 수 있는 억울한 죽음이었습니다. 현장을 점검해봤습니다"

과거엔 앵커 멘트가 방송되는 동안 시청자의 시선 초점은 앵커였다. 그러나 더이상 앵커가 시청자의 시선을 잡지 않는다. 앵커의 말이 지시하는 영상이 시청자의 눈길을 끈다. 앵커 멘트의 권위와 신뢰는 앵커의 캐릭터에서 나오는 것이 아니라 전달하는 뉴스 내용의 의미와 뉴스 가치에서 생기는 것이다. 앵커 멘트의 길이도 리포트를 소개하는 짧은 언급 수준을 넘어 설득력 있는 스토리 구조를 갖춰 30초 이상 길게는 1분이 넘는 경우도 있다.

이와 함께 앵커 멘트의 화면 구성은 방송 기술의 발전과 함께 빠르게 진화하고 있다. 가상 현실(VR)과 증강 현실(AR)까지 활용되고 있다. 두 가지 기술은 그동안 화면구성에 시간과 노력, 비용이 많이 들기 때문에 속보성을 생명으로 하는 뉴스 제작에 활용하기는 어려웠었다.

비영어권 영화가 작품상 '파란' … "오늘부터 새 역사"
〈2020년 2월 10일 MBC 뉴스데스크〉

짜~~짠~~ (오프닝 음악) "작품상은~~~기생충!"

'공짜 와이파이'에 세계가 '킥킥' … 공감코드 찾았다
〈2020년 2월 10일 MBC 뉴스데스크〉

기생충이 왜 높이 평가될까요.
빈부 격차, 계급 갈등이라는 공통의 주제, 즉 의미와 '공짜 와이파이'가 대표하는 공감의 웃음, 즉 재미가 어우러져 남의 얘기처럼 들리지 않게 한다는 평가를 받습니다.

영화 기생충이 아카데미상을 받는 날 뉴스데스크 첫 화면은 증강 현실(AR)을 이용해 마치 아카데미 시상식이 진행되는 무대에서 뉴스를 진행한 것 같은 영상을 앵커 멘트 배경화면으로 구성했다. 한국 영화사상 첫 수상이라는 빅뉴스인 데다 앵커의 배경 화면구성까지 화려해 시청자들은 꽤 만족할 만한 사실감과 현장감을 느꼈을 것이다.

안갯속에서 50km 속도로 주행해보니 … '위험 천만'
〈2015년 2월 12일 SBS 8시뉴스〉

이렇게 안개가 짙게 낀 상황에서는
안전거리를 충분히 확보하고 당연히 속도도 줄여야 합니다.

그런데 실제로는 맑은 날보다 차간 거리가 30% 줄고,
차량 속도도 규정보다 오히려 24% 빨라지는 것으로 나타났습니다.

2015년 겨울 영종대교 위에서 안개 때문에 105중 연쇄 충돌 사고가 발생해 2명이 숨지고 130여명이 다치는 대형 교통사고가 일어났다. 안개 속 운전의 위험을 경고한 이 뉴스는 사고 다음날 제작돼 방송됐다. 앵커 멘트는 사전 녹화해 방송했을 것으로 추정된다. 안개 길 대형 교통사고의 심각성을 고려할 때 현장감을 살릴 수 있는 영상구성을 고민한 결과로 보인다.

2. 기자의 육성 – 리포트

(가) 현장성의 강화

뉴스에서 앵커는 말 그대로 중심적 위치와 역할을 맡는다. 그래서 앵커는 모든 것을 아는 듯 전지적 태도로 뉴스의 중심을 잡고 뉴스 내용을 시청자들에게 소개한다. 또 뉴스의 지휘본부인 뉴스센터 즉 스튜디오에서 뉴스를 진행한다. 대신 기자는 현장성을 상징한다. 앵커와 기자의 물리적 위치가 스튜디오와 현장으로 대칭적으로 느끼도록 구성되고 표현된다. 앵커가 중계차로 현장을 연결하는 경우가 대표적이다.

● 중계 앵커 멘트 vs 현장 기자 사례

잠잠했던 제주, 대학생 중심 확진 급증 … 왜?
〈2021년 5월 11일 KBS 뉴스 9〉

최근 제주도의 코로나19 확산세가 심상치 않습니다.
하루 확진자 수가 두 자릿수에 이를 정도인데요.
제주 연결해 자세한 상황 알아봅니다.

앵커; 대학교를 중심으로 확진자가 많이 나오고 있다구요?
기자; 네. 저는 지금 제주대학교 인문대학에 나와 있습니다.

보시는 것처럼 학교 건물 폐쇄를 알리는
안내문이 붙어 있는데요. 이곳 인문대에서만 10명이 넘는 학생이 확진 판정을 받았습니다.

● 앵커 멘트 vs 스탠드 업 사례

일반 리포트도 스튜디오 앵커 멘트는 현장에서 진행되는 기자의 스탠드 업과 대칭적 구도를 갖는다. TV스튜디오 안에서 앵커가 뉴스의 대체적 윤곽을 설명한 뒤 기자에게 구체적으로, 또 현장성을 입혀 입증하도록 요구하는 것이다.

땡볕에 길바닥 점심…노인에게 더 혹독한 여름
〈2021년 7월 15일 MBC 뉴스데스크〉

거리두기 때문에 더위 쉼터가 대부분 문을 닫았습니다.
에어컨도 복지라고 했는데 폭염 취약 계층은
그늘이나 시원한 바람을 직접 찾아다니고 있습니다.

뜨거운 햇볕 아래 공원 담장을 따라 어르신들이 길게 줄을 서 있습니다.

무료 급식소에서 비닐봉투에 담긴 도시락을 받아 길에 앉아 먹기 시작합니다.

기자 스탠드 업 ; 햇볕이 없는 그늘인데도 낮 1시 이곳의 온도는 35도에 달합니다.

그 결과 뉴스 속의 기자 위치는 폭염이 기승을 부리고 있는 거리이다. 스튜디오에 있는 앵커와 거리에 있는 기자로 대칭되는 것이다. 이로써 시청자는 기자들이 현장에 항상 근접해 있는 것으로 느낀다. 기자 리포팅의 현장성은 한층 비교되고 강화된다. 반면에 앵커의 위치는 객관적이고 한 단계 상위에 위치한 것처럼 느껴지도록 제작되는 것이다. 현장에서 기자의 육성까지 녹음할 때가 있지만 사실은 대부분 기사 작성 후에 편집실에서 녹음해 제작한다. 현장성을 살리기 위해 기자 육성에 현장음이 같이 깔리도록 사운드를 편집하는 것이다.

(나) 기자 스탠드 업의 기능과 역할

리포트 속에서 기자가 현장 스탠드 업으로 화면에 나오면 뉴스 내용의 현장성을 높여주는 효과가 생긴다. 스탠드 업은 대표적으로 온 스크린 사운드로 기자가 현장에서 직접 취재했다는 점을 증명한다. 이로써 리포트의 현장감과 신뢰도를 높이는 수단이다. 따라서 스탠드 업은 관련 뉴스의 현장성이 도드라지는 현장을 배경으로 하는 것이 좋다. 사건 혹은 사고의 현장, 집회의 장소와 국회 등을 배경으로 한다.

〈스탠드 업 사례〉

석 달 가까이 준비 과정을 직접 챙겨온 문 대통령은 한국판 뉴딜의 성과를 임기 내 체감할 수 있도록 '속도'를 주문했습니다.

문 대통령은 국회의 청문보고서 채택 여부와 관계없이 장관을 임명할 수 있습니다. 야당 동의 없이 임명되는 장관급 인사는 32명으로 늘어나게 됩니다.

가장 의례적인 스탠드 업 배경으로 기자들이 이용하는 장소가 출입처의 외경이다. 청와대 기사는 청와대 춘추관이나 신문고를 배경으로, 국회 기사는 국회 의사당을 배경으로 촬영하는 식이다. 검찰청, 경찰서, 대기업 건물 앞 등도 자주 이용된다. 그러나 기자가 생각하는 것과는 달리 시청자는 배경 건물과 기사 내용과의 연관성을 쉽게 연결하지 못하는 경우가 많다. 해당 건물을 잘 아는 시청자는 자연스럽게 받아들이지만 의외로 전혀 모르는 사람도 많다. 따라서 현장성을 강화하기 위한 스탠드 업이라면 해당 장소에 대한 정보가 리포트 안에 들어있는 곳에서 촬영하는 것이 좋다. 특히 사건, 사고나 재해 현장, 집회 장소를 배경으로 스탠드 업을 촬영하면 현장성을 생생하게 살릴 수 있다.

도쿄도청 에워싼 '올림픽 반대'··· "무관중, 밤 9시 이후라도" 호소
〈2021년 6월 23일 KBS 뉴스 9〉

기자; "도쿄 시민들은 코로나19 감염 불안이 여전한데도 일본 정부와 대회 조직위원회가 관중을 만 명까지 받겠다고 한 데 대해 반발하고 있습니다"

위의 리포트는 도쿄시민들이 코로나 19가 확산되는 상황에서 열리는 올림픽을 반대하고 있다는 내용이다. 기자의 스탠드 업은 집회 상황을 배경으로 촬영했다. 특히 집회 상황이 담긴 영상이 소개된 상태이어서 현장 취재의 생생함과 신뢰감이 고스란히 전달된다.

[르포] 잿빛 토사에 사라진 마을 … 日산사태 현장 가보니
〈2021년 7월 4일 뉴스 9〉

“수마를 피한 집도 위태롭기는 마찬가지입니다.
토사를 뒤집어쓴 채 부서진 자동차는 산사태의 충격을 보여주고 있습니다”

사고 현장엔 또 다시 많은 비가 예보돼 수색에 난항이 우려됩니다.

폭우 피해 현장을 기자가 직접 둘러보는 영상과 함께 스탠드 업을 촬영해 현장감을 최대한 살렸다. 리포트는 특히 기자의 발이 푹푹 빠지는 진흙 밭 상황을 1인칭 시점의 영상으로 촬영해 시청자들이 현장을 직접 둘러본다는 느낌을 준다. 당연히 현장감도 극대화된다.

[현장K] 수천억짜리 ‘바다 숲’ 들어가보니 … 바닷속은 ‘구조물 무덤’?
〈2021년 6월 4일 KBS 뉴스 9〉

기자: “바다 숲은 이 밧줄에 해조류를 매달아 인공어초와 함께 서식지를 조성하는 건데요.
이후에는 인공어초 주변으로 서식지를 자연스럽게 넓혀가게 됩니다”

바다 속이 황폐해지는 것을 막기 위해 수천 억 원의 예산을 들여 인공 어초를 심었는데 무용지물이라는 고발성 뉴스 리포트에서 기자는 잠수한 상태에서 심한 숨소리와 함께 스탠드 업을 촬영했다. 생생한 현장감은 물론 기자가 직접 바다 밑까지 내려가 해저 상황을 보고 확인했다는 점을 드러냄으로써 신뢰도까지 높여준다.

자영업자들의 몰락을 뉴스로 제작한 아래의 리포트 역시 폐업으로 문 닫은 이태원 경리단 길의 썰렁한 거리를 배경으로 기자가 상황을 설명한다. 역시 현장감과 뉴스의 신뢰도를 높여준다.

가난에 내몰린 나홀로 사장님 … 소득 최하위층에 100만명
〈2019년 10월 9일 KBS 뉴스 9〉

지금 점심시간인데 거리가 한적합니다.
한때 유명 가게들이 몰려있던 곳인데 보시는 것처럼 한 집 건너 한집 꼴로
비어있는 곳도 있습니다.

스탠드 업은 뉴스 리포트의 현장감을 살리는 목적 이외에도 사용된다. 특히 음성언어만으로는 한계가 있는 설명력을 보완하는 데 효과적이다. 아래 소개된 뉴스 아이템은 전기를 끊고 배전공사를 하면 시민들은 불편을 겪을 수밖에 없지만 스마트 스틱을 이용하면 감전 위험도, 단전도 피하면서 공사를 할 수 있다는 내용이다. 문제는 배전 노동자의 건강이다. 특히 목과 어깨 부상이 불가피한 점을 스탠드 업이 잘 설명해 주고 있다.

스마트 하지 않은 '스마트스틱'… 함께 고민할 해법은?
〈2021년 4월 23일 KBS 뉴스 9〉

'스마트스틱' 도입 전에는 고압 전선을 손으로 만져야 했습니다.
이제 그럴 일은 없는 만큼 감전 위험은 줄었습니다.

하지만 문제는 '스틱의 무게'입니다. 스마트스틱이라는 도구, 워낙 생소해서
감이 잘 안 오실 겁니다. 이렇게 한 번 비교해 보죠. 야외 파라솔 무게가 6kg 정도인데,
머리 위로 들고서 최소 1시간 정도 일한다고 생각해보시죠.

당구 큐대 같은 경우는 최소한 10개를 머리 위로 들고 일하는 것과 비슷한 무게입니다.

특히나 항상 한쪽 끝을 잡고서 반대쪽 끝을 계속 올려다보는 자세를 유지해야 합니다.

스마트스틱이 근골격에 주는 부담을 정밀 측정해봤습니다. 6kg의 무게 가운데
4~5kg 정도가 막대 끝에 쏠립니다.
반대쪽 끝의 노동자에게 극대화된 부하가 걸리는 구조입니다.

기자가 '6kg의 스틱을 머리 위로 들고 작업한다'고 설명하지만 의미가 분명하지 않다. 그러나 스탠드 업 영상을 함께 보면서 설명을 들으면 스마트 스틱이 배전 노동자의 어깨와 목에 부상을 줄 수밖에 없음을 너무나 쉽게 이해할 수 있다.

기자의 스탠드 업은 이처럼 현장성과 신뢰도를 높이고 뉴스 정보의 설명력과 전달력을 높이는 데 활용된다. 또 아래처럼 뉴스 관련 영상에 CG 그래픽이나 문자 등을 입혀 내용 전달을 용이하게 하는 방법도 많이 동원된다.

'마약 청정국' 옛말 … '국내 소비용' 마약 밀반입 급증
〈2014년 7월 15일 MBC 뉴스데스크〉

기자 : 우리나라를 통해 일본과 미국으로 다시 수출되던 과거와 달리,
최근에는 오로지 국내소비만을 목적으로 들어오는 물량이 크게 늘고 있습니다.

기자 스탠드 업은 관련 영상이 없거나 부족할 때 혹은 영상의 설명력이 현저히 떨어질 때 활용한다. 과거엔 리포트의 앞이나 끝부분에 오프닝이나 클로징으로 대부분 배치됐지만 요즘은 리포트의 중간에 현장성을 살리기 위한 목적으로 배치된다.

(다) 기자의 발성과 톤

한국의 기자들은 발성과 톤도 이야기(Talking)하듯 하는 것보다 현장감을 살려 속도감 있고 단호한 어조를 살리는 경우가 많다. 차분하기 보다는 감정적이고 도전적인 발성 톤을 사용한다. 특히 사건사고 리포트나 고발 기사는 이런 경향이 더 두드러진다. 이에 대해 언론학자들은 기자들이 객관적이고 중립적인 뉴스 전달자라기보다는 사건의 고발자이자 사회의 감시자로서의 역할을 강조하고 싶어 한다는 생각과 연관된 것으로 설명한다. 따라서 여론 형성의 담당자로서 객관성에 반함에도 불구하고 감정에 소구하는 기법이 주요하게 사용된다는 비판을 받는다(김수정, 2003, p380).

이에 비해 미국 등에서는 대부분의 기자들이 정확한 발음과 일관된 속도의 발성에 신경을 쓰며, 객관적 입장에서 기사를 단순히 전달한다는 인상을 주기위해 단호한 어조의 사용을 대체로 피한다. 그러나 뉴스 리포트의 톤과 음조도 관습적으로 굳어진 측면이 강하다. 한국의 경우 그만큼 역동적인 뉴스가 많았다는 의미다. 때론 차분하게 조용한 음조와 톤으로 리포트를 제작하는 기자도 있다. 그러나 이를 어색하게 받아들이는 시청자 반응도 많다. 한국 사회에서는 약간 긴장된 어조로 조금 속도감 있게 기자가 리포팅을 하는 것을 자연스럽게 받아들이는 것이 현실이다.

3. 인터뷰

(가) 증거 하는 사운드

인터뷰는 증언하는 사운드다. 뉴스의 증거로서 기능한다. TV 뉴스에서 전문가, 고위공직자, 사건 관련자, 현장 목격자 등이 뉴스 내용의 근거나 당위성 등을 말함으로써 뉴스 신뢰성과 객관성을 높인다. 특히 얼굴이나 신상이 공개되는 실명 인터뷰의 신뢰도는 더 높다. "취재원과의 인터뷰는 뉴스의 기본이자 마지막이다. 텔레비전 뉴스 취재원은 인터뷰로 표현된다. 취재원은 뉴스 리포트에 얼굴과 육성으로 또는 육성으로 등장해 기사의 완성도를 높여준다. 살아있는 정보는 진실에 근접하고, 진실은 저널리즘이 추구하는 제일의 가치이다. 그런 점에서 인터뷰는 매우 충실하고 정확한 취재도구이다(박성희, 2003)."

인터뷰도 온 스크린(On Screen) 사운드의 하나다. 온 스크린 사운드인 인터뷰에서 말과 영상은 화용적 관계를 갖는다. 인터뷰 내용은 화자에 의해 영향을 받는다. 따라서 말하는 사람이 누구인지가 중요하다.

한국판 뉴딜에 총력 "5년간 일자리 190만개"
〈2020년 7월 14일 MBC 뉴스데스크〉

문재인 대통령 "한국판 뉴딜은
선도국가로 도약하는 '대한민국 대전환' 선언입니다.
대한민국 새로운 100년의 설계입니다"

정부여당의 경제 정책 수장들이 초대형 스크린을 활용해
데이터댐, 스마트 의료 등 한국판 뉴딜 10대 사업을 소개하기도 했습니다.

한성숙/네이버 대표; "데이터를 통해 사회 발전에 기여하겠습니다"	정의선/현대차그룹 부회장; "수소,전기차 부문에서 세계 최고의 기술기업이 되겠습니다"

위의 리포트에서 인터뷰이는 대통령과 네이버 대표, 현대차 부회장 등으로 우리 사회의 최고 리더이다. 대통령의 말로도 부족했던지 대기업 총수의 말까지 동원됐다. 이들의 말을 믿지 않을 수 없다. 사실 이 리포트는 사회 지도층 인사들의 말, 즉 인터뷰로 이뤄진 것이나 다름없다. 행사장을 스케치한 영상이 사용되기는 했지만 정재계의 고위 인사들의 말이 뉴스의 대부분이다. 사회 지도자급 인사, 명망가, 셀럽 등 이른바 뉴스 메이커의 말, 즉 인터뷰는 곧바로 중요 뉴스가 된다.

인터뷰와 사운드 바이트
TV 뉴스의 사운드 구성요소로서 인터뷰(인터뷰 행위가 아니라)란 방송 뉴스에 나오는 인물의 말이다. 정확히는 사운드 바이트라는 표현이 맞다. 사운드 바이트는 인터뷰 내용이나 회의의 녹취록, 기자회견 내용 등에서 뉴스에 필요한 말을 짧게 잘라 뉴스에 쓰인 말을 뜻한다(임흥식, 2014, p147). 반면에 인터뷰는 인터뷰어인 기자와 인터뷰이가 질문과 대답을 주고받는 취재행위를 일컫는다. 따라서 한 시간을 인터뷰하고 그 중 13초만 뽑아내서 방송에 내보낸다면 그 13초를 사운드 바이트라고 할 수 있다. 국회 연설이나 기자회견 중 일부를 뉴스에 발췌해 쓰면서 인터뷰라고 말하기는 어렵다. 사운드 바이트는 현장 상황 속에서 들을 수 있는 음성 사운드다. 리포트에 나오는 인터뷰는 사운드 바이트지만 모든 사운드 바이트는 인터뷰가 아니다. 대통령이 공식적인 자리에서 연설을 하거나 정상회담에서 양국 정상이 주고받는 대화가 인터뷰는 아니기 때문이다.

뉴스가 홍보가 아닌 만큼 권위 있는 사람의 말도 사실인지, 정치적 목적에 오염된 발언인지, 객관적인지, 전문적 근거가 있는지 등 따져볼 점이 많다. 무엇보다 인터뷰는 시청자가 의도성이 있는 것으로 느끼는 순간 신뢰도 사라지고 설득도 불가능해진다. 현실에서 기자들이 리포트의 방향을 결정해 놓고 원하는 인터뷰이를 찾는 경우가 많다. 또 여러 가지 답변들 중에 인터뷰의 전체 맥락과 상관없이 기자의 입맛에 맞는 부분만을 잘라 인터뷰로 사용하기도 한다. 이럴 경우 뉴스가 기자의 의도대로 비약과 과장, 왜곡됐다는 비판을 받게 되고 시청자의 신뢰를 잃는 최악의 결과로 연결된다.

(나) 현장성과 인터뷰

　　현장을 직접 체험하거나 목격한 사람의 증언은 강력한 증거능력을 가지고 시청자들을 설득, 소구한다. 최근 뉴스 리포트에는 현장 상황 속에서 긴박하거나 자연스럽게 표현된 소감이나 의견이 영상과 함께 녹취된 것을 잘라 쓰는 사례가 많다. 인터뷰라고 하기 보다는 사운드 바이트이다. 전문가와의 인터뷰나 기자회견 등과 비교할 때 생생한 현장감이 녹아있다.

　　아프리카 돼지 열병의 확산으로 돼지고기 업계도 비상이 걸렸다는 현장 르포 뉴스 리포트다.

공급 부족에 손님 발길 '뚝' … 돼지고기 도소매 비상
〈2019년 9월 26일 YTN〉

돼지 열병 발병 열흘째! 축산시장을 찾았습니다.

한창 작업이 이뤄질 시간인데도 고기 손질하는 상인이 없습니다.
상인 : "오늘도 돼지작업을 안한다고 …. 물량이 없어 지금 값은 자꾸 비싸지고"

뉴스 내용은 돼지 열병의 확산으로 시장 손님들의 발길이 뚝 끊겼고, 이동중지명령이 연장돼 돼지고기의 공급이 줄면서 가격까지 급등해 상인과 소비자 모두 시름이 깊어지고 있다는 것이다. 그러나 영상은 기자가 축산 시장에 들어가 둘러본다는 사실만 전달한다. 돼지고기가 판매대에 쌓여있을 뿐이다. 또 시장이 한산하다는 것도 분명하게 전달되지 않는다. 시장으로 들어오는 고기가 없어 손질도 못하고 있을 정도로 공급 부족이 심각하다는 점은 상인들의 인터뷰를 통해 확인된다.

경기도에서 들어오던 고기공급이 끊겨 작업할 물량 자체가 없는 상황입니다.
상인 : "(돼지고기가 들어오나요?) 아니요.
지금 작업은 전국이 안하는 거 같은 데요"

상인들의 말이 생생할수록 그리고 심각할수록 해당 뉴스의 설득력과 신뢰도는 올라가는 셈이다. 사운드 바이트가 뉴스의 증거로서 기능하고 있는 것이다. 뉴스가 주장하는 바를 객관적으로 전해 뉴스의 신뢰도를 높이는 것이 인터뷰의 목표다. 신뢰는 받는 사람이 느끼는 주관적인 감정이다. 따라서 최대한 수용자가 제작자의 의도를 느끼지 않고 순수하게 받아들이는 것이 중요하다. 증언하는 사람 즉 인터뷰이가 말하는 상황이 있는 그대로, 현장감 있고, 생생하며 절박하게 또는 설득력 있게 들리도록 제작하는 것이 중요하다. 인터뷰나 기자의 의도가 느껴지면 신뢰는 물론 설득력과 소구력도 사라지고 오히려 시청자의 반감만 일으킨다.

인터뷰 혹은 사운드 바이트는 말의 내용뿐만 아니라 말하는 사람의 표정, 말투까지 듣는 이들에게 전해준다는 점에서 TV 매체가 갖는 커다란 무기이기도 하다. 벤슨과 앤더슨(Benson & Anderson, 1984)은 "다양한 말투를 진실의 이정표라고 본다. 연습하지 않은 대화 등은 시청자에게 목소리의 기질을 통한 인물의 사실감을 전달한다"고 말했다. 다양한 감탄사는 물론 사투리나 몸짓 등의 비언어적 특성은 인물 고유의 성격 혹은 사회적 위치 등을 가늠해볼 수 있는 역할을 하며 리얼리티를 구축해 나간다. 정보적 차원의 증언과 사실 뿐만이 아니라 표정과 배경, 분위기도 중요한 소통 수단이다. 2019년 10월 태풍 미탁이 경북 동해안에 처참한 피해를 남겼다. 당시 KBS의 저녁 9시 뉴스다. 영상은 태풍 피해 현장을 생생하게 보여주고 있다.

산간마을도 "이런 물난리는 처음" … 주민들 '막막'
〈2019년 10월 4일 KBS 뉴스 9〉

시간당 100mm가 넘는
폭우가 쏟아진 산간 마을

마을 전체가 거대한 돌밭으로
변했습니다.

차는 아예
흙더미에 파묻혔습니다.

주민: "물이 내려올 때 말도 못했지 쿠당탕탕 …
벽치고 집으로 들어올까 봐"

주민: "방안에 가면 1m 넘게 물이 찼는데
가구 하나도 못쓰고 비참합니다. 진짜로"

영상과 함께 전달되는 피해 주민의 절규는 현장의 처절함을 더욱 사실적으로 느끼게 만드는 증거의 역할을 수행한다. 피해 현장 주민의 증언 말투와 표정은 생생한 화면보다 더 절절한 정서적 공감과 설득력을 만들어 낸다.

인터뷰는 이처럼 현장 상황 속에서 진행되는 것이 바람직하다. 시골 할머니들의 구수한 이야기나 노숙자들의 고단한 삶이 담긴 음성은 자체로 사실성을 높이고 기사 내용의 신뢰도와 소구력을 높인다. 시청자는 사건을 증언하는 인터뷰이의 말투뿐만 아니라 인터뷰이의 목소리가 거주하는 공간과 그 공간이 담고 있는 사운드 즉 배경 현장음 등을 통해 사건의 중요성과 위급함을 느끼고, 비로소 자신을 둘러싼 환경과 자신과의 관련성을 만들어 나간다(알트만). 따라서 현장 사운드 바이트는 목소리와 함께 들리는 다양한 현장 소음을 제거하지 않는다. 연말에 갈 곳 없는 외국인 노동자를 인터뷰할 때 거리에서 들리는 크리스마스 캐롤이나 시장의 소음 등은 보다 생생하고 살아 움직이는 현실의 증거로 활용된다.

흔들리는 지붕·유리창 고정하다 … 2명 숨져
〈2020년 9월 3일 MBC 뉴스데스크〉

백운우/부산소방재난본부 119체험관;
"태풍이 예보되면 창틀 주위를 테이프로 고정해서
유리창 파손을 사전에 예방하는 것이 중요합니다"

사운드 바이트의 현장성을 강화하기 위해 인터뷰이와 현장을 동시에 볼 수 있도록 화면을 분할해 편집하는 경우도 늘고있다. 위의 리포트처럼 관련 현장영상을 배경으로 화면을 분할하거나 구멍 속에 인터뷰이를 배치하기도 한다. 또 아예 인터뷰이의 목소리만을 현장화면 위에 편집하는 사례도 증가하고 있다. 소방관은 강풍으로 깨진 아파트 유리창을 배경 영상으로 화면을 분할해 소방관의 인터뷰를 배치함으로써 현장감과 사실감을 느낄 수 있도록 제작됐다. 인터뷰 내용을 보완, 보강하는 것이 영상의 역할이다.

여기서 한 발짝 더 나아가 인터뷰 내용을 증거하는 영상을 사용하기도 한다. 인터뷰 내용을 시각적으로 증명하는 영상이 배경화면으로 구성돼 인터뷰의 증거 능력을 배가시키는 효과를 얻는다.

총알처럼 내리꽂힌 우박에 밭·과수원 아수라장으로
〈2021년 6월 23일 MBC 뉴스데스크〉

백건현/복숭아 재배 농가: "복숭아가 한창 크는 시기에 (우박을) 맞았는데,
커서 익어도 시커멓게 되고 썩는 게 나오는 겁니다"

"과수원의 우박 피해"를 보도하는 리포트에서 인터뷰는 단순한 언어적 설명에 그치지 않고 우박으로 피해당한 과일을 영상으로 동시에 제시했다. 음성언어와 영상의 동시화 현상이 인터뷰 구성 방법으로도 활용된 것이다.

그러나 관련 영상을 많이 사용했다고 무조건 좋은 것은 아니다. 영상이 과도하게 많은 정보를 담게 되면 오히려 인터뷰가 전달하려는 음성정보의 전달력을 떨어뜨리고 영상화면이 노이즈로 전락한다.

'중독의 늪' 마약사범 최대, 해외 밀반입 급증
〈2016년 12월 6일 MBC 뉴스데스크〉

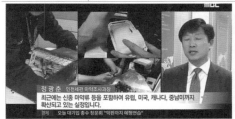

정광춘/인천세관 마약조사과장: "최근에는 신종 마약류 등을 포함해
유럽, 미국, 캐나다, 중남미까지 확산되고 있는 실정입니다"

위의 리포트의 경우 관련 영상을 인터뷰의 배경 밑그림으로 사용하는 것은 좋으나 너무 복잡하고 메시지가 많아 오히려 인터뷰의 내용을 산만하게 만들고 있다. 영상이 인터뷰 초점을 분산시키는 역기능으로 작용하고 있다고 평가할 수 있다. 영상은 메시지가 분명한 것이 좋다. 4:3화면에서 16:9, 그리고 HD화면으로 바뀌면서 다초점 화면구성이 일반화되고 있는 현실이지만 메시지의 주목도를 분산시키는 화면구성은 제작자의 욕심일 뿐 수용자에게는 노이즈이다.

(다) 사운드 바이트의 즉각성

아수라장 도로에 연기 자욱 … 길위의 '공포' 극심
〈2019년 4월 5일 MBC 뉴스데스크〉

한밤중, 집 앞까지 들이닥친 산불에 주민들은
옷가지조차 제대로 챙기지 못하고 대피해야 했습니다.

"초등학교로 도망가고 있어. 난리가 아냐"
(빨리 넘어가요. 넘어가요. 저리로 넘어가야 돼요, 빨리…)

강원도 속초 산불 당시의 리포트다. 화재 당시 영상에 현장 사운드 바이트가 결합함으로써 TV 뉴스의 사실감과 생생함, 즉각성 등이 배가됨을 보여주고 있다.

시내로 확산되는 산불을 피해 대피하던 중 우연히 카메라에 녹취된 주민들의 목소리에 산불 당시의 긴박함이 전해진다. 얼굴은 화면에 나타나지 않지만 허둥대며 급하게 움직이는 주민들의 떨리는 목소리로 리포트의 현장감은 커진다.

아수라장 도로에 연기 자욱 … 길위의 '공포' 극심
〈2019년 4월 5일 MBC 뉴스데스크〉

"대피를 해야 되는데 불을 찾아가네." (앞에 갈 수 있어요?) "그러니까 불안한데?

"후진도 안 되고 큰일이네" (어머, 이거 동네 다 타겠네.) "다 타고 있잖아요."

　　차량 블랙박스에 찍힌 제보 영상이다. 멀리 보이는 산불과 차량 통제 때문에 차량은 후진으로 도로를 빠져 나오고 있다. 점점 멀어져가는 가로등 불빛으로 차량은 뒤로 가고 있음을 알 수 있다. 차량 블랙박스 영상에 녹음된 탑승자들의 대화 내용을 통해 느껴지는 불안감이 시청자들도 직접 체험하는 듯 생생하게 전해진다. 특히 시청자는 가공되지 않은 현장 목격담을 듣게 됨으로써 1차 현실 속에 있는 듯 리얼리티를 느끼고 뉴스에 몰입한다. 이 리포트처럼 최근에 제보 영상을 중심으로 1인칭 시점의 사운드 바이트가 자주 활용되고 있다. 스마트 폰과 차량 블랙박스 영상 등의 확대로 가능해진 현상이다. 1인칭 시점의 사운드 바이트는 현장의 생생함을 시청자들도 직접 체험하는 듯 느끼게 한다. 영상만큼이나 생생한 사운드 바이트도 TV 뉴스의 현장감과 사실감을 배가하는 데 결정적 역할을 맡는 것이다.

(라) 충격적 육성

최순실이 불러준 취임사 … 朴 '토씨까지' 그대로
〈2019년 5월 17일 MBC 뉴스데스크〉

박근혜 전 대통령의 취임사를 최순실씨가 사실상 불러주다시피 하는 과정이 담긴,
녹음파일이 공개 됐습니다.
최씨가 지시한 핵심 키워드와 세부 내용까지 취임사에 그대로 반영됐습니다.

비선 실세, 최순실씨의 육성 녹음을 듣는 순간 시청자들은 최 씨에 의한 국정 농단이 더 이상 의혹이 아니라 명백한 사실이라고 믿게 됐다. 백번 듣는 것보다 한번 보는 것이 낫다는 속설이 무색해진 것이다. 한번 듣는 것만으로도 모든 것이 수면위로 올라와 진실이 됐다. 정호성 비서관이 업무를 위해 녹음했던 파일이 공개된 것이다.

최순실; "첫번째 경제부흥, 두번째 국민행복, 세번째 대한민국의 자긍심, 세계 속에서 자긍심을 높이는 것 그걸 뭐라 그럴 건지…"

실제 이 세 단어는 박근혜 정부의 국정방향으로 제시됐습니다.

박 전 대통령(취임식); "새 정부는 〈경제 부흥〉과 〈국민 행복〉, 그리고 〈문화 융성〉을 통해 새로운 희망의 시대를 열어갈 것입니다"

세부 국정 운영 방안도
거침없이 의견을 냈고, 박근혜 전 대통령의 입을 통해 전달됐습니다.

최순실; "경제부흥을 일으키려는 키의 핵심이 IT 산업하고 미래…"	박 전 대통령 취임사; "제가 핵심적인 가치를 두고 있는 과학기술과 IT 산업이 있습니다"

최순실의 육성 파일은 공개 즉시 엄청난 파장을 불러왔다. 대통령과 사적 인연이 있다는 이유만으로 아무 공식 직함도 없는 60대 여성이 대통령을 밀실에서 좌지우지 움직였다는 의혹이 사실로 드러난 것이다. 음성 파일에 불과했지만 깊이 감춰진 진실을 드러내는 데 결정적인 역할을 해냈다. 음성만으로 마치 수 만장의 사진이나 영상을 보는 듯 사실이 명백해진 것이다.

"이빨 깨물어!"로 시작되는 폭행과 가혹행위의 생생한 현장이 녹음파일 안에 들어있다. 이 육성 녹음은 철인 3종 경기 고 최숙현 선수가 감독과 팀 닥터 그리고 선배로부터 상습 폭행과 가혹행위를 당한 현장 영상 증거와 같다.

"이빨 깨물어" … 녹음에 담긴 '지옥의 기록'
〈2020년 7월 1일 MBC 뉴스데스크〉

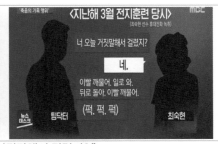

팀 닥터: "너 오늘 거짓말해서 걸렸지?"
최숙현 선수: "네."
팀 닥터: "이빨 깨물어. 일로 와. 뒤로 돌아. 이빨 깨물어. (퍽. 퍽. 퍽)"

최숙현 선수는
이미 공포에 질려 있었습니다.

녹음 파일이 공개되기 전에 최 선수는 스스로 목숨을 끊었고 해당 사건의 가해자들은 구속되는 등 사법처리를 받았다. 녹음 파일에 들어있는 충격적인 육성 증언은 체육계의 폭력 문화를 다시 사회문제로 부각시키는 등 커다란 사회적 파장으로 연결됐다. 소리만으로도 영상보다 더 강력한 메시지를 전달할 수 있다는 점이 증명된 셈이다.

(마) 전문가 인터뷰

인터뷰이가 전문가일 경우 논리적 합리성이 갖춰져야 하며 해당 분야의 전문성을 검증받은 사람을 택해야 한다. 쉽게 응해 준다는 이유로 인터뷰 사안에 정통하지 못한 인물을 인터뷰할 경우 뉴스의 신뢰성은 떨어질 수밖에 없다. 전문가 인터뷰는 특히 목소리가 명확하게 전달되는 것이 중요하다. 음성의 전달력을 방해하는 현장음 혹은 배경음은 최대한 배제, 소거된다. 인터뷰 목소리만 고립적으로 들리도록 지향성 마이크 등을 사용한다. 특히 아무런 소리도 들리지 않는 절대 무음의 공간과 같은 분위기를 연출해 인터뷰 목소리에 독보적인 권위를 부여하는 방법을 쓰기도 한다.

대한항공 폭파범 김현희와의 인터뷰 장면처럼 때로는 암흑 공간을 배경으로 인터뷰이만 도드라지게 보이도록 조명을 연출해 목소리의 권위를 최대한 높이기도 한다. 폭로 증언이나 내부 제보 인터뷰 등 뉴스 내용의 절대적 근거를 제시하는 인터뷰나 육성은 더욱 그렇다. 또 권위 있는 전문가를 인터뷰할 때도 자주 사용하는 인터뷰 기법이다. 요컨대 최대한 신뢰도를 높일 수 있는 제작 기법을 동원해야 한다는 것이다.

문재인 대통령 외신인터뷰(출처:The Fact)　　　　KAL폭파범 김현희 인터뷰(출처: TV조선)

또 다른 관행으로 기자나 질문자의 목소리를 노출시키지 않음으로써 인터뷰 목소리를 보다 객관화시킨다. 질문을 없애 의도의 흔적을 남기지 않고 인터뷰 목소리만을 녹음한다. 시청자가 증언을 보다 신뢰하도록 만들기 위해서다. 이런 인터뷰 양식은 질문자의 의도를 최대한 배제해 인위성을 감추는 데에 효과적으로 작용한다. 그러나 이런 관행이 절대적인 것은 아니다.

우는 아이 방치하고 '셀프 수유'도 … 미신고 시설서 무슨 일이?
〈2021년 5월 11일 KBS 뉴스 9시〉

자원봉사자 A/음성변조 : "아이들 팔을 움직이지 못하도록 묶어버리고
강제로 입에 분유를 입에 꽂아주는… 정말 자주 상습적으로 일어났던 일이고요"

이와 함께 익명의 제보자를 인터뷰할 경우 제보 내용의 사실성을 훼손해서는 안된다. 제보자의 익명성을 보호하기 위해 노력하는 것은 필수적이다. 그러나 일부러 흔들리는 어두운 영상으로 화면을 구성해 제보 내용 자막과 함께 제작하는 것은 지양할 필요가 있다.

(바) 뉴스의 객관적 권위 확보의 수단

뉴스 속 음성은 인터뷰이와 저널리스트의 목소리로 구분된다. 그런데 인터뷰이의 목소리는 임의적이고 편파적일 수 있는 주관적 느낌을 준다. 반면에 기자나 앵커의 음성은 인터뷰를 중개하고 뉴스 구성을 지휘함으로써 객관적인 것처럼 들린다. 뉴스로부터 거리를 둔 투명하고 객관적인 관찰자나 뉴스 전달자로서의 위치를 갖게 된다. 또 저널리스트들은 감정표출이 없는 단일한 톤과 억양을 유지해 주관성을 배제한 것 같은 효과를 준다(Hartley, 1982, p111). 즉 인터뷰이와 대비해 저널리스트의 음성은 객관성의 형식을 표상하는 것처럼 들리게 되는 것이다. 하틀리는 이렇게 구분되는 위상이 화면의 촬영관습을 통해서도 구성된다고 지적한다.

통상 인터뷰이의 시선은 정면을 응시하지 않는다

(출처: 경향신문, 노컷뉴스)

예를 들어 인터뷰이는 결코 화면에서 정면으로 촬영되지 않고 비스듬하게 찍히는 게 일반적이다. 되도록 카메라를 정면으로 응시해 시청자에게 직접 말하는 것 같은 효과를 배제한다. 시청자는 3자의 입장에서 인터뷰이의 발언을 객관적으로 들을 뿐이다. 반면, 저널리스트들은 시청자에게 직접적으로 말하는 것과 같이 정면에서 촬영돼 권위를 부여받게 된다는 것이다. 이와 함께 뉴스 속 인터뷰가 서로 다르고 다양할수록 뉴스는 보다 중립적이고 균형성을 갖춘 것으로 보인다. 서로 다른 입장의 인터뷰를 초점에 따라 교차 편집해 제시하면 직접 만나 논쟁하는 것 같은 효과를 불러일으킨다. 이 경우 기자 음성은 물론 뉴스 기사도 마치 심판처럼 사건을 공정하고 균형 있게 취급한다는 객관적의 이미지 효과를 얻는다.

2절 현장음(Ambient Sound)

1. TV 뉴스 현장음의 특징

| 박근혜대통령 검찰 소환 | 강원도 고성 산불 현장 |

(출처: JTBC, MBC 뉴스)

찰칵, 찰칵 검찰 소환 현장의 카메라 셔터와 플래시 터지는 소리 그리고 강풍 부는 산불 현장에서 타닥타닥 나무 타들어가는 소리와 소방관들의 다급한 목소리… 영상 속에서 들려오는 현장음은 생생한 긴장감과 현장감을 배가한다.

시옹(Chion, 1994)은 현장음을 영상에 거주하는 사운드로 규정했다. 한 장면을 감싸고 그 공간에 거주하는 분위기 사운드라는 것이다. 광화문 광장에 모인 시민들의 함성, 긴급 출동하는 경찰의 사이렌 소리, 숲 속의 새소리, 산 속 사찰의 목탁 소리 등 현장음은 TV를 통해 시각 이미지를 볼 때 시각 이미지와 함께 제공되며, 당연하게 들리는 소리이다. 배경으로 깔리는 찬송가 소리는 교회를 더욱 교회답게 만들고, 목탁 소리는 사찰을 더욱 사찰답게 만든다. 현장음이 없는 영상은 죽은 영상이다. 반대로 현장음이 살아있으면 영상도 살아있는 영상으로 생기를 찾는다. 따라서 현장음은 뉴스 영상의 현장을 증명하며, 현실의 소리를 구성해 뉴스 보도의 현실성을 강화시킨다.

천둥 번개가 치며 쏟아지는 빗소리를 동반하지 않는 집중호우 특보는 리얼하지도 현실적이지도 않다. 따라서 뉴스에서 현장음의 중요성은 강조되고 그 사용도 증가되었다. 실제로 1980년대 TV 뉴스에서 현장음을 사용한 뉴스의 비율이 30%대에 불과했지만 2000년에 들어서는 60%로 2배 이상 늘었고 최근엔 대부분의 TV 뉴스 영상에는 현장음이 깔려있다(여기영, 2009, p28). 지속적으로 TV 뉴스가 현장성을 강화해온 결과다.

2. 현장음의 기능

현장음의 기술적인 역할은 첫째로 편집으로 단절된 영상에 연속성을 부여하는 기능을 맡는다.

2008년 12월 31일 밤 제야의 타종행사…KBS 생중계

2008년 12월 31일 밤 제야의 타종행사장이다. 세 번째 영상은 송년 행사의 성격과 크게 다르다. 영상으로만 보면 갑자기 반정부 집회 영상이 잘못 끼어든 것처럼 보인다. 영상은 단절돼, 논리적으로 비약이고 설명이 안 된다. 그러나 종소리가 울려 퍼지고 시민들의 환호성이 현장음으로 연속해 깔리면 제야의 타종행사에 참여했던 일부 시민들은 그 시간 반정부 구호를 외쳤다는 것으로 이해된다. 단절된 샷의 영상이 현장음으로 인해 동일한 시간적, 공간적 배경 속에 일어난 것으로 시청자들은 자연스럽게 받아들인다. 이처럼 현장 배경음은 영상을 시간적으로 동일한 시각에 또 공간적으로도 같은 장소에서 발생한 사건으로 통합해 내는 기능으로 작동한다. 즉 현장음은 영상과 영상 사이의 단절감을 보충해 연속성을 부여하는 것이다.

두 번째 역할은 시공간의 확장이다. 시청자는 무의식중에 현장음이 결정지은 시공간의 경계 안으로 내러티브를 제한한다. 마치 영상 제작에서 조명과 같은 역할을 하는 것이다. TV 뉴스 아이템 한 개의 시간이 1분 30초 정도로 짧은 뉴스 리포트의 경우엔 바로 배경음 자체가 현장 상황을 간접적으로 설명하고 있는 만큼 시간을 아낄 수 있다. 예를 들어 잠수할 때 쉬는 숨소리만으로도 지금 보는 영상이 물속임을 알 수 있고 현장감도 높인다. 또 대규모 집회의 경우도 군중 함성의 크기나 무게 등을 고려하면 집회의 규모를 대충은 알아챌 수 있다. 현장음만으로도 새벽이나 밤, 여름이나 겨울 같은 특정 시간과 계절을 연상시키는 강력한 지표로 기능할 수 있다. 특정한 장소를 연상할 수도 있다. 지하철 소리가 들리면 지하철 역사 안이다. 또 자동차 소리로 시끄럽다면 두 사람의 대화 장면을 배경 없이 찍어도 도로변에서 얘기중인 것이다. 이러한 엠비언트 사운드 기법의 활용은 번거로운 구축 샷(estabilishing shot)에 들어가는 제작비용과 노력을 줄여주는 등의 이점으로 인해 적극적으로 활용되고 있다(Zettl, 2004; 김정선, 2009, p70, 재인용). 제작 비용은 돈만을 뜻하지 않는다. 현장음을 통해 제작 비용은 줄이고 뉴스 네러티브의 현장감을 살려 사실감도 풍부하게 표현할 수 있는 일거양득인 것이다.

3. 현장음도 제작되는 것이다

현실을 다루는 뉴스는 현장음도 현실을 왜곡하지 않게 실제 현장에 있던 소리를 수음하는 것이 당연하다. 따라서 기자들은 최대한 현장음을 취재 현장에서 영상을 찍을 때 동시에 녹음해 취재 리포트 제작에 사용한다. 특히 ENG카메라의 일반화로 녹화와 동시에 현장음도 녹음할 수 있어 편하다. 그러나 현장음을 보다 적극적으로 TV 뉴스에 활용하기 위해서는 보다 사실감 있고 선명하게 재현할 수 있도록 현장 녹음도 취재 단계부터 주의를 기울일 필요가 있다. 다만 뉴스에서 현장음은 최대한 있는 그대로 재현해 사용한다. 이런 관행에 익숙한 시청자들도 뉴스의 현장음이 현장의 소리를 투명하게 직접적으로 전달한다고 믿는다. 또 이런 믿음 덕에 뉴스의 현장음은 텔레비전 뉴스 보도의 현실성을 강화하는 역할을 한다.

하지만 뉴스 제작 과정을 들여다보면 현장음도 현장에 실재하는 있는 그대로의 소리를 변형 없이 투명하게 전달한다는 것이 사실상 불가능하다는 사실을 알 수 있다. 현장음은 현실의 소리가 아니라 시청자가 관습적으로 받아들이는 익숙한 소리로 구성된다. 현장음은 현장을 투명하게 매개하는 리얼 사운드가 아니라 시청자가 리얼(reality)하다고 관습적으로 인정하는 사운드로 제작되고 구성되는 것이다. 현장음은 영상의 공간에 거주하는 사운드지만, 그 영상과 사운드의 결합관계는 필연적이지 않고 관습적이다(여기영, 2009, p39).

이륙 장면과 비행기 소음

　예를 들어 비행기가 이륙하는 장면을 촬영한 영상이다. 멀리서 이륙할 때 작게 들리는 비행기 엔진 소음은 카메라에 점점 다가오면서 커지다가 이륙을 마친 뒤 본격적인 비행을 하면서 점점 작아진다. 이것이 우리가 상상하며 자연스럽게 느끼는 엔진 소리다. 그러나 현장에서 찍은 원본 영상의 소음을 들어보면 카메라 주변의 자동차 경적 소리나 시민들의 말소리 등 소음이 뒤섞여 있는 경우가 더 많다. 이럴 경우 비행기 엔진 소음만을 다시 녹음해 비행기의 이륙 영상의 배경 소리로 제작한다. 시청자들이 더 사실적으로 영상을 볼 수 있도록 하기 위해서다. 그렇다고 현실을 왜곡 촬영했다고 비난할 사람은 없다.

축구 경기 중계와 현장음

　축구 중계화면이다. 영상 이미지들에 걸 맞는 현장음은 공차는 소리, 선수들의 거친 숨소리, 골을 넣고 지르는 괴성일 것이다. 그러나 시청자들이 듣는 축구 중계의 현장음은 응원단의 구호와 함성 그리고 박수 소리다. 축구하는 소리가 아니라 축구를 보고 있는 소리다. 더 나아가 중계 캐스터와 해설자의 비명과 환호조차도 현장 사운드 역할을 맡는다. 특히 "슛~~" "골입니다~~" "골! 골! 골! 기막힌 역전골이 터졌습니다

~~" 같은 캐스터와 해설자의 말은 사실 음성 사운드다. 그러나 시청자는 축구 중계의 현장감을 배가하는 일종의 현장음으로 받아들인다. 경기 결과를 뉴스로 전하는 기자의 리포팅이 방송될 때도 캐스터와 해설자의 목소리는 사라지지 않고 영상에 배경음으로 남겨 놓을 때가 많다. TV 뉴스에서 캐스터와 해설자의 목소리를 경기의 현장음으로 사용하고 있는 것이다. 뉴스에서 캐스터와 해설자는 영상에 나타나지 않고 자막이름도 없다. 실제 축구장에서는 캐스터와 해설자의 목소리를 들을 수는 없다. 하지만 시청자들은 스포츠 경기에 당연히 캐스터와 해설자가 존재한다고 생각하며 그들의 목소리가 현장음으로 자연스럽게 받아들이는 것이다.

뱀처럼 휘감는 불 … CCTV로 본 필사의 사투
〈2019년 4월 6일 MBC 뉴스데스크〉

강원도에 큰 피해를 입혔던 산불 뉴스 영상이다. CC - TV에 생생한 상황이 담겼다. 영상은 강한 바람을 타고 불꽃들이 도깨비불처럼 날아다니며 산불을 확산시키고 있음을 보여준다. 불꽃은 차량이 많은 도심까지 날아갈 정도로 강한 바람이 불고 있다는 것을 알 수 있다. 당연히 현장음은 강한 바람 소리일 것이다. 그러나 뉴스 리포트에는 전혀 현장음이 없다. 뉴스를 제작한 기자가 CC - TV 영상엔 소리가 없기 때문에 소리 없는 영상으로만 뉴스 리포트를 만든 것이다. 기자가 강한 바람 소리를 유사 현장음으로 깔았다면 현실감이 더욱 높아졌을까? 아니면 영상 효과만을 높이기 위해 왜곡했다는 비난을 받을까? 중요한 것은 시청자들이 CC - TV 영상은 소리가 녹화되지 않는다는 사실을 알고 있다는 점이다. 따라서 CC - TV 영상은 관습적으로 현장음이 없다는 점을 자연스럽게 받아들인다는 것이다. 오히려 원본 영상에 없는 강풍 소리를 배경음으로 깔았다면 조작 논란에 휩싸일 수도 있다. 그러나 소리까지 녹음되는 CC -

TV의 보급이 확대돼 많은 사람이 CC - TV 영상도 소리가 있다는 것을 당연한 사실로 관습화되면 상황은 달라질 것이다. 이처럼 소리의 현실감이란 현실의 소리를 매개함으로써 구성되는 것이 아니라 현실의 소리라고 관습적으로 인정된 사운드로 구성되는 것이다. 현장의 음들을 그대로 수음하여 들려주는 것이 리얼한 사운드가 아니라 시청자들이 리얼하다고 관습적으로 인정하는 사운드가 바로 현장의 소리들이기 때문이다.

그러나 현장음을 관습적으로 리얼하다고 인정되는 소리로 구성하는 것은 제작 기법에 머물러야 한다. 그럴 듯하게 만드는 것과 본질적으로 현실을 왜곡하는 것은 다르기 때문이다. 너무 그럴 듯해서 가짜로 인식되는 경우도 다반사다. 반대로 CC - TV 같은 제보 영상은 편집되지 않은, 원본 그대로의 이미지와 사운드를 담고 있기 때문에 강력한 신뢰도를 갖고 증거로서 기능하기도 한다. 이와 관련해 보신각에서 열렸던 제야의 타종행사는 시사점이 많다.

KBS 생중계…제야의 타종행사 2008년 12월 31일 밤

2008년 12월 31일 자정, 서울 보신각에서 예년처럼 제야의 종 타종행사가 진행됐다. 이 행사는 KBS가 생방송으로 중계했다. 그런데 보신각 주변의 많은 시민들은 촛불을 들고 당시 이명박 정부에 반대하는 구호를 외쳤다. 하지만 실제 방송에서는 이런 현장음이 사라지고 새해를 맞는 환호와 박수 소리로 대체됐다.

제야의 종 행사장서 촛불집회 … "언론법 등 악법 반대"
〈2009년 1월 1일 MBC 뉴스데스크〉

다음날인 2009년 1월 1일 저녁 MBC 뉴스 데스크는 제야 촛불집회라는 제목으로 지난 밤 보신각 타종행사에서의 반정부 촛불집회를 뉴스 리포트로 방송했다. "방송 장악 저지" "한나라당 해체" 등의 구호가 생생한 현장음으로 등장했고 촛불을 든 많은 시민들이 이명박 정부를 규탄했다고 보도했다. 이 사건을 두고 KBS가 왜곡 방송을 했다는 비난이 이어졌다. KBS측은 오히려 반정부 구호 등의 현장음이 시청자에게 전달되는 것은 방송 사고라고 맞섰다. 예상치 못한 현장음의 차단은 당연한 제작관행이라고 주장했다. 즉 방송사는 프로그램의 기획 의도와 성격, 목적에 맞지 않는 상황이 방송되는 것을 사고로 인식했다. 가는 해의 아쉬움과 오는 해를 축하하기 위해 기획된 프로그램에서 관습적으로 흘러나와야 하는 현장음은 반정부 구호가 아니라 환호와 박수 소리가 분명하다. 방송사는 이런 시청자의 관습적 기대를 외면하고 반정부 구호와 영상을 방송했다면 시청자들이 불편하거나 불쾌하게 받아들였을 것이라고 판단했다고 이해할 수 있다.

그러나 시청자들은 TV의 생방송이 현실을 있는 그대로 전달한다는 믿음을 갖고 있다. 제야 행사에 많은 시민이 반정부 구호를 외치는 데 동참했다. 또 당시 촛불 집회는 사회적으로도 무시할 수 없는 의미를 갖고 있었다. 따라서 반정부 구호를 현장음에서 삭제할 것이 아니라 촛불 집회 영상을 동시에 내보내고 진행자도 상황설명을 곁들였어야 했다. 예상하지 못하기 때문에 생방송인 것이다. 또 불쾌감은 시청자가 판단할 몫이지 방송사가 미리 예단할 수는 없는 것이다.

하늘에서 본 처참한 현장 … 주저앉은 사람들
〈2019년 4월 6일 MBC 뉴스데스크〉

산불이 할퀴고 지나간 피해 현장을 헬기에서 촬영한 영상이다. 그러나 이미지와

연결된 현장음은 없다. 피해주민의 한숨소리나 산불 진압대원들의 구령소리, 이동하는 발걸음 소리 등 현장음은 헬기 소음에 모두 묻혀 사라졌다. 헬기 소리는 기자가 바라보는 위치를 지시할 뿐이다. 여기서 현장음인 헬기 소리는 시각 이미지의 현실성을 강화시키는 것이 아니라, 취재의 현장을 더욱 뚜렷이 매개한다(여기영, 2009, p41). 헬기까지 동원될 정도로 심각하고 중대한 취재 현장임을 드러내는 역할을 맡는 것이다. 현장음은 이처럼 영상의 현실성을 강화할 뿐 아니라 취재 현장의 분위기를 더욱 극적으로 구성해 소구력을 높인다. 현장음의 이런 극적인 사용은 결국 시청 강화 전략과 관계된다.

4. 현장음의 재발견 – 음성 사운드의 과잉을 보완한다

TV 뉴스는 그동안 현장음을 소음 내지는 영상을 녹화할 때 자동적으로 녹음되는 것으로 치부해 버렸다. 뉴스 텍스트를 구성하는 강력한 요소라는 사실을 간과해왔다. 더욱이 감성적 요소를 전달하는 영상 이미지의 강점을 더욱 강화하는 요소임에도 현장음의 역할과 효과는 과소평가돼 왔던 것이다.

TV 뉴스는 음성 즉 말이 중심이고 핵심역할을 맡을 때가 많다. 시청자는 볼거리가 마땅치 않아도 음성이 나오면 TV 화면을 응시한다. 또 TV 화면을 보지 않고 소리를 듣는 것만으로도 충분한 정보전달력을 갖는다. 그러나 음성이 들리지 않는 화면은 보지도 않을뿐더러 보더라도 의미와 맥락을 이해하기 어렵다. 잠시 보더라도 오랜 시간 소리 없는 화면을 보기는 불가능하다. TV 뉴스에서 음성의 역할은 이처럼 중요하다. 문제는 영상만으로도 충분히 정보전달이 가능하거나 영상과 배경음 등이 어우러져 정서적 메시지 전달이 중요한 경우에도 음성이 개입한다. 하늘이 파란데도 굳이 파란 하늘이라고 설명하는 건 곤란하다. 영상과 음성언어가 창조적으로 결합하는 것이 아니라 영상에 음성 기사가 과잉 포장되는 것이다. 느낌이란 단순히 말로 표현되는 것이 아니라 영상과 사운드가 만들어 내는 감각인 것이다. 음성 언어의 과잉은 영상매체로서 TV 뉴스의 장점을 죽게 만든다. 더욱이 현재 TV 뉴스의 음성 기사는 공백의 틈을 보이지 않고 끊임없이 이어지면서 종종 엠비언트 사운드 마저 덮어버린다. 현장음이나 배경음은 일정 시간이 확보되었을 때만이 시청자들에게 공간을 해석하게 하고 영상을 실재화시키는 역할을 할 수 있다. 따라서 음성 기사의 과잉은 배경음의 기능을 막는 한계요인으로 작용한다. 기자의 육성 설명은 시청자에게 귀보다는 눈을 사용하게 한다(김정선, 2009, p54-55). 시청자는 기자가 말하는 내용에 맞는 영상을 눈으로 찾기 때문이다.

현장 배경음은 영상과 함께 제시되면서 영상의 생동감을 살리고 텍스트의 의미를 풍부하게 만든다. 말하자면 영상+사운드=부가의미가 창출되는 것이다. 화면과 화면이 만나 새로운 의미를 생산해내는 것을 수평적 몽타주라고 한다면 수직적 몽타주로 불릴 수 있다. 수직적 몽타주는 사운드 몽타주다. 사운드는 동시에 다양한 층위로 구성할 수 있기 때문이다. 때로는 영상과 음성, 현장음이 동시에 어울리기도 하고 현장음과 또 다른 현장음이 뒤섞여 시청각 텍스트의 의미를 풍부하게 연출하기도 한다.

다시 말해 현장음은 영상에 생명력을 불어넣듯이 기자 육성이나 인터뷰 등 음성 사운드의 의미를 풍부하고 생생하게 만들기도 한다. 예를 들어 공사현장의 소음은 현장 소장의 인터뷰나 사운드 바이트의 사실성이나 현장감을 살려준다. 거리에 울리는 크리스마스 캐롤은 한해를 보내는 길거리 시민의 소감 인터뷰에 분위기를 더해 주는 역할을 맡는다. 리포트 제작물에서 기자의 육성은 모든 사운드에 우선한다. 그러나 기자 육성이 보이스 오버로 들리던 직접 스탠드 업을 하던 현장음을 소거하지는 않는다. 기자의 음성 전달력이 방해되지 않는 선에서 현장음을 최대한 살려 뉴스 리포트의 사실성을 높이려한다.

이와 같이 현장음은 뉴스의 현장감, 생동감, 사실감을 높이기 위한 차원에서 주로 집합적인 형태로 쓰이는 경우가 많다. 그러나 소음과는 구별돼야 한다. 오히려 의도되고 계획된 사운드로서 뉴스의 의미와 표현력, 전달력을 높이는 주요 구성요소로 취급돼야 할 것이다. 독립적인 특성을 가지고 적극적으로 네러티브에 관여할 수 있어야 한다.

IV부.
TV 뉴스 속 영상의 재발견

1장. TV 뉴스 영상의 위기

1절 사실성 신화의 붕괴

지금까지 TV 저널리즘의 힘은 사실을 사실 그대로 보여준다는 믿음에서 나왔다. TV 뉴스에서 영상의 역할과 영향력은 절대적이었다. 객관적인 시점의 뉴스 영상은 1차 현실을 보는 것 같은 느낌을 줬고 TV 뉴스의 신뢰성을 높이는데 기여했다. 그러나 TV 뉴스의 영상이 현실을 그대로 모사한다는 생각은 뉴스의 객관성 신화만큼이나 불안한 위치에 처해있는 게 사실이다(이종수, 1999, p220). 뉴스 영상이 현실을 그대로 재현한다는 믿음이 도처에서 깨지고 있다. TV 뉴스가 가진 사실성의 신화는 약화되고 있다. 이는 곧 신뢰가 무너지고 있다는 뜻이고 결국 TV 저널리즘의 위기를 의미한다.

뉴스 영상이 사실적으로 보인다 하더라도 "촬영과 편집과정에서 인간의 개입이 이루어진 해석된 사실" 이라는 점은 뉴스의 객관성과 사실성을 약화시켰다(이민웅, 1996, p268). 뉴스 영상에서 쉽게 볼 수 있는 패스트 모션(fast motion), 슬로우 모션(slow motion)은 사실도, 현실도 아니다. 시간과 공간을 조작해 TV 뉴스 제작자의 의도를 분명하게 개입하고자 한 것이다. 영상 시간의 흐름을 조작한 패스트 모션은 상황을 우스꽝스럽게 만들기도 하고 슬로우 모션은 극적 긴장감을 고조시키기도 한다. 8~90년대, 대학생들의 거리시위가 폭력성이 강하다는 것을 의도적으로 보여주기 위해 화염병 던지는 모습을 슬로우 모션으로 반복해 방영하기도 했다. 촬영 앵글만 바꿔도 영상이 주는 느낌은 확 다르게 전달되는 경우는 비일비재하다.

(박근혜 대통령 탄핵 촉구 촛불 집회 – 사진1)

(박근혜 대통령 탄핵 촉구 촛불 집회 – 사진2)

밤마다 수백만 명의 촛불 인파가 모여 국정 농단을 규탄하던 시위도 찍힌 영상에 따라 규모가 달리 보인다. 하늘 높이 드론을 띄워 찍은 영상과 낮은 건물 옥상에서 보여주는 영상이 주는 메시지와 느낌은 확연히 다르다(사진 1). 또 당시 집회는 전 세계 여론의 찬사를 받을 정도로 평화적인 집회로 기록됐다. 집회라기보다는 국민 축제 같은 분위기였다. 하지만 횃불을 들고 가두 행진을 벌이는 영상을 중심으로 구성했다면 금세 폭력시위로 번질 것 같은 위기감과 긴장감을 느끼기에 충분한 분위기로 바뀐다(사진 2).

뉴스 영상이 정치적으로 이용되면 많은 폐해를 가져온다. 한국의 과거 대통령선거가 대표적인 예다. 100만 군중이 여의도 광장에 집결했을 때 여당후보는 꽉 찬 군중과 로우 앵글로 연설모습을 보여준 반면 야당후보는 헬리콥터에서 촬영해 상대적으로 집회의 규모를 작게 표현했다. 또 군데군데 빈곳만 집중적으로 보여주거나 연설 장소보다 더 높게 촬영단상을 쌓아 하이앵글로 야당 후보를 보여줘 작고 초라해 보이게 보도했다.

더욱이 최근엔 TV 영상 기술의 발달에 따라 컴퓨터 그래픽과 디지털 합성으로 구성된 영상은 뉴스영상의 사실성과 객관성을 더욱 약화시키고 있다. 캐드웰(Cadwel)은 "TV의 과도한 시각적 스타일을 텔레 비주얼리티"로 규정했는데(이종수, 1999, p220). 최근 한국의 TV 뉴스에서도 이런 텔레 비주얼리티 현상을 쉽게 볼 수 있다는 것이다. 이전에는 영화에서만 볼 수 있었던 컴퓨터 그래픽 동영상 화면이 이제는 수시로 뉴스에 등장한다. 허구지만 사실과 거의 똑같은, 때로는 사실보다 더 사실 같은 컴퓨터 그래픽 영상은 사실과 허구의 구분을 불가능하게 한다. 이처럼 뉴스 영상의 사실성과 객관성에 대한 믿음은 갈수록 낮아지고 있다. 특히 전쟁과 재난 보도까지도 버츄얼 영상들이 너무 자주 그리고 많이 방송되면서 현실 재현을 넘어 현실을 창조하는 우를 범하고 있다. 이렇게 볼거리만을 강조하고 스펙터클한 제작법에 치중하는 사이 TV 뉴스의 사실성 원칙은 여지없이 무너지고 객관성은 흔들리고 있다.

2절 사실과 진실

가장 치명적인 경험은 미군이 벌인 이라크 전쟁이다. 후세인 정부가 핵무기 등 대량 살상무기를 개발하고 테러를 지원해 세계 평화를 위협하기 때문에 제거해야한다는 것이 전쟁의 명분이었다. 극악무도한(?) '악의 축(axis of evil)'을 소탕하기 위해 미국은 최첨단 전자 무기를 총동원해 이라크의 요소요소를 정밀 타격했다. 테러 집단의 소굴만을 족집게로 들어내듯 공격하고 응징했다고 선전했다. TV 뉴스를 통해 이라크 공습을 본 세계인들은 마치 전자오락 전쟁게임을 보는 듯 착각에 빠졌고 미국의 첨단 기술을 놀라워했다. 또 세계 평화를 지킨다는 미화된 전쟁 이데올로기에 설득돼 전쟁의 참혹한 피해는 잊고 있었다.

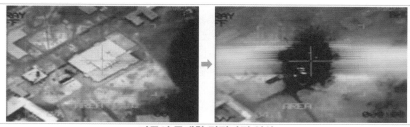

미군이 공개한 정밀타격 영상

이라크 전쟁 당시 생방송 뉴스 화면

전쟁의 진행 상황은 미국의 공개로 거의 실시간 전 세계 TV 뉴스에 중계됐다. 아마도 생중계로 방송된 전쟁은 이라크전이 처음일 것이다. 그러나 이런 미국의 선전 이미지와 실상은 달랐다. 철저히 이미지화된 이데올로기에 불과하다는 사실이 폭로 전문 온라인 사이트인 위키리크스에 의해 드러났다. 2007년 7월 이라크 바그다드에서 미군 아파치 헬기가 민간인들을 공격하는 영상이 공개된 것이다.

위키리크스 이라크전 기밀폭로 … 주요 내용은?
〈2010년 10월 25일 연합뉴스〉

"대여섯 명이 AK47 소총을 갖고 있다. 발포 허가를 요청한다."
"알았다. 허가한다."

"승합차는 부서졌다. 계속 사격해 계속~~" "와~~ 유리창이 관통됐어 하하~"

미군은 헬기 공격으로 10명이 숨겼는데도 부상자를 옮기려는 승합차를 발견하자 다시 기관총을 난사하고 승합차마저 완전 파괴해 버린다. 전쟁이 아니라 학살에 가깝다. 하지만 승합차 안에는 어린이 2명이 있었고 잠시 뒤 도착한 미군 육군 병사들에 의해 구조돼 황급히 병원으로 이송됐다. 헬기 음성엔 "전쟁터에 어린이를 데려온 이라크 놈들의 잘못"이라며 키득대는 육성이 고스란히 녹음돼 있다.

〈중간생략〉 "전쟁터에 어린 애를 데려온 놈들이 잘못한 거지. 큭큭"

이 영상이 공개되자 전 세계는 경악했다. 당시 사살된 사람들은 테러범이 아닌 이라크 주민이었다. 더욱이 희생자 가운데 2명은 로이터 통신의 기자였다. 당시 희생자들은 카메라와 대형 망원렌즈를 휴대하고 있었는데, 미군 조종사들이 이를 AK 소총과 로켓추진 수류탄 발사기로 오인해 공격을 퍼부은 것이다.

희생된 로이터통신 기자 (출처: 유튜브)

2010년, 〈위키리크스〉는 이 영상을 포함해 이라크·아프간에서 벌어진 민간인 학살 관련 군사 기밀자료 등 39만 건을 폭로했다. 주요 내용은 2004년 이라크 미군 해병대가 의도적으로 어린이와 여성 등 24명을 사살했고, 2006년 이라크 미군 병사가 여자와 아이들 등 일가족 9명을 의도적으로 살해했다는 사실(- 당시 오폭으로 왜곡돼 보도됐다 -) 등이다. 이로써 미국이 일으킨 테러와의 전쟁 혹은 세계 민주주의를 지킨다는 명분은 명분에 불과하다는 비난이 거세졌고 결국 오바마 대통령은 이라크 주둔 미군을 모두 철수하고 종전을 선언했다. 위에 제시한 두 종류의 영상은 TV 매체가 보여주는 현실이 사실일 수는 있어도 진실은 아닐 수 있다는 점을 극명하게 대비해준다. TV가 보여주는 현실은 진실과 허위 사이에 위치하는 불확실한 공간일 뿐이다. 이처럼 흔들리는 사실성과 객관성은 TV 저널리즘의 위기를 의미하며 더 이상 보는 것은 믿을 수 있다는 신뢰를 기대할 수 없게 된 것이다.

국내 사례로는 평화의 댐 건설 사건을 들 수 있다. 1986년 10월 전두환 정권은 "북한이 서울을 순식간에 물바다로 만들 수 있는 최대 저수능력 200억t 규모의 금강 산댐을 건설한다"고 발표했다.

평화의 댐 건설 시작부터 준공까지 곡절과 사연들
〈2005년 10월 19일 MBC 뉴스데스크〉

정부는 북한이 200억 톤 규모의 저수용량을 가진
금강산댐을 건설 중이라고 발표했습니다.
이기백(당시 국방부 장관, 86년 11월 6일): "초당 230만 톤의 엄청난 폭류로 돌변해
핵무기에 버금가는 위력으로 한강유역을 휩쓸고 말 것입니다"

이 같은 정부발표를 시작으로 당시 신문은 댐이 터지면 핵폭탄과 같은 위력이라 며 북한이 서울을 향해 수공(水攻)을 준비한다고 대대적으로 보도했다.

당시 신문에 보도된 기사의 제목들

TV 뉴스는 더 심각했다. 처음엔 방류되는 물 폭탄과 서울 도심 사진을 이중 노출 하는 영상을 만들어 뉴스를 전달했다. 이런 영상으로도 당시 시청자들은 북한이 금강 산댐을 의도적으로 무너뜨리면 서울이 물에 잠긴다는 공포감과 위기감을 느끼기에 충분했다.

물 폭탄+서울 도심   물 공격+잠실 운동장

이어서 TV 뉴스매체는 200억 톤의 물 폭탄이 북측에서 방류돼 한강으로 유입되면 어떻게 되는 지, 동영상 시뮬레이션을 제작했다. 6.3 빌딩과 국회의사당이 물 공격을 받아 국회는 지붕만 보이고 6.3 빌딩은 허리까지 물에 차는 등 여의도 전체가 물밑으로 사라지는 영상을 제작해 방송했다.

금강산댐에서 방류한 물이 6.3빌딩을 덮치는 동영상 장면 〈MBC 뉴스데스크〉

더욱이 조그맣게 만든 여의도 등의 모형 미니어처에 물을 흘려보내 한강 다리와 국회의사당이 물에 잠기는 장면을 영상으로 찍어 TV 뉴스에 방송했다. 시청자들에게 공포감을 극대화시킬 수 있는 방법은 모두 동원된 셈이다.

물에 잠긴 6.3빌딩과 한강다리, 국회의사당 주변 … 미니어처 모형 〈MBC〉

TV 뉴스가 조성한 수공 위험에 공포감과 위기감을 느낀 국민들은 자연스럽게 대

응 댐인 평화의 댐을 건설하기위한 국민 성금 모금 운동에 참여했고 모두 6백60억 원의 성금이 모아졌다.

대응 댐인 평화의 댐 건설을 위한 국민 성금 모금운동 모습

특히 당시 전두환 대통령은 공사 현장까지 방문해 평화의 댐 건설이 북한의 공격을 막기 위해 시급하다며 건설을 독려했다. 덕택에 평화의 댐은 1년 만에 초고속으로 만들어졌다.

전두환(전 대통령): "내년 5월 달까지 1단계 공사가 될 수 있을까요?"
"기필코 하겠습니다."
전두환(전 대통령): "이거 꼭 해야 돼."
〈전두환 대통령이 건설현장을 방문해 공사를 독촉하는 모습〉

그러나 북한은 금강산댐 공사를 중단했다. 더욱이 저수용량이 2백억 톤이라는 정부 발표는 실제보다 10배 이상 부풀려진 거짓이었다. 정권의 거짓말에 언론은 아무런 검증 없이 사실을 부풀려 위기감을 키우는 데 앞장섰다. 정권과 언론이 공동으로 국민을 상대로 초대형 사기 사건을 벌인 것이다. 문민정부로 바뀐 2천 년대 초 감사원의 감사결과 금강산 댐 소동은 당시 안기부의 주도로 정권 후반기에 시국안정과 국면전환을 위해 조작한 것으로 결론 났다. 핵폭탄과 맘먹는 물 폭탄의 공포로 국민들을 몰아넣은 정권 사기극으로 확인된 것이다. 평화의 댐 건설 성금을 내기위해 돼지저금

통을 들고 줄을 섰던 어린아이까지, 전 국민이 정권과 언론에게 농락당한 것이다.

이렇듯 TV 뉴스 영상은 위력이 큰 만큼 위험한 것이다. 사실이 진실인지 확인되지 않은 채 생산된 영상은 무늬만 사실일 뿐 진실과 여론을 왜곡한다. 따라서 반드시 검증이 필요한 것이다. 또 영상의 이면에 어떤 진실이 숨겨져 있는 지 확인하지 않는 한 영상은 믿을 수 없다는 생각이 확산되고 있다. 영상은 객관적이고 보는 것은 믿을 수 있다는 영상의 객관성 신화는 허구라는 점이 분명해진 것이다. 영상화된 진실은 언제든지 만들어질 수 있는 것이다. 문제는 어떻게 진실을 찾고 이를 훼손하거나 왜곡하지 않고 온전한 정보로 영상화해 전달할 것인가이다.

TV 뉴스의 영상이 사실을 있는 그대로 보여준다는 믿음이 약화된 것은 사실이지만 TV 저널리즘은 여전히 유효하다. 뉴스 영상의 객관성과 사실성은 많은 비판에도 불구하고 시청자들은 여전히 뉴스를 보고 뉴스에서 본 것들을 사실로 수용한다. 따라서 TV 뉴스의 영상은 반드시 사실이어야 한다. 나아가 사실에 머물 것이 아니라 진실을 추구해야 한다. 이는 TV 저널리스트들의 책무이다. 어떻게 가능하게 만들 것인가? 재미있는 최근 사례로 설명을 이어가고자 한다.

거리두기 실종된 인천 미추홀 구 선별진료소 〈2020년 5월 13일 뉴스1〉

코로나19 확진자가 무더기로 발생한 가운데 인천 미추홀구청에 마련된
선별진료소에서 학원 수강생(138명)과 교회 신도(600명)들이 검사를 받기 위해
운동장 스탠드에 앉아 기다리고 있다.

한 언론매체가 코로나 선별진료소에서 검사대기 중인 시민들의 사진을 게재하면서 사진 제목으로 "거리두기 실종" 이라는 제목을 붙인 게 문제의 시작이 됐다. 시민의 식의 실종과 구청의 관리 부실을 비난하는 댓글이 잇따랐다. 그러자 해당 구청장이 가짜 뉴스라며 3장의 사진을 자신의 페이스 북에 올렸다. 구청장은 3장의 사진과 함께 "똑 같은 사진이라도 찍는 각도에 따라 보이는 모습이 달라집니다. 왜곡된 기사가 더 아픕니다. 코로나에 대응해야할 시간에 사진을 찾고 해명하는 글을 올리는 초라함에 속이 상합니다" 는 글을 게시했다.

미추구청장이 페이스 북에 올린 사진

3장의 사진이 게재된 후 상황은 역전됐다. 옆에서 찍은 사진과 앞에서 찍은 사진의 메시지가 정반대였기 때문이다. 앞에서 찍은 영상은 거리두기가 잘 지켜진 것을 시각적으로 명확히 증명하고 있다. 이어 구청장을 위로하는 목소리는 커지고, 대신 가짜 뉴스를 비난하는 댓글이 빗발쳤다. SNS에서는 "언론학 교과서에 실려야할 사진이다. 한쪽 관점으로만 보는 것이 얼마나 위험한 일인지 알겠다. 언론이 한 개의 사실로 진실을 얼마나 왜곡할 수 있는지, 3장의 사진에 모두 담겨있다" 고 하는 등 비난이 일었다. 이런 비난이 온라인에서 확산되자 몇몇 일간지는 "구청장, 가짜뉴스에 분노" 라는 제목으로 가짜 뉴스를 비판하는 기사까지 실었다.

중부일보 등 다른 매체의 당시 사진

그러나 상황은 여기에서 끝나지 않고 다시 반전을 맞는다. 거리두기가 지켜지지 않은 사진과 영상이 추가로 확인된 것이다. KBS와 중부 일보 등은 물론 당시 현장에 있었던 시민들도 추가 사진을 온라인에 게재한 것이다. 결국 당시 상황을 팩트 체크한 결과 구청장이 사용한 사진은 오전 9시 30분쯤 찍었지만 거리두기가 지켜지지 않은 사진은 2시간 후인 오전 11시 30분쯤 촬영된 것으로 확인됐다. 오전 9시쯤엔 거리두기가 잘 지켜졌지만 시간이 지나면서 혼잡해지자 거리두기가 잘 지켜지지 않은 것으로 해석된다. 결국 해당 구청장은 가짜 뉴스라고 주장한 데 대해 사과했고 한 장의 사진으로 시작된 소동은 매듭지어졌다.

　　중요한 것은 누가 생산한 영상인가가 아니다. 현실을 현실 그대로, 사실을 사실 그대로 반영한 영상이냐가 중요하다. 해프닝에 불과한 소동이었지만 시사점이 많다. 영상의 속성은 시점에 따라 다르다. 사실이라도 얼마든지 진실이 아닐 수 있는 것이다. 그러나 위의 사례처럼 다양한 영상이 있다면 실체에 최대한 접근할 수 있다. 무한 영상의 시대다. 단순히 영상의 생산량이 많다는 의미만이 아니다. 영상이 많다는 의미는 사물과 세상을 바라보는 시각과 관점이 그만큼 다양하고 다각적으로 해석될 수 있다는 뜻으로 연결된다. 이는 다양한 집단 지성의 참여 가능성을 의미하고 또 시각적인 감시가 가능한 사회가 됐다는 점을 시사한다. 이미 온라인으로 연결된 탈근대사회의 커뮤니케이션은 시각적 감시와 집단 지성에 의한 다양한 참여가 현실화되고 있다. 이런 측면에서 시민사회로부터 생산되는 제보 영상, 폭로 영상을 포함한 외부 제공 영상의 가치가 더욱 높아지고 있다.

　　처음으로 TV에 방송돼 시청자의 눈과 귀를 사로잡은 베트남 전쟁은 미국의 위대함을 부각시키려고 했던 TV의 의도와는 상관없이 전쟁의 참혹함을 알리는 결과로 귀착됐고 오히려 반전 여론의 토대가 됐다. 현실적으로 진실을 보도할 수 없는 것이라면 차선책으로 사실을 많이 알리는 것이 묵살이나 축소 보도보다는 좋다. 양적 변화는 질적 변화를 수반한다고 했다. 진실은 인간의 의도와는 상관없이 스스로를 드러내는 힘을 가지고 있다. 진실은 우여곡절의 과정을 거치더라도 결국엔 스스로 자신을 증명한다. 따라서 무한 영상이 생산되는 시대를 맞아 TV 저널리스트들은 최대한 영상 속에서 실체적 진실을 찾는 노력을 게을리 할 수 없는 것이다.

2장. 외부 제공 영상의 활성화

외부 제공 영상은 전문 TV 뉴스 제작자가 생산한 것이 아니라 외부로부터 제공받은 영상이란 뜻이다. CC - TV나 자동차 블랙박스에 우연히 찍힌 사건 사고 장면 뿐아니라 특정 비위 사실이나 불법 사건을 고발하는 폭로 영상 같은 제보영상도 여기에포함된다.

일본 후쿠시마 쯔나미의 위력 〈2011년〉
(출처: AFP, 연합뉴스)

런던 지하철 사건 용의자 CC - TV 〈2005년〉
(출처: 나무위키)

2011년 일본 후쿠시마를 휩쓴 지진 해일과 2005년 런던 지하철 폭탄 테러범들이찍힌 CC - TV영상이다. 이 같은 제보 영상은 과거 뉴스엔 1~2개 아이템에 불과했지만최근엔 급격히 늘어 TV 뉴스의 상당 부분을 차지하고 있다. 이젠 제보 영상이 없으면뉴스를 만들 수 없을 정도로 절대량이 늘었다. 특히 뉴스 가치도 높아 상황 국면을 결정적으로 전환하는 대부분의 영상이 외부에서 제공되는 경향이 많아졌다.

1절 외부 제공 영상의 급증

외부 제공 영상이 급증한 배경은 카메라가 대중화되면서 영상의 생산량이 폭증한 데 따른 것이다. 사람들은 소소한 것이라도 개인적 영상으로 기록하는데 참여하기 시작했다. 특히 스마트 폰의 급속한 보급은 바로 앞에서 일어난 생생한 사건을 너무나 자연스럽게 휴대폰 영상에 담게 됐다. 이와 함께 CC - TV와 차량 블랙박스 등 시각적 감시가 가능한 영상 장비가 폭발적으로 확대됐다. 언론사는 사회가 다원화, 대중화 될 수록 영상 정보를 수집하는 데 한계를 느끼고 결국 시민들이 찍거나 CC - TV 등에 촬영된 영상의 의존도와 활용도를 높일 수밖에 없었다. 특히 미디어와 결합된 CC - TV 와 블랙박스 영상은 강력한 사회감시자의 역할을 하고 권위를 갖는다. 예측 불허의 사건 사고와 재해의 순간을 포착한 CC - TV와 블랙박스 영상은 현장성, 실재성, 흥미성과 같은 다차원의 높은 뉴스 가치를 가졌다. 뭔가 그림 되는 것을 보여줘야 한다는 강박관념을 가지고 있는 뉴스 제작자들이 좋아할 만한 뉴스 소스다. 따라서 수시로 저녁 종합뉴스의 주요 뉴스를 장식했다(백선기, 2004).

하지만 외부 제공 영상의 급증 배경엔 보다 근본적 이유가 있다. 전통 미디어가 포장하고 있던 객관주의 신화가 붕괴해 TV 뉴스에 대한 신뢰도 무너지고 있는 것이다. 시청자들은 TV 뉴스가 현실을 거울처럼 있는 그대로 보여주는 것이 아니라, 어떤 가치와 기준에 따라 재구성된 것이라는 사실을 눈치 챈 것이다. 사실성을 바탕으로 객관성이 있는 듯 포장하고 있지만 특정 관점중 하나일 뿐이라는 비판이다. 이 때문에 시청자에 불과했던 시민들이 직접 목격한 현장 영상을 생산하고 유통하며 공유하기 시작했다.

전통적 TV 뉴스 영상에 대한 불신으로 나온 것이 제보영상과 같은 외부 제공 영상이다. 위에 소개한 위키리키스의 폭로영상도 당초 방송이 목적이 아니다. 작전 기록용으로 어떤 인위적 개입도 없이 보관하기 위해 촬영했을 것이다. 그러나 미군의 실체를 이보다 사실적으로 그리고 비판적으로 보여주는 영상은 없다. 여러 가지 부정적인 요소가 있겠지만 영상 저널리즘의 진수를 보인다.

2절 디지털 집단지성과 시각적 감시

외부 제공 영상의 급증은 온라인 디지털 미디어의 발달로 더욱 가속화됐다. 특히 온라인 미디어와 블로그 저널리즘의 영향력이 커지면서, 뉴스 생태계에서 전문 저널리스트와 아마추어 시민 간의 관계가 근본적으로 다시 형성되기 시작한 것이다 (Deuze, 2006). 2000년대 이후 온라인 시민미디어와 블로그 저널리즘의 영향력이 확대되면서, 이제 시민들의 집단지성(collective intelligence)과 크라우드 소싱(crowd sourcing)을 활용하지 못한다면 전통적 저널리즘은 블로그 형식의 시민저널리즘에 추월당할 것 이라는 위기의식이 커져 가고 있다(Bowman & Willis, 2003; 이종수, 2008, p56-57, 재인용). 실제로 아마추어 저널리스트들의 제보 영상은 기존의 전통 미디어 속으로 들어가 역할과 영향력을 급격히 늘리고 있다. 처음엔 전통 미디어들은 생생한 현장 영상 등을 얻기 위해 일반 시민의 사진과 비디오 제보를 권유했고 대형 참사 보도에서 일반인들의 목격담과 제보 영상을 적극적으로 활용했다. 그러나 최근엔 시민 혹은 아마추어 저널리스트들은 "기존 미디어 조직이 상업적, 정치적 의도에서 감추거나 미처 포착하지 못해 보여주지 못하는 사안과 정보를 발굴, 공개, 유통시켜 사회적으로 유의미한 '지식' 을 창출한다는 점에서 진정한 의미에서의 집단지성을 실현하고 있다(Jenkins, 2006; 조성용, 2011, p27, 재인용)"고 할 정도로 주도적 미디어 기능을 수행하고 있다. 사실상 전통 미디어와 시민 저널리즘의 역할이 역전된 것이다.

이 처럼 시민들에 의한 집단 지성은 한 발짝 더 나아가 사회 곳곳에 퍼져있는 부조리와 비리를 영상으로 찍어 드러내는 시각적 감시의 역할을 수행해내고 있다. 언론의 책무가 비판과 감시라고 볼 때 TV 저널리즘의 임무는 시각적 감시라고 볼 수 있다. 스마트 폰을 가진 모든 개인이 영상을 생산할 수 있는데다 CC - TV와 블랙박스 같은 감시 영상도 폭발적으로 늘어 시각적 감시의 토대가 마련됐다. 여기서 생산되는 외부 제공 영상은 전통 미디어와 결합돼 강력한 시각적 감시 기능을 담당하고 있다. 더욱이 감시 영상이 즉각적으로 네트워크로 공유되고 컴퓨터 파일로 전환돼 무한 복제의 가능성까지 열려있다.

이런 시각적 감시가 일반 시민들의 개인 삶과 사회적 참여를 통제하는 수단이라는 우려도 있고 또 실제 부작용도 나타나고 있다. 그러나 동시에 시민들에게 새로운 형태의 참여와 권력을 부여하기도 한다. 시각적 감시는 양면적 특성을 지니지만 (Lyon, 1994, p218-219) 제보 영상 등 외부 제공 영상은 시민이 자발적으로 시각적 감시의 주체로 변화하는 체험을 하게 한다(조성용, 2011, p32, 재인용). 시민들은 새로운 형태의 미디어 권력을 누리게 된 것이다.

일례로 한밤중에 아파트 주차장에서 홧김에 방화를 저지른 범인의 행각이 CC-TV와 주차된 차량의 블랙박스에 생생하게 찍혀 2시간 만에 검거됐다는 뉴스 리포트이다. 시각적 감시의 한 사례다.

한밤중 주차장서 치솟은 '불'··· CCTV 찍혔는데
〈2019년 4월 29일 MBC 뉴스데스크〉

서울의 한 아파트 단지 환한 불빛과 함께 불길이 치솟습니다.

연기를 뒤로하고 한 남성이 빠져나갑니다.

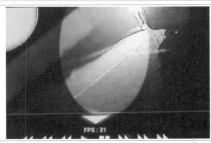 

주차된 차량밑에서 불빛이 올라오더니 남성이 뛰어 달아납니다.

아래 리포트는 국정에 개입한 적이 없다고 주장한 최순실씨가 청와대 비서들을 수족처럼 부리며 대통령의 순방 등에서 입을 옷을 고르는 CC‑TV 영상이 입수돼 제작됐다. CC‑TV가 국정 농단의 실체를 시각적으로 감시하며 기록하고 있었던 것이다. 전혀 상상할 수 없었던 일이 현실로 나타나 모든 국민이 목격한 것이다. 감시 영상의 힘이다.

휴대폰 건넬 때도 닦아서 줘 … 설설 기는 행정관
〈2016년 10월 26일 SBS 8시 뉴스〉

2014년 11월, 서울 강남에 있는 작은 의류 제작실에서 촬영된 화면입니다.

최순실 씨가 초록색 재킷 앞에서 재단사로 보이는 사람에게 뭔가 지시합니다.

이 옷은 1주일 뒤 박대통령이 외국 언론과 인터뷰할 때 입은 옷과 똑같습니다.

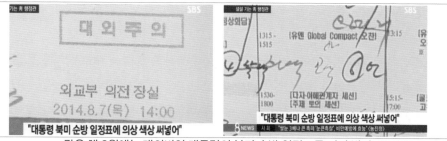

같은 해 9월에는 대외비인 대통령의 북미 순방 일정표를 미리 받아
일정별로 입을 옷의 색상 등을 결정한 것으로 전해졌습니다.

청와대 행정관들이 최 씨를 대하는 태도가 주목할 만합니다.

비서실 행정관은 자신의 옷에 닦은 후 휴대전화를 건넵니다.

　의상실에 설치돼 있던 CC - TV영상이 방송사로 제공돼 공개됐다. 당시 박근혜 대
통령은 국정 농단 의혹이 시작되자 취임 직후 잠깐 도움을 받았을 뿐 최씨의 국정 개
입은 없었다고 말했다. 그러나 위의 CC - TV가 공개되면서 취임이후 1년 8개월이 지
날 때까지 최씨가 대통령의 주요 외교 일정까지 챙겼음이 드러났다. 또 당시 청와대
비서실 직원들이 실세를 모시듯 최씨를 극진히 대하는 모습은 국민을 분노하게 만들
었다.

3절 공유와 원본 추구

온라인 디지털 미디어는 이와 함께 개인이 생산한 영상을 네트워크를 통해 유통하고 공유하게 만들었다. 더 이상 시민들은 TV 뉴스 등 전통 미디어들이 만드는 뉴스만을 보고 듣는 수용자, 소비자에 머물지 않는다. 직접 확인하고 검색하며 새로운 뉴스를 찾고 만들어간다. 뉴스는 미디어가 만든 결과가 아니라 아마추어 저널리스트, 혹은 시민이 함께 만들어 가는 과정으로 변했다. 따라서 수용자에 불과했던 시민들은 인터뷰의 원문 전부를 뒤지고 현장의 영상 전체를 요구한다. 원 자료(Raw Material), 그리고 원본을 직접 보고 해석한다.

아프가니스탄 탈출자 지원대책 발표 – 법무부 차관 〈2021년 8월〉

원본의 힘을 읽을 수 있는 한 가지 사례를 소개한다. 법무부 차관은 기자회견을 통해 아프가니스탄을 탈출한 특별 기여자의 국내 지원대책을 발표했다. 당시 야외 기자회견장소에는 비가 내리고 있었다. 언론이 주목한 것은 기자회견 내용이 아니라 '과잉 의전', '황제 의전' 이라는 제목의 사진이었다. 비가 내리는데도 차관의 보좌진이 젖은 아스팔트 바닥에 무릎 꿇고 우산을 받치고 있었기 때문이다. "지나친 의전" 이라는 비판이 잇따랐다. 누리꾼은 물론 온라인 매체, 나아가 일간지 등도 자극적인 제목을 붙여 비난에 동참했다. 정치권도 권위의식, 뒤떨어진 시대인식이라며 비판 논평을 내는 등 하루 종일 온, 오프라인이 들끓었다. 그러나 논란은 곧바로 수그러들었다. 이유는 원본이 유통됐기 때문이다.

기자회견 원본 – 현장 기자들이 법무부 직원에게 앉으라고 요구하고 있다

당시 촬영 원본 테이프에는 현장 카메라 기자들이 우산 든 직원이 찍히지 않도록 뒤로 가라, 또 앉으라고 요구하는 음성이 들어가 있었다. 또 실내로 브리핑 장소를 옮기려했지만 기자 숫자가 많은데다 세팅된 카메라 등을 옮겨야하기 때문에 야외 브리핑을 강행하자고 기자들이 요구했다는 증언까지 이어졌다. 원본의 전체 내용이 온라인과 방송으로 공개되자 법무부를 비난하던 여론은 급속히 사라졌다. 오히려 기자들이 취재 편의를 위해 비 오는 상황에서 무리한 요구를 했다는 비판으로 바뀌었다.

물론 일반 시민이 직접 만든 뉴스가 객관성이 담보될지, 또 개별화된 정보를 믿을 수 있을지도 의문이다. 하지만 적어도 전문 저널리스트들이 만들어놓은 객관주의 환상의 위험에서 벗어날 수는 있을 것이다. 나아가 집단지성의 합리성을 믿는다면 다원적 차원에서 진실을 찾는 데 큰 도움이 될 것이다. 따라서 전통 미디어나 전문 저널리스트만이 뉴스의 생산과 유통을 독점할 필요도 이유도 없어진 것이다. 뉴스 생산도 폐쇄적 방법이 아니라 독자, 수용자, 소비자 등이 함께 참여하고 찾아가는 개방적 방식으로 변하고 있다.

4절 외부 제공 영상의 특징

1. 인위적 개입 흔적이 없다.

제보 영상의 가장 큰 특징은 영상 자체가 인위적이지 않고 개입 흔적을 발견할 수 없다는 점이다. CC - TV, 블랙박스 등의 외부 제공 영상은 인위적 요소가 배제돼 생산된다. 의심할 것 없이 사실이고 객관적이라는 믿음을 주는 방식으로 촬영, 제작됐다. 인위적 흔적이 발견되거나 객관성이 결여되면 신뢰성은 추락한다. 시청자는 당연히 원본 그대로의 상태를 가장 믿을 수 있다고 생각한다. 위키리크스의 폭로 영상도 10여 분 동안 잘린 부분 없이 1컷으로 즉 롱 테이크로 연결돼 제작자의 편집이 전혀 없다. 어떤 식으로든 인간이 관여하지 않은 영상물이라는 의미다.

또 영상제작 당시의 목적과는 전혀 다르게 사용된다는 점도 외부 제공 영상의 객관적 신뢰도를 높인다. 위키리크스의 영상은 작전 기록용으로 생산, 보관된 영상이다. CC - TV와 블랙박스 영상은 대부분 감시용으로 사실 전체를 그냥 녹화해 저장해놓았을 뿐이다. 스마트 폰으로 찍힌 영상들도 대개는 일상생활의 사소한 경험을 카메라에 담다가 우연히 돌발적인 사건, 사고를 찍게 된다. 당연히 영상의 생산 동기가 TV 방송을 위해 의도적으로 찍은 것과는 다르다. 따라서 원천적으로 인위적일 수도 없고 인위적일 필요가 없다. 영상 제작자가 관여할 수도 없는, 제 3자의 시선을 가진 객관적 영상이다.

2. 1인칭 시점의 목격 영상이다.

외부 제보영상은 대부분 핸드 헬드(hand-held) 카메라로 찍힌다. 떨리고 흔들리고 초점도 맞지 않는 불안정한 영상이 많다. 하지만 1인칭의 주관적 시점에서 일반 시민이 직접 포착한, 현장 목격이 강조된 영상이다. 극적인 사건의 현장에서 직접 사건을 경험한 사람의 기록이고 당사자로서의 표현이다. 이렇게 개인화된 1인칭 시점의 편집되지 않은 영상은 현실감을 높인다. 또 어색하고 아마추어적인 영상과 화질은 오히려 더 사실적 영상으로 받아들여지고 생생함을 배가시킨다. 따라서 시청자도 사건을 직접 목격하고 사건이 발생한 실제 장소에 존재하는 것 같이 느낀다. 영상 미학적으로 완성도가 높아 보기에 좋은 지, 나쁜지 여부는 아무런 의미가 없다. 영상이 얼마나 현장감 있는 지가 중요하다. 초점이 흐려지고 화면이 어지러운 느낌은 시청자에게 현장 상황의 긴박함을 알리는 제보영상의 중요한 특성을 갖게 한다(조성용, 2011,

p54-56).

산불 현장이 찍힌 스마트 폰 촬영 영상이다. 운전자 조수석에서 촬영한 산불영상에는 도로 바로 옆까지 번져 타오르고 있는 산불의 위력과 열기를 시청자도 생생하게 느낄 수 있다. 직접 보고 느끼는 듯하다.

아수라장 도로에 연기 자욱 ··· 길위의 '공포' 극심
〈2019년 4월 5일 MBC 뉴스데스크〉

"오, 열기 봐! 문 닫았는데도 열기가…
(불이) 다 붙었어. 반대쪽도 다 붙었어. 지옥인데?"

더욱이 시청자는 영상이 분명하지 않더라도 의미를 읽어내려고 더 많은 노력을 기울인다. TV가 신문보다 메시지 해석에 있어 수동적인데도 훨씬 능동적이고 적극적으로 메시지를 읽어내려는 특성을 보인다. 해석하기 조금 힘들어도 해석에 공을 들이는 것이다.

3. 지금, 이 시각의 동시성을 경험한다.

외부 제공 영상은 생생한 날(Raw) 영상이다. 지금 이 시각에 발생한 듯 동시성을 느낀다. 위급했던 교통사고와 지진, 쓰나미 같은 긴박한 순간을 보는 시청자는 믿을 수밖에 없는 생생함을 느낀다.

'V'자 꺾이더니 순간 '첨벙' … 타이완판 '성수대교'
〈2019년 10월 1일 MBC 뉴스데스크〉

　　이런 생생함은 마치 생방송을 보는 듯 영상과 동시성을 느낀다. 동시성은 절대적 시간이 동시라는 뜻도 있지만 현장 발생의 순간을 본다는 의미도 있다. 사진은 2019년 10월 타이완에서 발생한 교각 붕괴 사건의 CC - TV영상이다. 뉴스는 영상 속 사건이 발생한 이후 방송된다. 그러나 다리 붕괴나 차량 충돌의 순간이 찍힌 영상이 TV 뉴스로 방송될 때 시청자는 마치 지금 발생하고 있는 일처럼 동시성을 경험한다.

　　이런 생생함은 날 것 그대로라는 생동감, 사전에 계획되지도 않고 구성되지도 않았다는 특성을 갖고 있다. 형식적인 면에서는 지연 생방송(recorded-live program)과 같다. 이처럼 동시성을 가진 영상은 우연히 촬영된 것이다. 전문 영상제작자가 사전에 계획하고 준비해서 얻을 수 있는 영상이 아니다. 재난 방송, 촛불 집회 등 생방송도 사전에 기획되거나 구성되지 않았다는 측면에서 시청자를 뉴스에 몰입시키고 영상의 사실성과 객관성을 향상시킨다.

4. 사운드도 현장 공간을 구성한다.

　　시각적인 측면 못지않게 청각적 효과도 중요한 역할을 맡는다. 영상에 포착된 순간이 청각적 자극과 동일하게 전달될 때 현장감은 배가된다. 특히 제보영상은 별도의 마이크가 없기 때문에 대부분은 여러 가지 소리가 혼합된다. 사건, 사고는 화면의 떨림과 함께 촬영하는 사람이나 동료의 관찰자적 음성이 동시에 녹음돼 현장의 상황을 해설하는 형태의 소리가 많다. 종종 제보영상 촬영자의 목소리는 현장성을 증대시킨다. 또 공간 안에 생생히 포착된 현장음도 목격자의 1인칭 목소리여서 즉각성 (immediacy)과 현장감을 한층 높인다(조성용, 2011, p69).

강원도 고성 산불 〈MBC 뉴스데스크〉

"아…이거…어떡해~~ 이거 어떡해…"

차량 블랙 박스에 찍힌 산불 영상은 직접 목격한 현장으로 사실적이다. 차량을 운전하면서 직면하게 된 산불 앞에서 차안 사람들의 비명 같은 소리가 목격 영상과 함께 녹화돼 있다. 어쩔 줄 몰라 안절부절, 당황하는 화면 속 목소리는 현장 공간의 긴박한 상황을 한층 입체적으로 구성하고 사실감을 증폭시킨다. 이런 목격 음은 영상에 더욱 생생한 생명력을 불어넣고 영상의 신뢰도를 높인다.

언론은 공적 의제를 설정하고 사회를 감시하는 역할을 맡아야 한다. 그러나 CC-TV와 블랙박스 영상은 벌어진 사건에 대한 엿보기라는 관음증적인 특성을 가지고 있어 선정보도로 이어지기 쉽다. 또 스마트 폰 영상도 지극히 사적인 영역의 기록으로 사생활을 보호하지 못하고 프라이버시를 침해하는 등 많은 위험성을 가지고 있는 것이 사실이다. 실제로 일부 TV 뉴스가 외부 제공 영상으로 자극적인 화면 전달에만 치우치는 경향은 문제다. 그럼에도 불구하고 음주운전의 위험성, 재난 대비의 중요성, 사회 부조리에 대한 감시 등을 보여주는 영상으로 이용될 때 높은 공익성을 갖고 있음도 부인할 수는 없다.

요컨대 외부 제공 영상은 적어도 영상 제작자의 의도가 개입되거나 어떤 목적에 맞게 제작된 것이 아닌 만큼 객관성과 신뢰성이 높다고 봐야한다. 또 생생한 날 영상으로 현장감이 뛰어나고 즉각적이어서 조작이나 변형 가능성이 가장 낮은 것으로 판단된다. CC-TV 등 외부 제공 영상이 영상 자체만으로 진실을 보증한다고 할 수 없지만 전통적 언론의 전문 뉴스 제작자들에 의해 촬영된 뉴스 영상보다 더 높은 리얼리티와 뉴스가치를 부여받는 점은 주목할 필요가 있다.

📢 3장. 무한 영상 시대와 뉴스 영상

영상이 부족하면 뉴스를 제작하는 TV 기자는 곤욕스럽다. 특히 TV 뉴스는 사실을 다루는 만큼 영화처럼 영상을 만들 수는 없다. 10여 년 전만 하더라도 현실을 찍은 영상은 늘 부족했다. 사건 현장은 불이 나게 달려가도 이미 말끔히 치워져있기 일수였다. 행사장은 지루하고 맥 빠진 영상이 대부분이었다. 그나마 부족한 카메라 기자들은 하루에도 여러 현장을 촬영하느라 바빴다. 때로는 1분 20초짜리 뉴스 리포트를 제작하는 데 촬영 원본 테이프가 1~2분에 불과한 경우도 있었다. 영상을 중심으로 뉴스를 구성하기에는 현실적으로 그림이 부족했다.

그러나 상황이 변했다. 영상이 무한대로 생산되는 시대가 됐다. 더욱이 생산된 영상은 무한 복제되고 자유로이 검색된다. 유통, 소비되는 영상 이미지도 폭발적인 양이다. 언론학자들은 TV 뉴스 등 전통 미디어가 객관성을 잃고 권위를 상실하자 시민들이 직접 뉴스 영상 콘텐츠를 생산하기 시작했다고 분석한다. 그러나 사실은 영상을 생산하는 미디어 기술과 장비가 급속히 발전해 누구나 쉽게 영상을 찍을 수 있게 된 것이 먼저일 수도 있다. 전통 미디어의 신뢰 추락이 먼저인지 아니면 시민 참여적 저널리즘이 먼저인지 양자 관계에서 선후를 따지는 것은 어렵다.

다만 분명한 것은 과거처럼 소수에게만 특권처럼 부여됐던 영상 이미지의 생산은 누구에게나 어디서든 언제든지 가능한 시대가 된 것이다. 카메라의 관점 즉 렌즈를 통해 세상과 현실을 바라보는 시선도 과거에는 제한적이고 특권적 이었다. 그러나 현재는 카메라의 관점, 영상 제작의 시선도 시민의 것이다. 모든 사람이 현실을 영상으로 생산하고 유통시키고 있는 것이다.

1절 영상 폭증의 의미

1. 영상만으로 텍스트 구성이 가능하다

먼저 현실을 기록한 영상이 무한대로 많다는 것은 영상 이미지만으로도 맥락과 텍스트를 구성할 수 있다는 뜻이다. 한 사회 안에서 3~4천개의 단어만 습득하면 언어 생활에 큰 불편이 없다고 한다. 수천 개의 단어를 조합하면 표현하지 못할 것이 없다는 뜻일 것이다. 영상은 문자와는 다른 영상만의 관용법이 있다. 무성영화 시대에 영상만으로 스토리를 구성했다. 오히려 소리가 영화적 예술성을 방해한다고 생각해 무성영화의 거장들은 대사 등 말 소리가 들어간 유성 영화를 거부하기도 했다. 이처럼 영상만으로 표현과 소통이 가능하다는 것은 이미 오래전 확인된 사실이다. 문제는 TV 뉴스가 사실을 다룬다는 점이다. CC - TV나 차량 블랙박스 그리고 스마트폰 영상 등은 대부분 현실 속 사실이다. 오히려 전문 언론인들이 제작하는 보도 영상보다, 있는 그대로 촬영되고 기록돼 객관성과 신뢰성도 높다. TV 뉴스의 텍스트 구성에서 영상의 역할이 보다 강화될 수 있다는 말이다. 예를 들어 아래 TV 뉴스 리포트는 과거에는 영상만으로 설명할 수 없는 사건이었다. 사고 소식을 듣고 현장에 출동하면 취재진이 확보할 수 있는 영상은 4번 영상이 유일하다. 사고 과정의 생생함과 골목길 트럭의 위험성 등을 설명하려면 언어의 도움이 반드시 필요했다. 그러나 아래 TV리포트는 브레이크가 풀린 대형트럭이 내리막 골목길을 4백 미터나 빠르게 질주해 연립주택 벽에 충돌하는 과정, 과정의 장면이 생생하게 기록돼있다.

공포의 덤프트럭, 주택가 내리막길 4백미터 질주
〈2018년 6월 15일 MBC 뉴스데스크〉

1. 맞은편 택시 블랙박스 영상

2. 골목길 전신주 CC - TV 영상

3. 연립주택 주차장 CC - TV

4. 취재진 ENG와 드론 촬영 영상

　　1번 영상은 맞은편 택시의 블랙박스 영상이고 2, 3번은 골목길과 연립주택 주차장에 설치된 CC - TV영상이다. 마지막으로 4번은 현장 취재진의 ENG 카메라와 드론이 촬영한 영상이다. TV 기자는 사건 발생 사실을 전해받자 마자 현장으로 빨리 달려가는 것이 급선무였다. 보다 생생한 현장그림을 확보하기 위해서다. 그러나 이제는 달라졌다. 현장을 기록한 생생한 영상을 확보할 가능성이 커졌다. 영상에서 대형 트럭은 속도를 줄이지 않은 채 언덕길을 달려 내려간다. 트럭은 결국 다세대 주택 1층 주차장에서 한 남자가 승용차 문을 열고 나오는 순간, 승용차 바로 옆의 건물 벽을 들이받는다. 영상만 봐도 트럭이 어떤 사고를 어떻게 일으켰는지 스토리를 읽을 수 있다. 다시 말해 단어 역할을 하는 영상 컷들이 연결돼 하나의 스토리를 담은 영상문장이 가능한 것이다. 한 컷의 영상 이미지가 맥락 속에서 의미가 특정되고 마치 단어처럼 텍스트 구성의 요소로서 기능하게 되는 것이다. 현실을 담은 영상만으로도 현실을 훌륭하게 재현할 수 있게 된 것이다. 영상만을 봐도 사고과정 전체를 알 수 있는데다 말로 설명하는 것보다 더 정확하고 사고 당시의 생생함과 공포감은 더 효과적으로 전달된다.

2. 다양한 시점, 입체적 관점

　　영상이 많으면 다양한 시점을 가질 수 있다. 1대의 카메라에서 생산되는 영상은 한개 시점에서 현실을 바라보고 기록하고 해석한 것이다. 그러나 복수의 카메라에서 촬영된 영상은 각각 다른 시점에서 현실을 해석한다. 위의 트럭 사고 리포트도 블랙박스와 CC - TV, ENG 카메라, 드론 등 다양한 카메라의 관점에서 사고를 지켜보고 기록됐다. 따라서 사고의 다양한 측면을 보고 입체적이고 종합적으로 정보를 전달할 수 있다. 더욱이 시간의 흐름에 따라 현실의 변화 과정을 알 수 있어 현실에 대한 이해력을 높일 수 있다.

5층 건물 철거중 순식간에 '와르르' … 9명 사망
〈2021년 6월 9일 KBS 뉴스 9〉

붕괴 순간 시내버스 한 대가 건물에 깔리는 모습이 포착됐습니다.

건너편 도로 CC - TV에도 사고 순간이 찍혔습니다.

붕괴에 놀란 철거 신호 경비원도 대피하는 것 말고는 할 게 없습니다.

철거중인 건물의 붕괴 사고가 일어났을 당시의 현장도 차량용 블랙박스와 도로의 CC - TV 영상 등 여러 대의 카메라에 찍혔다. 건물 철거가 얼마나 안전 조치 없이 허술하게 진행됐는지 생생하게 증명하고 있다. 특히 복수의 카메라로 촬영돼 현장 상황을 입체적으로 파악할 수 있게 해준다.

영국 프로팀 토트넘의 손 흥민 선수가 2019년 4월 맨체스터 시티와의 경기에서 골을 넣는 장면이다. 이 골로 소속팀은 57년 만에 유럽축구연맹(UEFA) 챔피언스 리그 4강에 진출했다. 손 선수가 단연 돋보였다. 첫 번째 줄은 손 선수의 발에서 출발한 공이 골 키퍼를 지나쳐 골대 안으로 들어가는 중계 영상이다. 통상의 중계 영상 보다 클로즈 업, 크게 찍었다.

손흥민 선수 득점 장면
〈2019년 4월 토트넘 vs 맨체스터 시티 MBC 뉴스〉

두 번째 줄과 세 번째 줄의 영상은 똑같이 골 넣는 순간의 장면을 각각 골대 뒤와 중앙선 위에서 촬영한 영상이다. 선수들의 전체적인 움직임과 공의 궤적 등 결정적인 순간을 입체적으로 파악할 수 있다. 이처럼 촬영 카메라가 많다는 것은 영상스토리가 많고 시점이 다양하다는 것을 의미한다. 한 개의 사건을 여러 대의 카메라로 다양한 각도에서 찍어 현실을 보다 입체적으로 파악하고 해석하는 것은 생산되는 영상의 양이 폭발적으로 증가한 원인이자 동시에 결과다. 이처럼 다양한 시점과 관점으로 현실을 재구성할 수 있다는 것은 현실을 보다 현실답게, 객관적으로 시청자에게 전달할 수

있는 토대가 된다는 점에서 큰 의미가 있다.

3. 의도 없는 중립적 영상

영상 이미지가 폭증하는 데 결정적으로 기여한 것은 CC - TV와 블랙박스 그리고 스마트 폰 카메라의 증가였다. 이런 영상의 상당수는 뉴스와는 관련 없이 생산됐고 의도가 없는 중립적 영상이다. 영상은 자연 상태에서 존재하는 것이 아니라 영상을 생산하는 사람의 의도가 담겨있는 인위적인 창작물이다. 따라서 어떤 목적을 위해 생산되는 현실의 재현물인 것이다. CC - TV나 블랙박스 영상 그리고 개인적 관심의 스마트 폰 영상은 감시나 일상의 추억을 기록하려는 목적으로 촬영되고 생산된다. 해당 영상이 TV 뉴스를 제작하기위해 촬영된 것은 아니다. 결국 의도가 없거나 최소한 목적과는 달리 뉴스에 사용되기 때문에 가치중립적이고 객관적이라고 할 수 있다. 편집과정에서 특정 목적이나 의도가 개입되기는 하지만 영상의 생산과정 자체가 의도되지 않은 것이라는 사실만으로도 영상의 신뢰성은 크게 높아진다고 볼 수 있다.

2절 무한 영상 생산 시대

현재 얼마만큼의 영상이 생산되고 유통되고 있을까? CC - TV와 차량 블랙 박스, 스마트 폰 카메라 등을 통해 생산되는 영상의 양은 무궁무진하다. 모두 지금 이 순간의 현실을 촬영해 기록하는 장치다.

1. CC - TV

한국인은 매 9초마다 거리 곳곳의 CC - TV에 찍히고 있다고 한다. 국가인권위원회 조사 결과다. 주택가를 걷다보면 전신주, 빌라, 카페, 창고 등의 입구에서 CC - TV가 발견된다. 대략 8~10걸음에 하나씩은 발견된다. 서울시민은 하루 평균 83.1회나

CC - TV에 찍힌다는 조사보고가 있다. CC - TV는 이미 우리 일상 속의 한 부분으로 자리했다. 행정안전부에 따르면 공공기관에 설치된 CC - TV 수는 2014년 65만 5천여 대에서 2017년 95만 4천여 대로 연평균 13%씩 증가했다. 과학기술정보통신부는 식당과 가정, 기업 등 민간에 설치된 CC - TV까지 합치면 국내 CC - TV 대수는 이미 1000만대를 넘은 것으로 내다보고 있다. 시장조사업체에 따르면 2020년 현재 전 세계 CC - TV 누적 설치대수가 약 10억대에 이른 것으로 보고 있다.

또 CC - TV는 날로 진화하고 있다. 처음엔 범죄 대응과 예방, 교통 관리 등을 위한 단순 영상감시 기능(Video Surveillance)에 사용됐다. 그러나 점차 디지털 기술의 접목으로 유비쿼터스 환경이 조성돼 양방향성이 확보됐다. 주택이나 반려견 관리 등으로 CC - TV는 생활 속으로 파고들었다. 방대한 양의 CC - TV 영상은 더욱이 디지털 기술의 발달로 거의 무한대로 저장할 수 있으며 검색해 찾아 사용할 수 있는 시스템도 빠르게 발전했다. 이와 함께 CC - TV는 소리 없는 세계였다. 움직임만 보일 뿐 소리는 없었다. 그러나 나날이 똑똑해진 CC - TV는 사고 충격이나 비명 등 특이한 소리를 감지하고 재생할 수 있다. 이외에도 2012년엔 CC - TV가 집단 싸움이나 월담 등 이상행동을 감지하는 기술이 개발됐고 체납과 수배차량 등 차량 번호를 인식해 당국에 전파하는 기술도 상용화됐다. 중국을 선두로 안면 인식 기술도 빠르게 발전해 범죄자를 추적하고 잃어버린 아동을 찾는데 이용되고 있다.

2. 블랙박스 영상

차량 블랙박스도 엄청난 영상을 생산해낸다. '움직이는 CC - TV'로 불리는 차량 블랙박스 카메라까지 포함하면 카메라에 찍히지 않고는 돌아다닐 수 없을 지경이다. 주간지 시사저널은 2017년 1월 서울에서 1시간동안 찍힌 차량 1대의 블랙박스 영상을 분석한 결과 89건의 교통 법규 위반 차량을 발견했다. 40초에 한 번꼴로 교통법규 위반 차량이 찍힌 것이다. 고속도로도 마찬가지였다. 경부고속도로 한남IC에서 기흥IC까지 약 35km 구간을 왕복한 결과, 1시간 동안 72건의 교통법규위반 차량이 영상에 찍혀있었다(시사저널 1422호, 2017년 1월 16일, 블랙박스 신고 약인가, 독인가?).

차량용 블랙박스는 2000년대 중반부터 대중화됐다. 특히 2013년 버스와 택시 등 사업용 차량에 의무적으로 달도록 교통안전법이 바뀜에 따라 폭증했다. 시장조사업체 IRS글로벌에 따르면 2008년 4만여 대에 불과했던 국내 블랙박스 시장 규모는 2014년 240만대로 6년 만에 60배 정도 성장했다(매일경제, 2020년 1월 8일 기사). 현재 매년 팔리는 신차보다 많은 200만대 이상이 판매되는 것으로 블랙박스 업계는 추산한다. 또 운전자의 88.9%가 블랙박스를 장착했다고 응답했다. 2020년 전국의 자동차 대수가 2천 4백만 대를 넘었다. 따라서 전국을 돌아다니는 자동차 블랙박스가 2천만대가 넘는다는 계산이 나온다. 이렇게 많은 카메라가 사건과 사고를 포함해 우리 주변의 현실을 영상으로 기록하고 있는 셈이다.

시장조사업체 욜 디벨롭먼트가 최근 발표한 보고서에 따르면, 2018년, 중국의 자동차 블랙박스가 2천 6백만 대가 보급되는 등 전 세계적으로 약 1억 2400만 대의 차량용 카메라가 출하됐다고 보고했다. 또 다른 시장조사업체 카운터 포인트 리서치는 차량용 카메라 시장이 연간 19%씩 성장하며, 2023년까지 약 2억 3000만 대 출시될 것이라고 전망한 바 있다.

3. 스마트 폰 카메라

여기에 스마트 폰이 있다. 폰에 내장된 카메라로 언제, 어디서든 그리고 누구나 영상을 생산할 수 있게 됐다. 2007년, 스마트 폰이 있는 사람은 거의 없었다. 애플이 만든 최초의 아이폰(iPhone)이 출시된 이후 스마트 폰 판매량은 매년 급증했다. 2007년 약 1억2천만 대가 전 세계에 유통됐다. 2016년에는 14억 대로 늘어났다.

이제 스마트 폰이 없는 세상은 상상하기도 힘들다. 2017년 기준, 전 세계 인구의 약 35%가 스마트폰을 갖고 있고, 이는 2020년경 44.9%까지 증가했다. 전 세계적으로 18세에서 35세 사이 젊은 연령층의 스마트 폰 보급률은 이미 62%에 이른다. 미국, 독일, 한국과 같은 국가에서는 이 수치가 90%를 넘기도 한다. 한국은 95%로 세계 1위다. 스마트 폰 카메라는 단순한 영상 기록장치가 아니다. 동영상 플랫폼인 유튜브와

틱톡, 네이버 TV 등 SNS를 통해 무한한 양의 영상이 공유되고 재생되며 유통된다. 이 밖에도 SNS 동영상 플랫폼에서 영상은 더 이상 보기위한 수단에 머물지 않는다. 영상을 통해 읽고 기록하고 그리고 화내고 기뻐하며, 다른 사람과 공유한다. 완전히 새로운 패러다임의 소통 시스템이다. 그러는 사이 하루 동안에도 막대한 양의 영상 데이터가 축적돼 저장되고 유통된다.

얼마나 많은 양의 영상이 생산되고 유통될까? 흥미로운 통계가 있다. 시장조사업체인 IDC는 전 세계 데이터의 생산량 총 규모가 2025년에 175제타바이트로 늘어날 것이라고 전망했다. 씨게이트도 전 세계의 데이터 용량이 매년 연평균 61% 증가할 것이라고 추산했다. 데이터 가운데 영상 정보가 차지하는 양이 절대적으로 많은 만큼 생산되는 영상 데이터가 적어도 100제타바이트가 넘는다고 볼 수 있다. 100제타바이트는 얼마나 많은 정보인가? 컴퓨터는 2진수를 사용하기 때문에 2의10승(1024)의 단위로 묶는다.

1024Byte=1KB(킬로바이트=문서, 사진의 데이터 크기는 통상 1K-Byte)

1024KB=1MB(메가바이트=동영상클립, 음악 파일의 데이터 크기는 1M-Byte)

1024MB=1GB(기가바이트=극장 영화, 게임의 데이터 크기는 통상 1G-Byte)

1024GB=1TB(테라바이트)

1024TB=1PB(페타바이트)

1024PB=1EB(엑사바이트)

1024EB=1ZB(제타바이트)로 계산된다.

결국 1제타 바이트는 1,099,511,627,776GB다. 간단히 1조 기가 바이트다. 따라서 100 제타 바이트는 100조 기가 바이트이다. 동영상 영화 한 편이 1기가라고 치면 동영상 100조 개에 해당된다. 매년 100조 편의 영화가 생산돼 유통된다는 뜻이다. 사실상 무한대의 영상이 현실을 찍고 기록하고 저장하는 꿈같은 세상이 현실로 다가온 것이다. 세상이 온갖 영상 이미지로 가득 찬다고 말해도 과언이 아니다. 더욱이 이런 현실 영상 자료가 기술적으로는 분류되고 검색돼 활용할 수 있는 것이다.

4. 고화질 영상

화질도 영상의 양을 늘리는 데 결정적인 역할을 한다. 한 장의 사진에 불과하지만 화질만 좋다면 다양한 영상을 만들 수 있다. 아래는 9.11테러 때 찍힌 사진이다. 9.11 테러를 보거나 경험한 사람들은 사진만으로 그때의 참혹함이 떠오른다. 그러나 사전 경험이 없다면 사진의 의미는 불분명하다. 고층화재로 해석할 수도 있다. 도시 상공을 나는 비행기도 우연히 촬영된 것으로 볼 수도 있다.

9.11 뉴욕 무역 센타 비행기 테러 당시 화면 (사진출처: 연합뉴스)

그러나 사진의 각 부분을 따로 찍어 컷으로 연결하면 비행기가 건물로 날아가 충돌하면서 테러가 이뤄졌다는 메시지를 보다 분명히 영상적으로 표현할 수 있다. 따라서 한 장의 사진은 한 장이 아니라 하나의 스토리로 현실을 재현할 수 있다. 문제는 화질인데 선명할수록 스토리 재현은 더 쉬워진다.

따라서 의미 소통이 가능하도록 최소한의 화질을 유지할 수 있다면 한 장의 사진은 여러 종류의 영상 이미지를 확보한 것과 같은 효과다.

2014년 7월 광주 시내에 갑자기 소방본부 소속 헬기가 추락해 폭파되는 CC - TV 영상이다. 누구도 예상할 수 없는 충격적인 돌발 영상이다. 인위적으로 제작된, 영화에서나 볼법한 장면이다. 하지만 이제는 현실 속에서 생산되고 유통된다. (영상-1)은 헬기가 도로에 충돌해 폭발하는 화염 등이 시선을 빼앗는다. 하지만 CC - TV의 화질이 선명했기 때문에 택시 승객들을 확대한 (영상-2)로 다시 편집하면 폭발 당시 시민들이 얼마나 당황했고 공포에 떨었는지, 사실적 움직임을 관찰할 수 있다.

소방헬기 추락 폭발 2014년 7월 광주시내 (영상-1)

당황해 황급히 대피하는 택시 승객 – 상황 재구성한 화면 (영상-2)

(출처: MBC 뉴스)

이처럼 영상이 고화질일 경우 한 컷의 장면 속에는 여러 가지의 스토리가 담겨있다. 따라서 한 장은 때로는 수십 장의 사진이 될 수도 있다. 결국 영상의 폭증을 더욱 폭발적으로 늘리는 역할을 맡게 되는 것이다.

5. 특수 영상

특수 영상의 발전으로 인간은 그동안 볼 수 없었던 것을 보게 됐다. 인간의 몸을 들여다보고 어두운 밤에도 사물을 대낮처럼 볼 수 있게 됐다. 수 억 광년 떨어진 우주 저편을 관찰하기도 하고 미세한 분자나 원자 구조도 전자 현미경으로 들여다보고 분석한다. 특수 영상 덕택에 가능해진 인간의 능력이다.

전국에 폭염 덮친 '중복' … "청계천 수온이 30도"
〈2021년 7월 21일 MBC 뉴스데스크〉

지금 제 뒤로 보이는 화면은 열화상 카메라로 찍은 도심의 모습인데요.

이 뉴스 리포트는 폭염을 시각화한 것이다. 우리 눈에는 보이지 않지만 열화상 카메라가 기록한 폭염 속 도심은 새빨갛다.

광화문 광장 한복판 뙤약볕을 쬐는 이순신 장군 동상의 표면온도는 무려 50도.

체감온도가 39도까지 치솟은 청계천에선 햇볕을 피해
다리 밑에 모여 냇가에 발을 담갔지만, 수온조차 30도가 넘습니다.

횡단보도 앞 유일하게 파란색으로 표시된 좁은 그늘 막 아래로
열기를 피해 열댓 명의 사람들이 모였습니다.

특히 뜨거운 햇빛을 차단한 그늘막 아래만이 동그랗게 파란색으로 나타난다. 시민들 모두가 그늘막 아래에 모여서 건널목 신호가 바뀌기를 기다리고 있는 모습이 인상적으로 촬영됐다. 이런 구성법이 가능했던 것은 열화상 카메라의 특수 영상 덕택이다.

또 과거엔 골프장 건설로 자연을 파괴하는 장면은 그라운드 샷이 일반적이었다. 부감을 찍으려면 높은 산에 올라갔다. 그러나 곧이어 헬기 촬영이 등장하고 위성영상이 이용됐다. 골프장이 얼마나 우후죽순처럼 건설돼 많은 삼림이 잘려 나갔는지는 점차 시각적으로 설명되고 증거되는 것이다.

환경 파괴 우려되는 건설현장과 우후죽순 골프장 〈MBC 뉴스〉

TOD로 분석하는 침몰 당시 상황
〈2010년 4월 2일 MBC 뉴스데스크〉

천안함의 절단면이 보입니다. 또 반 토막 난 선체 위에 승조원들도 확인됩니다.

또 열화상 영상을 통해 칠흑 같은 밤바다에서 침몰 직전에 찍힌 천안함의 모습이 드러난다. 육안으로는 볼 수 없었겠지만 암흑 속에서 구조를 기다리는 여러 명의 승조원들도 확인할 수 있었던 것이다. TOD라는 특수 카메라 덕이다.

이와 함께 몸속에 금괴를 숨겨 입국한 밀수범의 몸을 찍은 엑스레이 영상에서는 점점 치밀해지는 밀수 수법과 추악한 인간의 탐욕을 읽을 수 있다. 또 초음파 영상과 현미경 카메라 영상 등 육안으로는 볼 수 없는 영상도 TV 뉴스 속에서 활용돼 이젠 시각적으로 확인되고 있다.

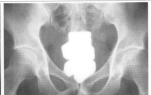

금괴 밀수 단속 현장 – X-ray촬영 〈MBC 뉴스〉

전자 현미경으로 본 감각기관

| 혀의 돌기 | 손의 지문 | 코의 섬모 |

(출처: 월간 과학잡지 'Newton')

특수 영상은 우리가 보지 못하는 것을 볼 수 있게 만들었다. 특수 영상은 관념적으로 상상하던 것을 시각적으로 표현해 사실에 대한 설명력과 이해도를 높여준다. 맥루한의 말대로 '감각의 확장' 이다. 따라서 TV 뉴스에서 특수 영상의 쓰임새는 날로 확대되고 있는 추세다.

4장. TV 뉴스와 LIVE 영상

인간은 역사이래로 소식에 굶주려왔다. 사냥 간 남편이나 전쟁나간 아들 소식은 몇 날, 몇 달 혹은 몇 년이 필요했다. 때론 소식을 전달하기 위해 달렸고 말을 탔다. 연기나 비둘기를 이용하기도 하고 선박과 기차에 태워 소식을 전달하기도 했다. 인간의 이동수단과 소식의 전달 속도는 같았다. 하지만 인간이 전파를 이용하면서 상황이 달라졌다. 빛의 속도로 소식 즉 정보 전달이 가능해진 것이다. 상황발생과 함께 소식이 전달됐다. 무선통신과 라디오에 이어 영상까지 전파로 실어 날을 수 있는 TV는 1930년대에 개발됐다. TV는 영화와는 달리 촬영과 영사 과정을 하나로 일원화했다. 영화는 촬영기와 영사기는 분리돼 있었다. 그러나 TV 생방송은 두 기능을 하나로 통합해 영상의 발신과 수신이 동시에 가능해졌다.

정보의 속성은 빠른 전달 즉 속보성에 있다. 커뮤니케이션 기술의 역사는 전달 속도를 끊임없이 빠르게 만들어온 역사이기도 하다(Schudson, 1978). 이런 의미에서 TV 생방송은 상호 커뮤니케이션의 빠른 속도를 추구해온 미디어 기술의 결정체다. 또 현실과 수용자 사이의 간격을 줄이려는 노력의 결과였다. TV 생중계로 시청자는 현장과 시공간의 간극을 극복할 수 있게 됐다. 이 때문에 TV 생중계 영상은 편집되지 않고 제작자의 의도가 개입되지 않은 1차 현실과 가장 근접한 콘텐츠다. 더욱이 TV 생중계는 많은 사람이 같은 현장을 동시에 보고 듣는다. 사회 구성원 다수가 동시에 똑같은 사회적, 역사적 경험을 공유한다는 점에서 획기적이다. 이런 점에서 TV 생중계 영상은 개방적이고 참여적이며 탈근대적이다.

1절 라이브 영상의 정의와 본질

생방송은 시청자에게 다른 장소, 다른 사람에게서 일어나고 있는 사건을 TV를 매개로 사건이 발생하는 바로 그 순간을 보여줌으로써 의심할 수 없는 리얼리티를 제공하는 방송양식이다. 생방송은 생방송이라는 것 자체만으로 더 높은 뉴스 가치를 획득한다. 또 예측할 수 없다는 특성은 벌어지는 이벤트에 대해 더 많은 관심과 주목을 끈다. 생방송은 생동감(liveness), 즉각성(immediacy), 친밀성(intimacy), 실재감(actuality), 근접성(proximity), 구성되지 않는(unstructured), 각본 없는 이벤트(unscripted events)라는 특성을 가지고 이를 바탕으로 TV의 진정성과 진실을 보증하는 이데올로기적 기능을 수행한다(이종수, 2004).

TV 생방송 뉴스의 위력은 70년대 흑백 TV시절부터 대연각 호텔 화재나 육영수 여사 피살 사건 등으로 이미 증명됐다. 그 후로 TV가 칼라화되면서 남북 이산가족 찾기와 88 서울 올림픽, 2002년 월드컵 등으로 TV 생방송의 위력은 확산됐다. 최근 들어서는 국정농단 사건 촛불집회나 강원도 산불, 태풍 피해 등 헤아릴 수 없는 대형 사건과 사고 그리고 이벤트들이 TV 생방송으로 공유되고 있다. 이런 위력은 생방송 영상이 가진 근본적 성격에서 생기는 것이다.

TV 생방송은 '촬영과 송출, 시청의 순간이 동시(at the same time)에 일치되는 것(3일치)'을 말한다. 즉 카메라가 메시지를 포착하는 시간, 포착된 메시지를 가정에 송출하는 시간, 노출된 메시지를 접하는 시간이 똑같은 시각에 이뤄지는 것이다. 영상을 만드는 자의 '제작시간', 보내는 자의 '편성시간', 보는 자의 '시청시간'은 일치한다. 3일치의 기본요소인 현재(시간), 현장(장소), 현실(사실)은 동시에, 동축으로 직선화한다. 영상의 〈생산-유통-소비〉의 주체인 〈현장-방송사-가정〉은 동일한 메시지로 동시에 직선으로 연결된다. 콘텐츠가 생산에서 소비까지 직행한다. 따라서 수용자는 현장에 대해 직관적 태도로 반응하고 시각적 인식은 직감에 의한다(오명환, 2009, p14).

이런 특성 때문에 라이브 영상은 편집된 영상과는 달리 손질할 시간이 없다. 그래서 항상 변화무쌍하고 미완성이며 불완전한 현장의 모습을 그대로 담고 있다. 카메라 앞의 현실은 어떤 변수가 돌발할지 몰라 항상 불안의 연속이다. 하지만 이 같이 불완전한 영상이 편집된 영상과 비교되는 경쟁력이다. 현실의 불안과 혼란을 시청자들도 똑같이 실시간으로 보고 듣는 자체가 라이브 영상의 본질이다. 치밀하게 편집된 영상은 특정 메시지가 설계된 결과물이다. 따라서 의도되고 준비돼 계산적이며 고정적이다. 그러나 라이브 영상은 복수의 카메라에 포착된 현실의 단편들을 끊임없이 선택하는 과정을 통해 메시지가 형성된다. 진실의 발견과 선택은 동시 진행적이며 항상 긴장되고 유동적이다. 라이브 영상은 결과물이 아닌 과정 자체이다.

물론 라이브 영상도 재현된 현실이고 영상이며 현실 자체가 아닌 것은 분명하다. 그럼에도 불구하고 라이브 영상은 현실의 시간과 공간을 고스란히 보유하고 있는 원형의 모습에 보다 가깝다고 볼 수 있다. 현실 재현 영상임에도 1차 현실의 원형을 최대한 보장하는, 즉 손질을 가할 수 없는 영상, 그것이 라이브 영상의 본질이다. 이처럼 제작자의 의도, 주관성이 배제될 수밖에 없다는 점은 우월적 지위를 갖는다. 카메라는 기계적이고 자동적으로 현실을 있는 그대로 보여줘 인간의 개입을 차단하는 것으로 여겨졌다. 여기에 라이브 영상은 한 발짝 더 나아가 동시적이고 즉각적이어서 영상을 손질할 시간도 이유도 없다. 제작자의 주관적 판단이나 의도가 개입하기 쉽지 않다. 따라서 의도가 최대한 배제된 라이브 영상은 편집된 영상보다 현실을 되도록 있는 그대로 보여준다는 점에서 객관성과 신뢰도가 한층 높다.

2절 라이브 영상은 참여와 공유다

생방송은 실시간 방송이기 때문에 시간적으로 동시성을 갖는다. 또 공간적으로는 따로 떨어져 있는 시청자가 어디에 있든 한 시각에 같은 현장으로 모아 경험을 공유하게 만든다.

1. 시간적 차원

(가) 동시성
생방송의 가장 큰 특성은 동시성이다. 동시성은 현장 발생과 수용자의 시청각인식의 시각이 같다는 뜻이다. 지금 일어나는 일을 내가 보고 있는 것이다. 동시성은 때를 강조하는 것이다. '지금 여기(here and now)'를 보여주는 것이다. 이는 영화와는 차별되는 텔레비전의 일반적인 특성이다. 영화가 '그때 거기(there and then)'를 보여준다면, TV는 녹화 혹은 편집 영상이라도 현재 볼 필요가 있는 가치를 중시한다(Heath & Skirrow, 1977; 이동규, 2009, p68, 재인용). 영화가 오랜 후에도 다시 볼 가치가 있다면 TV는 현재성(omnipresence)을 배경으로 하기 때문에 시의성이 없으면 방송 명분도 사라진다. TV의 동시성은 프로그램이 방송될 수 있다는 가치와 '지금 볼 필요가 있다'는 당위성을 준다(이상철, 2002).

광화문 촛불집회 생중계 영상 〈MBC 뉴스데스크〉

광화문 촛불 집회 때 시청자들은 TV 생중계를 보며 마치 집회 현장에 있는 느낌을 가졌다. 동시성은 편집행위인 시간의 축약을 불가능하게 함으로써 제작자의 주관과 해석이 개입되는 것을 배제한다. 시간의 왜곡을 차단함으로써 영상을 보내는 자의 일방적 가치관의 개입도 막는다. 결국 라이브 영상은 어떤 의도도 끼어들 여지가 없이 최대한 현실 그대로의 모습을 간직한 채 수용자에게 전달된다. 이로써 시청자는 아무런 의도나 개입 없이 라이브 영상을 통해 시공간적 제약에서 해방돼 마치 1차 현실을 맞닥뜨릴 수 있게 된다. 라이브 영상은 편집영상과는 달리 개방적이어서 어떤 해석에도 열려있기 때문에 가능한 것이다.

따라서 생중계 영상은 현실을 전달함에 있어 가장 중요 조건인 시간을 보전하는 것이다. 시간의 보전 없이는 진실을 보장하기 어렵다. 동일한 영상이라도 시간차를 개입하면 본질이 퇴색한다. 시간을 더하거나 빼버리면 곧 공간의 비약으로 이어지기 때문이다. 이런 특성 때문에 생중계 영상은 1차적으로 보도기능이 우선한다. 미래를 위한 기록보다는 순간순간을 전달하는 기능이 우선이다. 사후 판독기능보다 순간 증명기능이 앞선다. 곧 라이브 영상은 〈정보, 중계, 증명〉기능에서 편집영상이 넘볼 수 없는 진가를 떨친다. 그것은 보관에 의한 부가가치의 축적보다 적기적시의 노출에서 생명력을 얻는다. 메시지의 내용은 박진감 넘치는 목전의 현실을 탐색하고 발굴하는 부단한 노력이 전제된다. 싱싱하고 생생한 화면의 제공은 아름다운 화면의 조형미보다 훨씬 중요한 장점이다(오명환, 2009, p20).

(나) 즉각성

텔레비전에 동시성과 현실성이 있다는 것은 생방송이나 녹화방송에게나 모두 해당되지만 실시간 그대로 전달한다는 즉각성 혹은 즉시성은 생방송만의 특성이다. 만약 남대문이 이 시각 불타고 있고 또 전체로 번져 무너져 내리고 있다면 시청자는 편하게 거실 소파에 누워 3자의 입장에서 그냥 TV 뉴스를 시청하기 힘들다. 불을 끄기 위해 뭔가 해야 할 것 같은 긴박한 느낌이 든다. 즉각성의 효과다.

숭례문 화재 생중계 영상 화면 〈2008년 2월 10일 MBC 뉴스〉

텔레비전 생방송만의 고유한 특성은 바로 이러한 즉각성으로 설명할 수 있다. 이런 면에서 라이브 영상은 찰나적이고 자극적이며 감성적이다. 또 시각 중심적이어서 보이는 표면과 외양이 중요하다.

2. 공간적 차원 – 현장성

(가) '살아있는' 현장의 간접 체험

생방송은 이미 끝난 그래서 모든 것이 중단된 현장의 죽은 방송이 아니다. 살아서 움직이고 있는 현장을 방송하는 것이다. 따라서 생방송은 '실제로 벌어지고 있는'

현장이다. 라이브 영상은 이런 현장에 시청자를 초대한다. 시청자는 동 시간에 마치 현장에 있는 것처럼 느껴지는 것이다. 메시지가 발생하는 현장에 참여하는 것이다. 시간의 일치와 함께 현장의 일치는 카메라를 통한 현장참여며 이는 곧 수용자의 참여로 직결되는 것이다. 카메라의 눈과 수용자의 시선은 현장에서 일치한다. 장소의 초월이 이루어진다. 수용자는 현장의 시간에 현장에 가지 않고 현장 체험이 가능하게 됨으로서 영상의 힘은 배가된다(오명환, 2009, p16). 나아가 시청자는 현장 상황을 대리 체험하며 이를 자기 체험으로 내면화한다. 현재 벌어지는 현장의 영상 메시지를 비중 있는 사회적 테마로 간주해 참여하려는 욕구를 갖게 된다. 라이브 영상 정보를 통해 인식과 사고의 폭을 넓히고 가치를 축적해 사회적 대응력을 강화하려는 욕구를 갖게 되는 것이다.

(나) 현장 공유와 공동체

콜드리(Couldry, 2003)는 생방송이 특별한 의미를 갖는 이유는 생방송이 현실 전달을 넘어서 현실과 '연결'한다는 것 때문이라고 역설한다. 상호소통의 방송으로서 유대감을 주는 생방송의 특성은 현실을 '연결'하고, 이러한 '연결'을 통해 사회공동체를 형성한다는, 보다 포괄적인 TV의 사회적 역할에서 찾아볼 수 있다.

윌리엄즈(Williams,1965; 이동규, 2009, p80, 재인용)는 '커뮤니케이션의 과정'은 '공동체의 과정'이라고 주장한다. 그에 따르면 커뮤니케이션의 과정은 인간이 의미를 발생시키고 삶을 표현하는 과정이기 때문에 실제 살아있는 인간의 경험이다. 인간은 타인과의 커뮤니케이션을 통해 진정 살아있음을 느끼게 되고 또한 살아있다는 커뮤니케이션의 의미가 사회적으로 실천될 때 문화는 '총체적인 삶의 방식'으로도 자리매김 될 수 있다는 것이다.

일례로 우리 사회는 이산가족 찾기 전국 생방송, 87년 6월 민주화 항쟁, 2002년 월드컵 4강 신화, 2016년 탄핵 촛불 집회 등을 TV 생중계를 보면서 세대에 따라 공통의 사회적 경험과 인식을 공유한 채 살고 있음을 부인할 수 없다. 이렇게 생방송은 시청자가 현재 진행되고 있는 세상사에 대해 사회공동체의 한 구성원으로서 사회에 대해 관심을 갖는다는 뜻이다. 이것은 지금 벌어지고 있는 사건 속으로 들어가고자 하는 참여의 한 형태이기 때문에 사회와 연결되는 의미를 가진다. 이를 통해 사회 공동체는 유지되고 재생산된다는 것이다. 생방송은 이 과정에서 연결과 공유 그리고 참여를 매개하는 역할을 맡게 된다는 것이다(이동규, 2009, p80-81).

3절 라이브 영상의 유형

프리드만(Friedman, 2002)은 사건을 전달하는 성격에 따라 TV 생방송을 네 가지의 전달양식으로 분류했다. 재현(representation), 기념식(ceremony), 비구조화된 이벤트(unstructured event), 미대본 이벤트(unscripted event)가 그것이다. 먼저 재현(representation)은 생방송이나 혹은 생방송과 유사한 사전 제작 녹화물들이 연속적으로 방송되는 양식이다. 앵커 멘트를 포함한 진행방식은 생방송이지만 중간 중간에 이미 발생한 사건들을 사전에 녹화 편집한 리포트를 섞어 방송하는 뉴스가 대표적이다. 둘째, 기념식(ceremony)은 다얀과 카츠(Dayan & Katz, 1992)의 미디어 이벤트가 대표적이다. 재현이 현실을 구성해 단순히 전달만 한다면, 기념식은 사전에 철저히 대본화된 이벤트를 전달하는 과정에서 하나의 의례(ritual)나 열정적인 행사로 부각시킨다는 점에서 차이가 있다. 이에 비해 셋째, 비구조화된 이벤트(unstructured event)는 사전에 의도한 계획 없이 돌발적이거나 우연적으로 발생한 사건을 생중계하는 양식이다. 예를 들면 케네디 대통령 암살사건이나, 러시아 우주선 챌린저호의 폭발사건 등을 생중계하는 경우다. 마지막으로 넷째, 미대본 이벤트(unscripted event)는 사전에 진행이나 전개과정에 대한 형식이나 약속은 어느 정도 있지만 실행과정에 대한 구체적인 대본은 없는 양식이다. 생방송으로 진행되는 토크쇼라든가, 촛불집회, 스포츠, 게임 쇼, 토론회, 선거방송, 모금방송 등이다.

그러나 엄밀한 의미에서 뉴스의 라이브 영상으로 분류할 수 있는 것은 비구조화된 사건사고나 자연재해 그리고 결과를 예측하기 어려운 스포츠 게임, 토론회, 선거방송 등이다. 그 외의 대부분의 생중계 영상은 미리 의도되고 계획된 미디어 이벤트이거나 홍보 효과를 노리는 의사 이벤트(Pseudo Event)로 볼 수 있다.

특히 TV 뉴스가 라이브 영상에 주목하는 이유는 제작되거나 의도가 개입되지 않은 중립적인 영상을 추구하기 때문이다. 이런 측면에서 라이브 영상은 '짜여진 것' 보다 '벌어질 것' 에 민감하기 때문에 '스토리텔링' 보다는 '해프닝' 을 선호하는 편이다. 결말의 제시보다 과정 그 자체가 콘텐츠가 되는 경우 라이브 영상은 훨씬 효과적이다(우에조 노리오, 1972, p184; 오명환, 2009, p16, p19, 재인용). 약속된 결과보다는 불투명한 과정을 주요 내용으로 삼는 콘텐츠가 바람직하다. 라이브 영상은 '격조 높은 화면 만들기' 보다는 '변수 높은 장면을 잡는 것' 이 우선이다. 면밀한 구성미와 콘티에 의한 연출은 기대하기 어렵다. 결론적으로 라이브 영상은 잘 만들기(well made)보다는 잘 보여 주는 것(well communicated)이 바람직하다. 표현력보다 전달력이 우선하는 까닭이다(이노우에 히로시, 1981, p183-204; 오명환, 2009, 재인용).

4절 라이브 영상의 역기능

생중계 영상은 생생한 현실의 단편을 보여주는 만큼 순기능과 함께 역기능도 동반된다. 오명환은 5가지로의 역기능을 설명한다(오명환, 2009, p20). 첫째, 찰나주의로 순간 영상의 현실에 현혹돼 말초적 몰입이 쉽게 이뤄진다. 둘째, 순간 시청의 연속으로 인식된 영상은 대부분 감각적인 수용 형태를 띤다. 그래서 논리적이고 사유적인 것보다 감성적이고 정서적인 차원으로 수용자를 함몰시킨다. 셋째, 획일주의다. 승부로 판가름되는 내용, 또는 양자 대립구도가 첨예할수록 전달자의 의도에 상관없이 양극화 감정이 획일화 된다. 넷째, 표피주의로 생중계 영상은 강한 시각성을 내세운다. 원천적으로 내면을 식별하기 보다는 표면의 전달을 우선하기 때문이다. 이면을 분석하고 내용의 행간을 심도 있게 해석하는 기능은 사후 해설방송에서나 가능하다. 다섯째, 조작에 취약하다. 영상화되기 전에 사실을 조작하거나 왜곡하면 이를 식별하지 못한 채 '진실 영상' 으로 이입되고 만다(오명환, 임의택, 2009, p26). 시청자는 라이브 영상을 실체의 전달로 직감해 이를 진실로 받아들인다. 생영상에 있어 '조작된 영상' 이란 영상화 이전에 이미 조작된 내용을 그대로 전달하는 행위를 뜻한다. 생영상은 사전 메시지의 조작에 가장 취약하다. 미디어 이벤트는 조작되거나 아니면 적어도 의도된 홍보를 목적으로 조직된다. 따라서 미디어 이벤트로 생산된 영상은 대부분 의사 이벤트라고 봐야한다.

이처럼 부정적 측면에도 불구하고 생중계 영상이 TV 뉴스의 위기를 극복하기위해 중요한 소재가 되는 이유는 의도가 개입되지 않은 순수하고 중립된 영상이기 때문이다. 또 많은 시청자에게 동시에 현실을 보고 공동 경험을 공유하게 한다. 무엇보다 라이브 영상은 수용자가 참여해 능동적으로 해석하는 개방적인 영상으로 탈 근대화 시대의 요구에 어울리는 영상이다.

하지만 최근 뉴스에서 이용되는 라이브 영상은 생중계의 장점은 사라진 채 형식만 생중계일 뿐 실제로는 편집영상이거나 대본대로 진행되는 준비된 영상 이벤트가 많다. 미디어 이벤트, 더 나아가 의사 이벤트(Pseudo Event)가 유행처럼 확산되고 뉴스에서 넘쳐나고 있다. 특히 생생한 현장감을 강조하다가 뉴스 의제를 왜곡시키는 폐해를 낳기도 한다. 대표적인 예가 현장에서 생방송으로 생생하게 보여준다는 것을 강조하기 위해 사건이 끝난 불 꺼진 현장에서 기자가 홀로 서서 보도하는 경우다. '생방송을 위한 생방송'의 오류에 빠지는 것이다.

셧슨(Schudson, 1995)은 오늘날 TV가 즉각성에 급급해 채널 간에 지나친 속보 경쟁이 벌어져 뉴스보도의 객관성을 어렵게 하는 폐해로 작용한다고 비판한다. 1분이라도 더 빨리 보도해야 한다는 뉴스보도의 형식에 급급한 나머지 오히려 취재의 질을 떨어뜨리게 한다는 것이다. 부르디외(Bourdieu, 1996)도 특종과 속보를 위한 취재경쟁은 시간과 속도의 문제로서 궁극적으로는 시청률로 인해 빚어지는 폐해적 결과라고 지적한다. 보도되는 내용이란 것도 단지 즉흥적 사유의 패스트푸드만을 양산할 뿐이며 유사성을 넘어 획일화, 표준화, 평준화된다고 주장한다.

이와 같은 비판에도 불구하고 생중계 영상을 통해 시청자는 지금(now) 여기서 저기를, 가까서 멀리를 볼 수 있게 해준다. 또 현장에 가 있는 듯 긴장감을 부여하며 혼자 보지만 여럿이 함께 하고 있음을 느낄 수 있다. 결국 여럿이 한 곳을 보게 되는 것이다. 이는 생중계 영상의 힘이고, 역할이다.

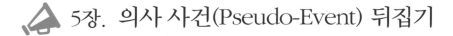# 5장. 의사 사건(Pseudo-Event) 뒤집기

1절 미디어 이벤트(Media Event)

　　미디어 이벤트란 매스 미디어를 통해 구현되는 대규모 행사를 뜻한다. 1953년 영국 엘리자베드 여왕의 왕위 즉위식이 BBC를 통해 생중계됐다. 언론학자들은 이 행사가 생중계로 전국에 방송되면서 국민들을 하나로 묶는 데 강력한 영향력을 미친다는 점을 발견했다. TV 생중계가 대규모 관중을 통해 출연 인물을 크게 부각시켜 연극화된 스펙터클을 만드는 방법으로 단순한 시민 의례(ritual)를 미디어 의례로 승화시킨다는 것이다. 다얀과 카츠(Dayan & Katz, 1992)는 이를 미디어 이벤트라고 불렀다. 다얀과 카츠가 개념화한 미디어 이벤트는 구체적인 시간과 공간 안에서 사전에 계획된 TV 생중계를 통해 인물이나 단체를 영웅으로 그려냄으로써 극적(dramatic), 의례적(ritual) 의미를 부여한다. 또 대규모 시청자를 같은 시간대에 끌어 모으는 힘이 있고 이를 시청하지 않으면 안 될 것 같은 암묵적 의무감을 갖게 된다는 것이다. TV 방송은 미디어 이벤트를 통해 집단적인 정서로 사회를 통합하고 사회의 합법적인 권위를 만드는 데 기여한다는 것이다. 이들은 미디어 이벤트를 세 가지 유형으로 나누었다. 첫째 경쟁형(contest)은 스포츠 중계가 대표적이고, 둘째 정복형(conquest)은 사다트 이집트 대통령의 이스라엘 방문이나 미국의 달 착륙 등에 대한 중계 같은 것이다. 셋째는 대관형(coronation)으로 영국 왕위 즉위식이나 미국 케네디 대통령 장례식, 오스카상 시상식 중계 등이다.

　　미디어는 수많은 이벤트를 다룬다. 이벤트라는 현실을 단순히 보도하고 전달하는 기능만을 하는 것이 아니다. 미디어는 특정현실을 축제로, 기념행사로, 때로는 극적인 드라마로 재구성한다. 미디어 이벤트는 현실에 뿌리를 두지만 현실 그 자체는 아니다. 현실은 미디어를 통해 이벤트가 되고 이벤트는 미디어를 통해 현실이 된다.

　　미디어 이벤트는 대중에게 감동과 즐거움을 전달하는 긍정적 역할이 있다. 특히 사회 구성원에게 정서적 연대감을 제공해 사회 통합을 강화한다는 것이다. 대표적인 미디어 이벤트가 88 서울 올림픽과 이산가족 찾기 생방송이었다.

성화 봉송하는 손기정옹 등 88서울 올림픽 개막식 사진

이산가족 찾기 특별 생방송 〈1983년〉

(출처: KBS 뉴스)

또 미디어 이벤트는 어떤 정책이나 이념의 실현 방향을 제시하는 하나의 사회적, 정치적 상징이며 바로미터로 작용한다. 과소평가할 수 없는 사회적 기능이다. 예컨대 대통령이 과거에는 무시되던 역사적 혹은 사회적 현장을 방문하는 것 자체만으로도 그 사건의 의미는 현재화되는 것이다. 또 언론도 이 같은 행사를 통해 사회적, 역사적 의미를 다시 조명하면서 현실적인 의미를 취재하고 확대 재생산한다.

예를 들어 제주 4.3 사건은 70여 년 동안 한국 현대사에서 사라졌었다. 2014년 박근혜 정부에서 국가 추념일로 지정돼 여야 정치지도자가 처음으로 추념행사에 공식 참석했다.

4.3 희생자 추념식

그 이후 2018년 4월에야 현직 대통령으로는 처음으로 문재인 대통령이 참석해 추념사를 했다. 이렇듯 4.3사건은 희생자 추념식이란 미디어 이벤트를 통해 공식적으로 한국 현대사에 재등장할 수 있었다.

그러나 미디어 이벤트는 왜곡된 집단적 연대감을 부채질하는 등 부정적 영향을 미치는 측면도 강해 많은 비판의 대상이기도 하다. 베를린올림픽(1936년)은 세계 최초로 스포츠 경기를 TV로 중계했다. 하지만 베를린 올림픽 중계 이벤트는 독일의 우월감을 교묘하게 강조함으로써 인종차별적 국가주의를 정당화했다. 전쟁 상황이 TV로 생중계된 걸프전(1990년)에서는 이라크 시가지를 향하는 미사일의 폭격 장면이 마치 게임 속 스펙터클한 장면처럼 방송됐다. 매스 미디어가 전쟁 장면을 미디어 이벤트의 소재로 활용하면서 '학살의 현장'을 볼거리로 전락시켰다.

평양 김일성광장에서 진행된 열병식 등 각종 미디어 이벤트

북한은 김일성 광장 등 전국에서 열병식과 대규모 주민행사 등 미디어 이벤트를 반복적으로 진행하는 것으로 유명하다. 외부적으로 과시하려는 목적도 있지만 기본적으로는 북한 주민들의 내부 결속을 강화하려는 의도가 강하다는 평가다. 한국의 경우도 과거 반공 궐기 대회를 열거나 80년대 국풍 행사를 기획해 정권안보용으로 미디어 이벤트를 활용했다.

2절 의사 이벤트(Pseudo Event)

의사 이벤트는 미국의 역사학자 다니엘 부어스틴이 그의 책 〈이미지와 환상, The Image - A Guide to Pseudo-Events in America〉에서 처음으로 제기한 개념이다. 부어스틴은 천재지변이나 사고가 아닌 대부분의 사건이나 행사들은 대중매체를 통해 보도되기 위해 꾸며진 '의사(擬似) 사건'에 불과하다고 봤다. 의사 이벤트는 매스미디어에 의해 보도되기 위해 꾸며진 '사건'이지만 그렇다고 완전히 '가짜'는 아니다. 아마도 '의사(擬似, 실제와 비슷함)'라는 표현이 적합할 것이다. 그리스어에서 비롯된 접두어 pseudo도 그런 의미에 가깝다. 우연한 것이 아니라 계획된 것이다. 미디어에 의해 보도되거나 재생산되기 편리하게끔 준비돼 의도된 것이다. 성공은 얼마나 크게 그리고 널리 보도되느냐에 따라 평가된다.

문제는 현실인식에 혼동을 준다는 것이다. 과잉 커뮤니케이션 속에 현실은 부풀려진다. 현실보다, 이미지가 현실 인식의 기초가 되는 것이다. 그러기에 의사사건을 접하는 사람들은 실재적 현실보다 꾸며진 현실을 보면서 혼동을 겪게 된다. 결론적으로 말하자면 의사 이벤트란 미디어 이벤트의 부정적인 측면을 강조한 개념이다. 돌발적인 사건 사고 이외의 미디어 이벤트는 대부분 의사 이벤트에 불과하다는 게 부어스틴의 설명이다(다니엘 부어스틴, 2004, 정태철 역).

가장 대표적인 사례는 케네디와 닉슨의 대통령 후보 토론회였다. 1960년, 젊고 잘생긴데다 말도 잘하는 케네디는 나이 들고 굳은 표정의 닉슨이 따라갈 수 없는 이미지 경쟁력을 가지고 있었다. 대통령 후보 토론회는 더욱이 최초로 컬러 TV로 생방송됐다. 토론회 결과 케네디의 인기는 폭발했고 대통령에 당선됐다. 대통령의 능력과 자질에 대한 평가는 뒤로 밀리고 젊고 세련되고 활기찬 이미지가 미국 대통령 선거를 좌지우지했다는 비판이 나왔다. 이른바 정치가 본질보다 미디어를 쫓게 되기 시작한 것이다.

대형 이벤트 외에도 기자회견, 인터뷰, 정치인의 민생 현장 탐방 등도 의사 사건에 불과하다. 부어스틴은 정치가 국민들에게 멋지게 보이기 위한 정치인들의 미디어 이벤트로 가득 찼다고 했다. 그는 대통령의 기자회견도 미디어에 잘 보이기 위해 고도로 연출된 사건일 뿐이라고 잘라 말했다. 인터뷰도 언론이 개발한 대표적인 의사사건이다. 누구를 인터뷰할 지는 대부분 언론이 결정한다. 인터뷰는 언론의 상업성 추구에 도움이 되고 언론의 권위를 높이는 데에도 기여했다. 유명인사(celebrity)와 스타 역시 하나의 의사사건인데, 부어스틴은 유명 인사를 '인간 의사사건'으로 간주했다.

문재인 대통령 방역 현장 방문	이명박 대통령 재래 시장 탐방	손학규 지사 석탄 막장 방문

정치인들은 민생을 돌아본다면서 방역현장을 방문하거나 전국을 순회하며 시장 상인을 만난다. 새벽에 환경미화원을 도와 쓰레기를 치우거나 석탄광의 막장까지 들어가 광부들의 애로를 듣는다. 이런 장면은 예외 없이 영상으로 제작돼 TV 뉴스에 방송된다. 전형적인 의사 사건이다. 정치인들이 민생현장에 그만큼 관심이 많고 현장의 애로를 알아야 한다고 생각했을 것이다. 그러나 언론의 스포트라이트를 받기 위해 미리 연출된 상황임을 부인할 수 없다. 정치인들에게 친서민적 이미지는 꼭 필요했겠지만 진정 서민을 위한 정치를 했는지는 의문이다.

이미지 정치로 주목받았던 영상중 하나는 박근혜 전 대통령의 '저도의 추억'이다. 당시 청와대는 경호상의 문제라며 휴가 장소를 기사화하지 말라고 출입기자들에게 부탁했다. 그러나 박 전 대통령은 스스로 온라인에 휴가 사진을 직접 올리며 장소를 노출했다.

박 대통령, '저도의 추억' 휴가지 모습 공개
〈2013년 7월 30일 KBS 뉴스 9〉

박근혜 대통령이 남색 니트와 긴 치마 차림으로 백사장에 글을 쓰고 있습니다.

"저도의 추억"

어린 시절 비키니를 입고 부모님과 휴가를 즐겼던 그 바닷가입니다.

박 대통령은 35년이 지난 오랜 세월 속에 늘 '저도의 추억'이 남아있었다면서

부모님과 함께했던 추억과 그리움이 밀려온다고 소회를 적었습니다.

경남 거제에 있는 저도는 박정희 전 대통령 때 대통령 별장으로 공식 지정됐고

바다의 청와대라는 청해대가 있습니다.

영상은 강력한 정치적 설득 수단이다. 또 대중에게 보내는 정치적 메시지이자 강력한 흡인력을 발휘하는 미디어이다. 그런 의미에서 대통령의 사진은 통치 행위의 일부다. 당시는 박 대통령의 임기 초반부지만 수첩인사, 불통 인사 등의 후유증으로 정치적 이미지에 타격을 받고 있었다. 박대통령은 휴가지 저도의 추억이란 사진으로 부모인 박정희 대통령과 육영수 여사를 기억하는 국민들의 연민을 자극해 이미지를 개선하는 데 활용한 것이다.

부어스틴은 한 발짝 더 나아가 늘어난 TV 방송시간을 채우거나 경쟁 매체와 이기기 위해 혹은 현실 속에서 영향력을 확대하기 위해 의미 없는 사건이나 행사도 만들어내는 일에 동참한다고 덧붙였다. 부어스틴은 정치꾼과 기자들 사이에 은밀하게 이뤄지는 정보 교환행위를 뉴스 유출(news leak)이라고 불렀다(다니엘 부어스틴, 2004, 정태철 역). 뉴스 유출은 가장 단수가 높은 의사 사건(pseudo-event)이다. 일종의 제보인데 공직자나 정치인이 의도적으로 뉴스를 기자에게 흘리는 것을 말한다. 일종의 민심 엿보기, 즉 발롱데세(ballon d'essai) 차원에서 친한 기자나 영향력이 높은 매체에 중요 정책 결정사항이나 추진 계획을 미리 흘린다. 공직자나 정치인은 자신이 건네준 내용이 기사화된 이후 여론 방향을 확인하고 후속조치를 준비할 수 있는 것이다. 기자는 단순히 뉴스거리를 찾는 것에서 한발 더 나아가 뉴스 유출에 한 축을 맡아 새로운 이슈를 만들어 내는데 동참하는 것이다. 기자는 상대적으로 쉽게 특종 기사를 얻을 뿐 아니라 후속 기사까지 보장받는 셈이다. 결국 기자가 취재원과 이해관계를 같이하는 행태로 이어진다. 또 자연스럽게 취재원 중심의 의사 사건을 확대하고 재생산하는데 일조하게 된다. 이는 기자가 뉴스를 모으는데서 그치지 않고 뉴스를 만드는데 (from news gathering to news making) 동참한다는 것을 의미하기도 한다(김학재, 2004, p25).

1989년 방송된, 〈전두환 국회에서 증언할 것〉이라는 뉴스는 좋은 사례다. 전 씨는 노태우 정부가 들어선 뒤 동생 등 친인척 비리가 터지자 백담사로 내려갔다. 다음해 국회에서는 5공 비리와 광주 청문회가 열렸다. 전 씨를 국회 청문회에 증인으로 세울 수 있는가가 핵심 쟁점이 됐다. 이 때 KBS 뉴스는 전씨가 증언에 적극적인 자세를 보인다는 리포트를 방송했다.

전두환 전대통령 백담사 생활
〈1989년 5월 31일 KBS 뉴스 9〉

전두환 전 대통령이 백담사에 들어간 지 6개월이 지났습니다.
백담사 주지 스님 등을 통해 전임 대통령의 백담사 생활과
심경 등을 취재했습니다.

백담사에서 전 전 대통령을 접한 많은 사람들은 전씨가 과오를 크게 뉘우치고
모든 것을 책임지겠다는 생각을 가지고 있다고 증언하고 있습니다.

백담사 주지는 전씨 내외가 좁고 누추한 방에서 기거하면서도 웃음을 잃지 않았으며
새벽염불에 한 번도 빠지지 않는 불제자의 모습을 보였다고 말했습니다.

리포트는 전씨가 "과오를 뉘우치고, 모든 것을 책임지겠다, 무고하게 희생된 영령들을 위해 기도한다"는 내용이다. 영상은 예불에 참석하는 모습, 전씨 내외가 머무는 작은 방, 그리고 스님들과의 야외 식사 등 소박한 생활을 보여주고 있다. 이어 국회 청문회에도 출석하겠다는 의지가 강하다고 보도한다.

지난 16일 백일 기도 후 가진 회양법회의 모습입니다.
앞에는 자신의 통치기간 동안 무고하게 숨진 혼백을 모셨고 뒤에는 전씨 부부가 극락왕생을 바라며
천수경을 외고 염주를 굴리고 있습니다.

전두환 전 대통령의 한 측근은 5공 청산과 시국안정에 도움이 된다면 시기나 절차, 방법에
구애받지 않고 증언하겠다는 적극적인 것이라고 전했습니다.

그러나 이 뉴스 리포트는 전형적인 의사 이벤트이다. 더욱이 여론을 알아보기 위
한 발롱데세임을 쉽게 알 수 있다. 일단 전 씨가 참회하고 반성하고 있다는 근거도 진
정성도 찾기 어렵다. 백담사에서 전씨를 접한 사람들이 그런 얘기를 한다는 것이 유일
한 근거다. 오히려 좁은 방에서 소박하게 생활하고 있다는 점을 부각해 동정심을 유도
하기 위한 목적이 컸던 것으로 보인다. 또 전씨의 국회 증언에 대한 여론의 동향을 떠
보려는 차원의 보도다. 전씨의 측근은 전씨가 5공 청문회에서 증언하겠다는 적극적
인 태도라고 말했다지만 사실과 다른 것으로 밝혀진다. 정작 국회 증언은 7개월 후인
89년 12월 31일에야 어렵게 성사됐다. 그동안 전씨측은 사실상 국회증언을 거부했다.
전씨는 국회증언에서도 반성이나 사과는 커녕 청문회에 증인으로 나온 것이 잘못된
선례라고 반발했다. 그럼에도 1년 후인 1990년 12월 전 씨는 노태우 정부의 배려로 2
년동안의 백담사 은둔 생활을 접고 서울 연희동 자택으로 무사히 귀환했다.

전두환 전임 대통령 백담사 은둔 2년
〈1990년 12월 30일 KBS 뉴스 9〉

전 씨는 지난해 마지막 날인 12월 31일
국회에서 열린 광주와 5공 특별 위원회 연석회의에 참석해서 10여 시간 만에
겨우 증언을 끝낼 수 있었습니다.

전두환 (전 대통령) : "세계 어떤 나라에서도 아직 한 번의 선례가 없는
전직 대통령의 국회 출석 증언이라는 오점을 우리 헌정사에 남기게 된 것은
저의 씻을 수 없는 또 하나의 과오가 될 것입니다"

오늘날 언론은 의사사건에 절대적으로 의존한다. 언론에 보도되기 위한 홍보 활동이 극심해질수록 언론의 의사사건에 대한 의존도는 더욱 커진다. 선거와 같은 중요한 시기엔 언론이 특정 정당이나 후보에게 막강한 영향력을 행사할 수 있기 때문에 의사 사건을 통한 뉴스 만들기의 유혹에 쉽게 빠져든다. 특히 선거 캠페인은 절대적으로 의사사건에 의존하며, 선거캠페인 보도는 그걸 반영할 수밖에 없다. 또 노동운동, 환경운동, 여권 신장운동 등 대부분의 사회운동도 의사사건에 의존하지 않고선 언론에 보도되기 힘들다. 무엇보다도 의사사건은 미리 준비돼 예측 가능하다는 장점이 있어 뉴스가 될 가능성이 높다. 또 의사사건은 복잡한 것을 단순하고 재미있는 이미지로 보여주기 때문에 대중에게 어필한다. 날이 갈수록 늘고 있는 미디어 이벤트도 일종의 의사사건인데, 이는 언론인들에게 딜레마적 상황을 야기하고 있다. 기자들은 의사사건에 지배되고 있다는 걸 뻔히 알면서도 마감시간의 압박 등과 같은 여러 제약 조건 때문에 의사 사건에 의존한다. 나아가 의사 이벤트는 이제 뉴스 제작에 꼭 필요한 재료가 됐다. 특히 TV 뉴스는 영상이 뉴스 제작에 반드시 필요하기 때문에 이미지가 항상 준비돼 있는 의사 이벤트들은 여간 반가운 것이 아니다. 이벤트는 자체로 볼거리며 영상 콘텐츠이기 때문이다.

문제는 영상 즉 이미지를 추구한다는 데 있다. 이미지는 현실도 아니고 본질도 아니다. 현실을 그럴듯하게 모방한 것이다. 정치인의 이미지도 정치인의 그림자이고 의도적으로 만든 것일 뿐이다. 정치인의 민낯이 아니다. 또 유명인도 유명할 뿐이지 영웅은 아니다. 그러나 유명인이 영웅으로 행세하고 대접받는 현실을 너무나 자연스럽게 받아들이고 있다. 대중은 이들과 만난 적도 말을 주고받은 적도 없다. TV를 통해 이미지를 본 것이 전부다. 그런데도 이들의 이미지에 굴복되는 것이다. 부어스틴의 주장처럼 현실은 점차 본질은 사라지고 이미지가 범람하고 있다.

2014년 지방선거 새누리당 선거운동

(출처: MBC 뉴스)

세월호 참사 정국 속에서 치러진 2014년 6월 4일 지방선거에 새누리당은 읍소 전략으로 선거운동을 벌였다. 거리에서 석고대죄하며 '사과드린다' 고 유권자들에 큰절을 올렸다. 또 소속의원들도 거리로 나서 '다시 한번 도와 달라' '머리부터 발끝까지 다 바꾸겠다' 고 호소해 위기를 넘겼다. 떠들썩한 선거유세 대신 조용히 혼자 반성하고 사죄하는 이미지를 부각하는 읍소 선거 운동전략 이었다. 그러나 당시 TV 등 미디어는 새누리당의 읍소전략을 비판 없이 앞 다투어 보도했다. 그야말로 그림이 되기 때문이었다. 하지만 본질과 실체는 변하지 않고 이미지뿐이었다. 사죄와 반성 그리고 혁신은 없었고 2년 뒤 박근혜 대통령이 탄핵까지 당하는 최악의 정권 심판으로 이어졌다. 당시 퍼포먼스는 그야말로 선거용 의사 이벤트였던 셈이다.

3절 의사 이벤트 뒤집기

의사 이벤트의 핵심은 본질과 실체는 뒤로 사라지고, 환상인 영상 이미지가 현실을 대체한다는 점이다. 그러나 영상 이미지의 치명적인 약점은 부정 즉, '아니다' 혹은 '없다' 는 의미를 표현할 수 없다는 점이다. 이미지는 이미지 스스로를 부정할 수 없다. 결국 이미지를 부정하는 방법은 뒤집어 보는 것이다. 본질과 실체를 드러내 영상 즉 이미지가 가진 환상을 깨는 것이다. 본질을 취재하고 실체를 찾는 일은 저널리즘의 사명이다. 의사 이벤트가 던져주는 이미지를 손쉽게 확산하고 재생산하는 것에서 벗어나 본질과 실체를 드러내는 일로 옮겨가야 한다.

여비서 성폭행 혐의로 구속된 안희정 전 충남지사

| 탤런트 조재현 씨 | 연극계의 대부 이윤택 씨 |

위에 소개된 정치인과 유명인은 사건이 공개되기 전까지 보기 좋은 이미지로 포장돼 있었다. 그리고 TV 등 미디어는 이들의 이미지를 대중에게 전달하고 소비시키며 영향력을 키우고 경제적 이득을 취했다. 그러나 화려한 이미지는 환상에 불과했고 실체는 성범죄자였다. 많은 변명과 이유가 있겠지만 이미지를 다루는 일은 이 같이 위험하고 어려운 일이다.

골프 '딱 걸린' 전두환 … "알츠하이머는 거짓말"
〈2019년 11월 8일 MBC 뉴스데스크〉

전두환 씨가 정정하게 골프를 즐기고 있는 영상이 공개됐습니다.
전 씨는 광주학살 책임을 전면 부인하는 발언까지 해서 분노를 사고 있습니다.

전두환 전 대통령은 알츠하이머 투병 사실을 언론에 공개했다. 5·18 민주화운동과 관련한 명예훼손 재판에 참석하지 않기 위해서다. 또 동정여론을 기대한 것으로 보인다. 그러나 전씨가 골프를 즐겼다는 영상이 공개되자 여론은 싸늘해졌다.

어제 오후 강원도 홍천의 한 골프장.
지인들과 골프를 즐기던 전두환씨와 부인 이순자씨가 카메라에 잡혔습니다.

영상을 찍은 임한솔 정의당 부대표가 물었습니다.
"광주 학살에 대해서 모른다, 나는." (왜 모르세요, 직접 책임이 있으시잖아요?)
"내가 왜 직접 책임이 있나…"

이 영상은 안타깝게도 전문 언론인들이 생산한 영상이 아니다. 정의당 당직자가 끈질긴 추적 끝에 촬영했다. 그러나 가짜 이미지, 조작된 사실을 한방에 뒤집는 힘을 가졌다. 말하자면 의사 이벤트 뒤집기다.

기업 총수 등이 검찰이나 법원에 환자복을 입고 출석하는 모습이다.

태광 비자금 핵심, 이선애 상무 '휠체어 출두'
〈2011년 1월 12일 MBC 뉴스데스크〉

재벌들의 검찰 출석 때마다 단골처럼 등장하는 휠체어가 이번에도 반복됐습니다.

앰뷸런스 차량 문이 열리고 취재진에 모습을 드러낸 태광그룹 이선애 상무는
모자가 달린 점퍼와 마스크로 온몸을 가리고 있었습니다.

외환위기의 한 원인을 제공했던 한보그룹 사태로, 지난 1997년
정태수 회장이 마스크를 쓰고 '휠체어 출두'를 한 이후 반복되는 풍경입니다.

이건희 삼성회장과 정몽구 현대차 회장도 휠체어에 의지했습니다.
한화 김승연 회장도 마찬가지였습니다.

이 TV 뉴스는 태광그룹 임원진이 검찰에 소환됐다는 것이 주요 내용이었다. 그러나 응급차를 타고 출두하는 태광 그룹 임원진의 당일 모습에 국한하지 않고 과거 재벌 총수들의 휠체어 출두 모습을 모아 제작했다.

이로써 재벌 총수들이 동정여론을 키우고 비판 여론은 피해가기위해 검찰과 법원에 출두할 때마다 가짜 이미지를 습관적으로 이용하는 행태를 드러냈다. 영상 이미지로 가짜 영상 이미지의 허위를 폭로하는 의사 이벤트 뒤집기다.

의사 이벤트 뒤집기는 남양 유업 사태에서도 볼 수 있다. 남양 유업은 코로나 바이러스가 한창 유행할 때 마치 자사 제품이 코로나 19를 억제하는 것처럼 일방적으로 발표했다가 소비자들에게 엄청난 비난을 받았다. 결국 남양유업 회장이 국민 앞에 머리를 숙였다.

'존폐위기' 남양유업 회장 사퇴 … "경영권 대물림 않겠다"
⟨2021년 5월 4일 YTN 뉴스⟩

지난달 13일, 자사 제품이 코로나19 억제 효과가 있다고 발표해
사회적 물의를 일으킨 지 22일 만에 남양유업 회장이 사과했습니다.

연신 고개를 숙이며 사과한 홍 회장은 이번 사태의 책임을 지겠다고 밝혔습니다.

홍원식 회장:
"또한 자식에게도 (한숨~) 경영권을~(흐느끼며 떨리는 목소리로) 물려주지 않겠습니다"

영상은 중의적 의미를 갖는다. 진심일 수도 있고 아니면 위기를 넘겨보겠다는 꼼수일 수도 있다. 위기 돌파책의 하나로 악어의 눈물을 흘렸을 수도 있다. 그러나 대부분의 TV매체는 '눈물의 사과'라는 의사 이벤트를 소개하는 데 그치지 않고 사과의 진정성을 확인할 수 있도록 후속조치를 요구했다.

남양유업 회장 사퇴했지만 … "신뢰 되찾기 쉽지 않을 수도"
〈2021년 5월 4일 KBS 뉴스 9〉

홍 회장이 경영 일선에서 물러났다고 해도
보유하고 있는 남양유업 지분 51％는 그대로입니다.

이한상/고려대 경영대학 교수 : "대표 빼고 사내 이사는
모두 홍 회장님 가족들이에요. (이번 발표에) 앞으로 어떻게 전문경영인에게 맡길 것인지 이런 구체
적인 것들이 있어야 하는데, 하나도 없습니다"

남양 유업의 사과는 처음이 아니다. 대리점에게 벌인 갑질 소동, 황 회장 손녀의 마약 투약사건 등으로 여러 차례 사과했다. 그러나 남양유업은 회장이 직접 사과한 것은 처음이라는 점을 내세워 사태를 무마하려 했던 것으로 보인다. 하지만 남양 유업측이 마련한 의사 이벤트에 불과한 것이다. 회장이 보인 눈물의 사과는 근본적인 변화를 실천하지 않는다면 아무런 의미가 없는 허상, 즉 이미지에 불과할 뿐이라는 것이다.

2017년 대통령 선거에 나서려던 반기문 전 유엔사무총장의 경우 의사 사건으로 시작해 의사 사건으로 막을 내린 가장 대표적인 사례일 것이다. 반기문 전 총장은 화려하게 귀국했다. 박근혜 대통령의 탄핵 후 마땅한 대선주자가 없던 보수진영의 압도적인 지지를 받고 있는 상황이었다. 따라서 귀국 과정 자체가 대형 이벤트였다.

반기문 귀국 … "일류 국가 만드는데 한몸 불사를 것"
〈2017년 1월 12일 KBS 뉴스 9〉

10년 임기를 마치고 귀국한 반기문 전 총장은
'분열된 나라를 일류 국가로 만들겠다'며 대권 도전 의사를 강하게 내비쳤습니다.

반기문(前 유엔 사무총장) :
"국민을 위해서, 국가를 위해서 한 몸을 불사할 용의가 있느냐,
그런 의지라면 저는 얼마든지 여러분과 함께하겠습니다"

　　귀국 당일, 도착하자마자 서민행보가 기획됐다. 전형적인 의사사건이었다. 지하철을 타고 서울 역으로 이동하면서 민심탐방을 했다. 문제는 지하철역에서 티켓을 발급받으면서 생겼다. 지하철 요금이 얼마인지를 모르는 것을 차치하고라도 발권기에만 원짜리 2장을 동시에 넣고 표를 발급받으려는 장면이 취재진들의 카메라에 찍힌 것이다. 반 전 총장은 지하철 발권기 사용법을 몰랐던 것이다. 서민행보는 쑈에 불과할 뿐이라는 비판이 쏟아졌다.

반 전 총장이 지하철 표를 발급받기 위해 무인 발매기에 2만원을 넣고 있다.

(출처: 연합뉴스)

　　고위 외교관 경력에 10년 넘게 유엔에서 근무한 반 전 총장이 대중교통인 지하철을 이용할 기회가 없었을 것이라는 점은 충분히 이해할 수 있다. 또 그런 점이 대통령 후보로서 자질이 부족한 것을 증명하는 것도 아니다. 그러나 친 서민 이미지를 보이려던 의도는 완벽하게 실패했다. 더욱이 비슷한 해프닝이 이어졌다.

노인 요양원을 방문해 누워있는 환자에게 죽을 먹이면서 환자 대신 반 전 총장이 턱받이를 한 영상이 논란을 일으켰다. 뒤이어 국기에 대한 경례를 하면서 머리를 숙이고 선산에서 퇴주잔을 마시는 등 해프닝이 이어졌다. 퇴주잔 소동은 가짜 뉴스로 확인됐지만 서민 이미지를 홍보하려던 각종 이벤트는 오히려 지지율에 치명적인 타격을 입혔다. 결국 보수진영까지 등을 돌리면서 귀국한 지 한 달을 채우지 못하고 대통령 선거에 출마하지 않겠다며 중도하차했다.

각종 행사에 참여한 반기문 전 유엔 사무총장

(출처: News1, 한겨레신문)

반 전 총장의 사례는 따져볼 점이 많다. 반 전 총장은 유엔총장까지 성공적으로 마친 국제적 지도자다. 그러나 준비가 부족했던 의사 사건으로 대선 도전은 실패했다. 반 전 총장은 오히려 이미지만을 쫓는 의사 이벤트의 피해자일 지도 모른다. 하지만 반 전 총장 측 스스로가 시작부터 의사 이벤트에 의지해 이미지를 얻고자 했다. 민생 투어에서 서민적 이미지를, 요양원에서 약자를 돕는 이미지를 갖으려 했다. 결과는 현장 물정에 어두운 반(反) 서민적 이미지에, 서툴고 의도됐다는 느낌만을 전달하면서 국제적 영향력을 가진 지도자라는 자질은 보여주지도 못한 채 낙마하고 말았다.

서울 통의동 시장을 방문한 이명박 대통령 〈2012년 1월 21일〉

(출처: 청와대 홈페이지, 뉴시스)

2012년 설 연휴에 이명박 대통령이 청와대 인근 재래시장을 방문했다. 영부인과 손녀들과 함께 시장에 나타난 대통령은 상인들과 대화를 나누고 손녀들에게 과자를 사주기도 했다. 대통령의 서민적 이미지를 홍보하기 위한 의사 이벤트라고 볼 수 있다. 그런데 비판은 엉뚱한 곳에서 나왔다. 손녀가 입고 있던 점퍼가 고가의 명품이라는 것이다. 이 사실이 알려지자 부자감세와 4대강 사업 등으로 반 서민 정권이라는 비난을 완화하려던 청와대의 홍보 목적은 사라졌다. 반면에 대통령의 손녀가 입은 옷까지 문제 삼아 대통령에 대한 반감을 키우려는 것으로 지나치다는 반응도 생겼다. 문제는 대통령의 재래시장 방문이 본질은 사라지고 이미지만 남았다는 점이다. 재래 시장 방문으로 대통령의 이미지가 개선될 리 없다. 대통령에 대한 비판도 정책이 우선이다. 그러나 양측 모두 이미지를 놓고 따진다. 의사 이벤트 등으로 만들어진 이미지가 현실보다 더 영향력이 강해진 것이다.

영상과 사진은 현실을 있는 그대로 기록하는 가장 믿을 만한 수단으로 인정받아 왔다. 또 거짓이나 기만하지 않는 설득력 있는 매체로 간주돼 왔다. 하지만 이미지는 중립적이지 않다. 이미지는 현실의 모든 것을 포괄하지 않고 무언가를 선택하기 때문이다. 매스미디어가 어떤 영상을 제시하는지에 따라 시민의 인식은 왜곡될 수도 있다. 더욱이 정치인과 관료, 언론 사이에는 다소 제도화한 공모 관계가 존재한다. 기자회견에서부터 정책 발표, 집회 같은 '의사(擬似) 이벤트(pseudo-events)'를 계획하는 선거운동은 이런 현상이 더욱 분명하다. 따라서 현실을 객관적이고 중립적으로 전달해야할 TV 뉴스는 끊임없이 영상 즉 이미지의 환상을 깨고 의사 이벤트를 뒤집어 봐야

한다. 미디어 이벤트의 긍적적인 측면을 부정하자는 게 아니다. 조작된 가짜에 대한 끈질긴 의심과 실체에 대한 추적이 TV 저널리즘의 시작일 것이다.

참고문헌

• 국내문헌

구명철, 『독일광고에 나타난 언어기호와 시각기호의 관계』, 독일문학 제43권 제4호, 한국독어독문학회, 2002, 426-425면

김남희, 『한국 영화의 사운드 몽타주 방법 연구: 작가주의 감독을 중심으로』, 중앙대학교 대학원, 석사학위 논문, 2007

김병옥, 『광고에 있어 언어와 시각기호의 상호역할관계에 기초한 기호분석』, 디지털 디자인학 연구 제6권 제2호(통권 12호), 한국디지털디자인학회, 2006, 361-368면

김본수, 『정치인에 대한 냉소적 이미지 전달방식과 수용자의 인식연구: YTN '돌발영상'을 중심으로』, 성균관대학교 대학원 박사학위 논문, 2007

김수정, 『뉴스의 객관성의 영상화』, 한국언론학보 제47권 제5호, 한국언론학회, 2003, 363-384면

김정선, 『한국 텔레비전 다큐멘터리 사운드연구』, 고려대학교 대학원 석사학위 논문, 2009

김태용, 『신문만평 독자의 시선 움직임과 해독에 관한 연구』, 한국언론학보 제50권 제2호, 한국언론학회, 2006, 231-261면

김학재, 『방송의 의사 사건 보도의(Pseudo-event) 뉴스가치 분석: 국내 방송 3사의 '프라임타임 뉴스' 분석을 중심으로』, 고려대학교 대학원, 석사학위 논문, 2004

김현수, 『TV 뉴스의 Visual Communication에 관한 연구』, 경성대학교 대학원, 석사학위 논문, 1997

민경원, 『영화의 이해』, 커뮤니케이션 북스, 2014

박덕춘, 『TV 뉴스의 시각적 요소가 수용자의 인식에 미치는 영향』, 미디어와 공연예술 연구 제5권 제3호, 청운대학교 방송·예술연구소, 2010, 61-88면

박성수, 『들뢰즈와 영화』, 문학과학사, 1998

박성희, 『미디어 인터뷰』, 나남출판사, 2003

박진희, 『입체영상에서 지각공간의 재구성에 관한 연구』, 연세대학교 대학원, 박사학위 논문, 2008

백선기, 『TV보도 영상의 서사구조와 의미구조』, 한국언론정보학보 통권 제20호, 한국언론정보학회, 2003, 57-109면.

안정오, 『텍스트 언어학과 인접학문』, 한국학연구 제23권, 고려대학교 세종캠퍼스 한국학연구소, 2005, 73-94면

여기영, 『텔레비전 뉴스의 사운드 구성: 사운드 '형식'과 '흐름'의 개념을 중심으로』, 고려대학교 대학원, 석사학위 논문, 2009

오명환, 『텔레비전 생영상의 커뮤니케이션 특성에 관한 연구』, 커뮤니케이션 디자인학 연구 제30권, 한국커뮤니케이션디자인협회 커뮤니케이션디자인학회, 2009, 10-22면

오명환, 임의택, 『시청자는 누구인가』, 영상기획과 창작의 이해, 용인송담대학 출판부, 2009

이동규, 『텔레비전 생방송 프로그램의 제작 특성에 관한 연구: SBS-TV 〈연기대상〉 제작과정을 중심으로』, 고려대학교 대학원, 박사학위 논문, 2009

이민웅, 『한국 TV 저널리즘의 이해』, 나남출판사, 1996

이상철, 『언론문화론』, 일지사, 2002

이성만, 『텔레비전 (뉴스)방송에서 언어와 영상의 관계』, 독어학 제28권 28호, 한국독어학회, 2013, 177-198면

이인희, 『뉴스 미디어의 역사』, 커뮤니케이션 북스, 2013

이재경, 『한국 TV 뉴스 양식, 그리고 앵커제도』, 저널리즘 평론 통권 제14호, 한국언론재단, 2002

이종수, 『TV 리얼리티: 다큐멘터리, 뉴스, 리얼리티 쇼의 현실구성』, 한나래, 2004

＿＿＿, 『시민제보 UCC의 영상저널리즘적 특성: CNN 〈I-Report〉 분석을 중심으로』, 미디어 경제와 문화 제6권 제2호, ㈜에스비에스, 2008, 55-93면

＿＿＿, 『텔레비전 뉴스 영상구성: 한국 텔레비전 뉴스의 시각적 이미지와 언어적 텍스트의 연관성 분석』, 한국방송학보 제12권, 한국방송학회, 1999, 219-252면

이종한, 『관객의 시각포획현상에 따른 선택적 주의집중과 애니메이션 유도 장치의 이해』 만화애니메이션 연구 통권 제41호, 한국만화애니메이션학회, 2015, 133-152면

이창훈, 『TV 뉴스 영상구성 특성에 대한 시청자 인식연구』, 연세대학교 대학원, 석사학위 논문, 2008

임흥식, 『방송뉴스 기사 쓰기』, 나남출판사, 2014

정나영, 『TV 뉴스 영한 번역 전략 연구: 영상기호와 언어 기호의 연관성을 중심으로』, 이화여자대학교 통역번역대학원, 박사학위 논문, 2016

정양은, 『심리학통론』, 법문사, 1984

조국현, 『텍스트 언어학에서 텍스트 기호학으로』, 독어독문학 제51권 제3호(통권 115호), 한국독어독
　　　문학회, 2010, 275-302면
조성용, 『제보 영상이 영상 저널리즘에 미치는 영향연구』, 중앙대학교 대학원, 석사학위 논문, 2011
최동신&최호천&윤희수&심복섭 외 20인, 『입체+공간+커뮤니케이션』, 안그라픽스, 2006
최민재, 『TV 뉴스와 영상구성에 대한 패러다임 연구』, 방송통신연구 통권 제60호, 한국방송학회, 2005,
　　　323-349면
＿＿＿, 『TV 뉴스와 영상 이미지』, 한국언론재단, 2004
최용호, 『언어와 이미지』, 기호학연구 제16권 제2호, 한국기호학회, 2004, 425-448면

• 번역서

P.M 레스터 지음, 금동호 외 옮김, 『비주얼 커뮤니케이션』, 나남출판사, 1997
다니엘 부어스틴 지음, 정태철 옮김, 『이미지와 환상』, 사계절, 2004
데이비드 소넨샤인 지음, 이석민 옮김, 『사운드 디자인』, 커뮤니케이션북스, 2009
로베르 브레송 지음, 오일환&김경은 옮김, 『시네마토그래프에 대한 단상』, 동문선, 2003
롤랑 바르트 지음, 김인식 옮김, 『이미지와 글쓰기 - 롤랑 바르트의 이미지론』, 세계사, 1993
루이스 자네티 지음, 김진해 옮김, 『영화의 이해』, 현암사, 1998
마르틴 졸리 지음, 김동윤 옮김, 『영상 이미지 읽기』, 문예출판사, 1999
미셸 시옹 지음, 윤경진 옮김, 『오디오-비전: 영화의 소리와 영상』, 한나래, 2003
미셸 시옹 지음, 지명혁 옮김, 『영화와 소리』, 민음사, 2000
미첼 스티븐스 지음, 이광재&이연희 옮김, 『뉴스의 역사』, 황금가지, 1999
반 다이크 지음, 정시호 옮김, 『텍스트학』, 민음사, 1995
벨라 발라즈 지음, 이형식 옮김, 『영화의 이론』, 동문선, 2003
앙드레 바쟁 지음, 박상규 옮김, 『영화란 무엇인가』, 시각과 언어, 1998
월터 J. 옹 지음, 임영진&이기우 옮김, 『구술문화와 문자문화』, 문예출판사, 1982(월터 J. 옹 지음, 임영
　　　진 옮김, 『구술문화와 문자문화』, 문예출판사, 2018)
월터머치 지음, 윤영묵 옮김, 『영상 편집에 대한 조망』, 예니출판사, 2002

제임스 디스&스타워즈 후리스&하워드엑스 지음, 이관용&김기중 옮김, 『학습심리학』 개정판, 법문사, 1982

제임스 모나코 지음, 양윤모 역, 『영화, 어떻게 읽을 것인가(How to Read A Film by James)』, 혜서원, 1993

찰스 샌서스 퍼스 지음, 김성도 옮김, 『퍼스의 기호사상』, 민음사, 2006

• 외국문헌

Altman, R., 『Television sound』 In Modleski, T. (Ed.), Studies in entertainment: Critical Approaches to Mass Culture, Bloomington, In: Indiana University Press, 1986, pp. 39-54

Belton, J., 『Technology and Aesthetics of Film Sound』, NY: Columbia Univ Press, 1985

Dayan D. & Katz E., 『Media events: The live broadcasting of history』 Cambridge: Harvard University, 1994

Friedman, J. (ed), 『Reality squared: Televisual discourse on the real』, New Brunswick, N.J.: Rutgers University Press, 2002

Pudovkin, V.I., 『Film Technique And Film Acting : the cinema writings of V.I. Pudovkin』, United States: Sims Press, 2007

Salt, B., 『Film Style and Technology』, London: Hinreys of Mansfield, 1983

Schudson M., 『Discovering the News』, NY: Basicbooks, 1978

Zettl, H., 『Sight-Sound-Motion: Applied Media Aesthetics(The Wadsworth Series in Broadcast and Production) 7th Edition』, Belmont, CA: Wardsworth, 2003

영상과
TV 저널리즘

초판 1쇄 인쇄 2022년 4월 18일
초판 1쇄 발행 2022년 4월 18일

저 자 김성환
디자인 오시안 최임경
발행자 전민형
발행처 도서출판 푸블리우스
등 록 2018년 4월 3일 (제25100-2021-000036호)
주 소 [01634] 서울시 노원구 덕릉로127길 25, 상가동 2층 204-92호
전 화 02)927-6392
팩 스 02)929-6392
이메일 ceo@publius.co.kr

ISBN 979-11-89237-14-1

도서출판 푸블리우스는 헌법, 통일법, 시민교육, 경찰학, 사회과학 일반에 관한 발간제안을 환영합니다.
기획 취지와 개요, 연락처를 ceo@publius.co.kr로 보내주십시오.
도서출판 푸블리우스와 함께 한국의 법치주의 및 사회학의 수준을 높일 연구자들의 많은 투고를 기다립니다.